偽りの同盟

チャーチルと
スターリンの間

秋野　豊

本書の刊行にあたって　夫・秋野豊へ

秋野　洋子

あなたの博士論文が本になると聞いたら、あなたはどんな顔をするのでしょうか。

一五年ぶりに論文の黒い表紙を開いてみると、チャーチルやスターリンの名とともに、イーデンやモロトフという名が目に飛びこんできました。なんと懐かしいひびきでしょう。

私は、あのころまだ手書きで論文を書いていたあなたの清書を、ところどころ手伝っていました。頭の中から湧きでてくる勢いそのものの文字は紙面いっぱいに踊り、読むのはなかなか大変でしたが、清書そのものは楽しい作業でした。「どう、すごくおもしろいだろう。」と聞かれ、「清書している時は何も考えないで写しているだけ。」と答えたときの困ったような呆れたような顔を忘れることができません。私が清書をしている時はお茶を入れてくれたり、子供の面倒をみたり、食事を作ったりしてくれました。そうやって気分転換をした後でまた猛然と机に向かうあなたの背中には、誰も寄せつけないような厳しさがただよっていました。そして、あなたの仕事に対する態度は、終生そのころと変わることはありませんでした。

イギリスに留学したときもロンドン大学に通うかたわら、パブリック・レコード・オフィス（英公文書館）に毎日のように通い、外交文書を丹念に読んでいました。それがこの博士論文として結実しました。膨大な一次史料を読み、そこから嗅ぎとった直感を信じ、自分の頭で考えた冷戦の起源です。学者・秋野豊の第一歩がしるされていると思います。

「いま起こっていることに目を閉じれば、そのものの内なる歴史は腐敗し始め、過去に関する探索をやめれば、その者の『今日』そして『明日』を見つめる目は、その輝きを失うのである。」（注）

あなたのことばです。あなたは今起こっていることに目を閉じることができなかったのです。そして過去に関する探索を続けることで、あなたの目は最後まで輝き続けました。

『ゴルバチョフの二五〇〇日』（講談社現代新書）の中で、あなたはエリツィンのことをこう書いています。

「当たって砕けろの結果が悪い方に転がっても、歴史の声に従った自分の死が犬死にではないと感じれば、その死は無駄ではなくなる。『引き継ぐ』ものがあれば、死は克服できる。バトンタッチが行われれば犬死にではない。壁を揺さぶる行為はとてつもなくエネルギーを要するし、恐怖に満ちている。だがあらゆる苦悩からも、死をもって解放される。」

これはあなた自身のことではありませんか。

私はあなたの苦悩にまで心が及ばなかったことを悔いています。今あなたはあらゆる苦悩から解放されたのでしょうか。確かに、あなたの死は不運だったかもしれません。でも今私達はけっして不幸ではありません。あなたからもらったもの、教えられたことがたくさんあるからです。あなたは常に死を意識して生きた人だと思います。それ故あなたは人一倍エネルギーにあふれ、人に優しく、生きることを楽しんだ人です。

あなたの書いたこの論文から、あなたの息づかい、汗、そしてあふれる思いをみなさんに感じ取っていただけたらと願っています。

本書の刊行にあたっては、防衛大学校の広瀬さんに、出版社との交渉等、本来あなたがするべき作業を全てやっていただいたことを報告します。広瀬さんがいなかったら、あなたの論文が世に出ることはなかったでしょう。心からお礼申し上げます。

また、あの日以来、多くの方々に励ましとお見舞いをいただきました。この場を借りて厚くお礼申し上げます。最後に、数々のすばらしい出会いと喜びを与えてくれた豊さん、ありがとう。

一九九八年一〇月

（注）「歴史を学ぶことと現在を把握すること」『ＳＴＵＤＥＮＴＳ』（筑波大学学生担当教官室）、第二四四号（一九八九年）より。

目次

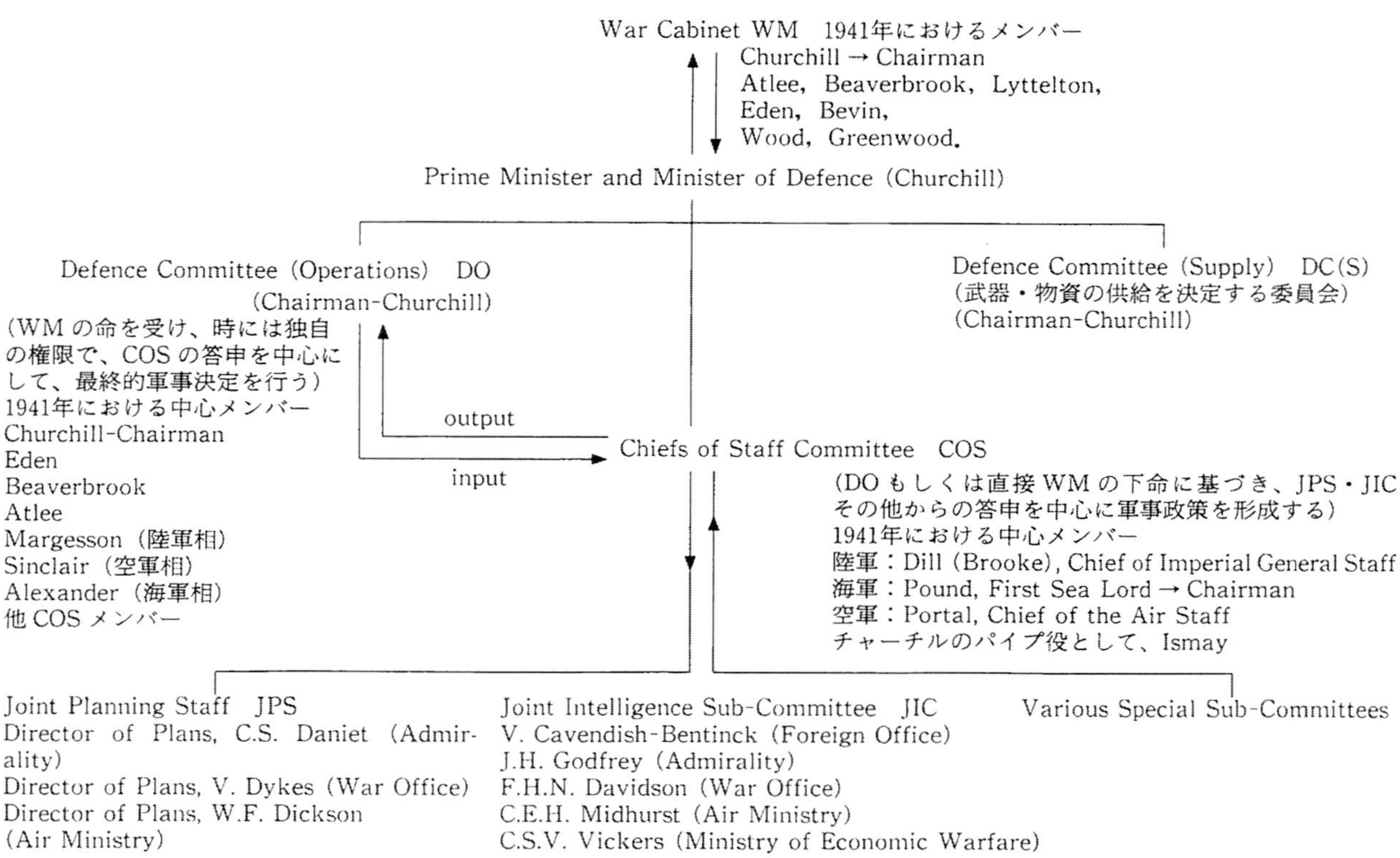
〈主要な軍事関係委員会の組織図〉
War Cabinet WM　1941年におけるメンバー
Churchill → Chairman
Atlee, Beaverbrook, Lyttelton,
Eden, Bevin,
Wood, Greenwood.
Prime Minister and Minister of Defence (Churchill)
Defence Committee (Operations)　DO
(Chairman-Churchill)
(WMの命を受け、時には独自の権限で、COSの答申を中心にして、最終的軍事決定を行う)
1941年における中心メンバー
Churchill-Chairman
Eden
Beaverbrook
Atlee
Margesson (陸軍相)
Sinclair (空軍相)
Alexander (海軍相)
他COSメンバー
Defence Committee (Supply)　DC(S)
(武器・物資の供給を決定する委員会)
(Chairman-Churchill)
output
input
Chiefs of Staff Committee　COS
(DOもしくは直接WMの下命に基づき、JPS・JICその他からの答申を中心に軍事政策を形成する)
1941年における中心メンバー
陸軍：Dill (Brooke), Chief of Imperial General Staff
海軍：Pound, First Sea Lord → Chairman
空軍：Portal, Chief of the Air Staff
チャーチルのパイプ役として、Ismay
Joint Planning Staff　JPS
Director of Plans, C.S. Daniet (Admirality)
Director of Plans, V. Dykes (War Office)
Director of Plans, W.F. Dickson (Air Ministry)
Joint Intelligence Sub-Committee　JIC
V. Cavendish-Bentinck (Foreign Office)
J.H. Godfrey (Admirality)
F.H.N. Davidson (War Office)
C.E.H. Midhurst (Air Ministry)
C.S.V. Vickers (Ministry of Economic Warfare)
Various Special Sub-Committees

〈略号・凡例〉

略号	英語	日本語
BBK	Beaverbrook	ビーヴァーブルック卿（供給大臣）
CIGS	Chief of Imperial General Staff	陸軍参謀総長
COS	Chiefs of Staff Committee	参謀長委員会（三軍の参謀長による合同軍事機関）とそのメモランダム
COS(O)	Chiefs of Staff Committee (Operation)	参謀長委員会作戦秘密部会とそのメモランダム
DCO	Director of Combined Operation	統合作戦立案部長（地形、軍事力等の静態的情報の集積・提供）
DMOI	Director of Military Operation and Intelligence	陸軍省の軍事作戦立案・情報を統括するディレクター
DO	Defence Committee (Operation)	防衛委員会作戦秘密部会とそのメモランダム
FO	Foreign Office	外務省
JIC	Joint Intelligence Sub-Committee	合同情報委員会とそのメモランダム
JPS	Joint Planning Staff	合同作戦立案スタッフ
JP	Joint Planning	JPSのメモランダム
MI	Military Intelligence	陸軍省の軍事情報機関ならびにそのスタッフ
MO	Military Operation	陸軍省の軍事作戦立案機関ならびにそのスタッフ
MOI	Military Operation and Intelligence	陸軍省の軍事作戦立案・情報の統括機関ならびにそのスタッフ
WM	War Meeting	戦時内閣閣議
WO	War Office	陸軍省
WP	War Print	WMへのメモランダム

はじめに

一九三九年九月一日ドイツはポーランド侵攻を行い、第二次大戦は始まった。しかし、その後半年以上にわたり英仏と独との間に本格的な戦闘は交えられず、これら戦時下の国民に戦争の雰囲気を感じさせたのは空襲を知らせるサイレンや砲声ではなく、政治プロパガンダや軍需生産の高まりにすぎなかった。歴史的にこの時期は「戦闘なき戦争」あるいは「偽りの戦争（phony war）」の段階と形容される。

しかし翌一九四〇年の春にドイツはノルウェー攻略に続き破竹の勢いでベルギー、オランダに攻め入り、初夏には早くもフランスを陥落させた。その結果ヨーロッパにおける唯一の反独勢力として生き残ったイギリスは、孤立無援の対独戦争遂行かドイツとの屈辱的な和平かの選択の前に立たされた。イギリスの選択は、チェンバレンに代って主戦論者チャーチルが戦争指揮をとることによって示された。戦争の継続である。しかしチャーチル政権が採択した新たな基本戦略は持久戦を通じてナチス体制の内部崩壊を待つという消極的な戦略であり、これは戦争というよりはむしろ抗戦の継続を意味していた。

さてその後、帝国の存亡を賭した「イギリスの戦い（Battle of Britain）」を勝ち抜いたイギリスは、一九四一年春段階にドイツによるソ連攻撃の動きを察知した。独ソ戦の可能性が確実視されるに至った時点で、単独抗戦の終りを意味する独ソ戦開始時に同国が取るべき軍事方針を検討した。しかしその際、彼らはドイツの早期におけるソ連征服という予想に基づいて、ソ連を対独戦争における有意味なパートナーとは見做さず、イギリス単独による対独戦争の基本方針である既定の持久戦略堅持を決定した。この決定は独ソ戦開始に際して実質的な対ソ援助軍事行動の可能性を予め排除したことを意味していた。

六月二二日に独ソ戦が開始されるや、チャーチルはただちに対ソ援助声明を発した。チャーチルが狙ったのは、できるだけ早期にかつ劇的に対ソ援助を声明することを通じてソ連の抗戦意欲を刺激し、最終的には勝利を収めるはずのドイツ軍の損害を幾分かでも高めることにあった。対ソ軍事援助を排除する軍事政策の枠組の中で、チャーチルが差し延べた手はソ連側の受けとるところとなり、反ドイツを軸とする英ソ間に同盟関係が成立する。しかし、そもそもイギリスがソ連を同盟国として受け入れたのはソ連を対ドイツ戦争遂行上のパートナーとして認めたからではなく、逆にソ連がイギリスの本格的な援助を受ける以前に敗北することを前提としていたのである。実質的な対ソ援助が与えられないばかりか、戦時同盟の維持強化に不可欠である戦争目的にかんする話し合いの機会さえ提供されないまま、英ソ合意宣言（七月中旬）や両国間の同盟を強調するプロパガンダの高まりが同盟の雰囲気を感じさせるだけであった。「偽りの戦争」になぞらえてこの同盟を「偽りの同盟」と呼びたい。

独ソ開戦後ドイツ軍は確実にソ連を窮地に追い込みつつあったが、これに対して赤軍側もイギリス側の予想を越える抗戦を展開した。苦戦下のソ連政府はイギリス政府に援助公約の実行を求めた。しかし、英三軍参謀スタッフは崩壊するはずのソ連に対する援助はよしんば政治的には有意味であっても一切の軍事的合理性を欠くとの観点から強い難色を示した。このような事情から英ソ間の軍事的、外交的な接触は必然的にソ連側の失望をもたらさざるをえないものであり、事実その蓄積はソ連側の対英不信感を醸成してゆくことになる。しかし、ソ連の敗北が予想される限り英政府はソ連の抱く対英不信もやがては消滅するものとの判断を持ちつづけ、援助公約を履行しなかった。ところが、モスクワの陥落が間際と思われた一〇月後半にドイツ軍の進撃は阻止され、一一月前半に至っては赤軍の士気の高揚が見られた。このころ、ソ連政府が対独戦で生き残ることに自信をえたことを示す徴候が対英交渉にも現われ始めた。この段階に至りイギリス政府は対ソ同盟を従来の「偽りの同盟」からソ連の存続を前提とする真正の同盟へと格上げすべきかいなかの選択に迫られたのである。これを具体的に述べるなら、まず軍事的にはドイツによるソ連征服阻止に戦略上のプライオリティーを与えるべきかいなか、次に政治的にはソ連政府が自らの安全保障のために不可欠の戦争目的（東欧における領土拡大）を承認すべきかいなかの決断であった。対立意見の噴出を見たものの、結局チャーチル主導下のイギリス政府はソ連の敗北という前提を変更することなく、従来の対ソ路線に執着する。

しかるに、北の拠点レニングラードは陥落せず、一度ドイツ軍の手に落ちた南の要衝ロストフは一一月後半赤軍によって奪還され、東部戦線の鍵であったモスクワに対するドイツ軍の最終攻撃は一二月初旬に開始されたが、彼らはモスクワを目前にしながらこれをどうしても陥落させることはできなかった。のみならず、一二月六日赤軍は大反撃に転じ、とくにモスクワ攻防戦は大戦開始以来初のドイツ軍の大退却という結果をもたらして終了した。さらにその直後、日本軍の真珠湾攻撃に端を発して合衆国は反枢軸陣営に参加した。このような情況にあって、イギリス側は枢軸側の最終的な敗北を初めて確信するに至った。と同時に、彼らはソ連の敗北を前提として組み立てた従来の軍事、政治戦略の変更を余儀なくされたのである。

軍事的には第二戦線開設に代表される実質的な対ソ援助の再検討を余儀なくされ、政治的にはソ連西部国境ぞいの領土併合というソ連側の戦争目的に承認を与えざるをえなくなったのである。一二月中旬にイギリス外相イーデンは訪ソを行い、そこで独ソ戦開始以来初めて英ソの戦争目的交渉に入ったのである。これは、イギリスが以後ソ連をヨーロッパ政治における対等のパートナーとして認め始めたことを象徴的に示している。ここで、ソ連の陥落を前提とした「偽りの同盟」は「大同盟（Grand Alliance）」に道を譲った。しかし、半年にわたる「偽りの同盟」期における英対ソ政策はソ連側の対英不信、疑惑を高め、このため「大同盟」期に入ってからも西側の同盟精神に対する不信――西側はドイツの敗北時にソ連の安全保障にかかわる利益を排除するのではないか――は消えることなくとどまり、戦後の冷戦開始の精神的背景となってゆく。

このように「偽りの同盟」は「大同盟」とは明確に区別されなければならない性格上の違いを有していた。イギリスの主敵ドイツの敵、すなわち「敵の敵」であるソ連の敗北を前提にした「偽りの同盟」期における英ソ交渉が後に与えた影響は無視できるたぐいのものではなかったのである。しかしにもかかわらず、独ソ開戦後半年間における英ソ交渉の有する重要性はこれまでのところ歴史家によって正しく認識されてはいない。彼らの多くがチャーチルの六月二二日対ソ援助声明を反ヒトラー英ソ同盟ひいては英米ソ「大同盟」への出発点と見做していることに象徴されるように(1)、独ソ戦開始から日米の参戦に至る半年間はドイツを敗戦に追い込む連合国陣営の形成、結束を導いた準備期として捉えられる傾向が強いのである。

まず冷戦起源研究の大半がこの時期の重要性に注目していないが、その原因として、第一に冷戦の主役が米ソであったため英ソ関係が軽視されたこと、第二に冷戦の起源は戦後ヨーロッパ構想をめぐる英米ソの確執と大きく係わっていたのであるが、この戦後構想問題は一九四一年一二月にドイツの敗北が意識された時に初めてリアルな形で登場したのであり、それ以前の段階はしたがって等閑に付されたことを挙げることができよう。

次に英国の第二次大戦研究にかんして述べるなら、まず官許歴史家ウッドウォードの手になる英戦中外交史の第二巻[2]はこの時期を詳細に取り扱ってはいるが、微妙な点でイギリス側を擁護しており外交正史の域を脱していない。これまた官許軍事史家の手になる『大戦略』[3]の第三巻はこの時期の軍事対ソ援助問題を扱っているが、これはイギリスの対ソ軍事政策の動機にかんする分析を回避しており、留保なしには依拠しえない。さらに述べるなら、この時期の英対ソ政策は軍事、外交両領域の政策方針の協調または妥協の産物であったのであり、軍事と外交の政策決定過程を切り離して分析することは、この時期の英対ソ政策の実像を見失なわせかねないと言えよう。きびしく言うならば、これら両者は、首相兼国防相としてこの時期における対ソ軍事・政治政策を決定してきたチャーチル自身の大戦回顧録第三巻の記述[4]とともに、この時期の英ソ関係研究に負の影響を与えたといえよう。

一方、チャーチルとは逆に英政府内で対ソ援助、親ソ政策を推進しようと努力したイーデン、ビーヴァーブルック両者の伝記[5]、ならびに両者に職務上そして個人的に近かったカドガン、ハーヴィー、ロックハートらの刊行された日記[6]は「偽りの同盟」政策についての有意義な記述を含んでいる。

ソ連の歴史家の研究もこの時期の英ソ関係に十分な量の紙面を割いてはいない[7]。その理由は、ドイツの侵略に対する防衛準備を怠り危急存亡の状態に陥ったソ連が、援助を求める叫びをイギリスに対して再三にわたり発せざるをえなかった一九四一年後半の英ソ関係は、彼らにとって好ましいテーマとは見做しえないことに求められるのかもしれない。

本論は、イギリスの「公文書館（Public Record Office)」その他に保管されている未刊行の公文書、私文書を中心にイギリスの対ソ軍事、外交政策決定過程を分析し、一九四一年後半の英対ソ政策を「偽りの同盟」ととらえ直すことを通じて、独ソ戦勃発から半年間に「大同盟」の精神とは矛盾する緊張に満ちた英ソ関係が介在したことを明らかにする。

第一章では、まず一九三九年九月のドイツのポーランド侵略から独ソ開戦に至る時期にイギリスが展開した一見不可解とも言える対ソ外交は、英ソ間の接近をもって独ソ間の離反を促進しようとした動機にもとづいていたことを分析する。次に、チャーチルが六月二二日に発した対ソ援助声明の真の狙いは「なしうる限りの援助」をソ連に与えることではなく、そのように宣言することを通じてソ連の一時的な抗戦力を高めようとしたことにあったこと、たとえるならばチャーチルは死に体のソ連に「カンフル剤」を投与しようとしたことを明らかにする。

第二章では、対ソ援助政策決定過程を外務省を中心とする対ソ援助積極派と参謀長委員会を中心とする消極派との間のバーゲニングの観点から分析する。陸軍省を中心に内部結束した参謀スタッフ側がいかにして対ソ軍事援助公約の不履行決定を貫徹しえたかを取り扱うが、軍事政策決定過程についてはixページの図を参照されたい。ともあれ、この動きにより英ソ同盟の実質的な空洞化が進むことになる。

七月下旬にモスクワを訪れた合衆国大統領の特使・ホプキンズに対しスターリンは自らの威信にかけてキエフを防衛するとの発言を行った。キエフ攻防戦はまさにスターリンの戦争指導能力そして赤軍の抗戦能力の試金石であった。九月初旬から中旬にかけてドイツ軍が行ったキエフ攻勢はソ連の国家としてのクレディビリティに対する大きな疑問符を浮び上がらせていた。一方この時点で、いま一つのクレディビリティが問われ始めていた。イギリスのソ連に対する同盟精神のそれである。軍事作戦行動であれまた武器供給であれ、なんらかの実質的なイギリスの援助は、その準備実行に要する時間的な制約ならびに地理的な制約を越えてすでに行われていなければならない時点を経過していたのである。

第三章では、九月中旬のキエフの陥落によって交戦国家としてのクレディビリティを下落させたソ連に対して、イギリス政府がどのような経緯から武器・物資の供給を決定したかを分析する。これは九月末日のモスクワ協定の成立という形をとるが、それはたんに英ソ両政府間の妥協にすぎなかったのではなく、イギリス政府内の妥協の産物でもあった。すなわち、最低限名目的な規模の対ソ援助を行うべきだとする積極派と「ボリシェビキを助ける政治的ジェスチャーのためにはいかなる軍事的損失も許容すべきではない」とする消極派とはモスクワ会談におけるイギリス政府の方針を定める際に衝突したが、最終的にチャーチルは対ソ武器供給を公約することを通じてソ連の抗戦意欲をふたたび強化することは有意義であるとの観点から、対ソ援助積極派に近い点における妥協を決定したのである。

第四章では、秋段階の東部戦線においてレニングラード、モスクワ、ロストフの三拠点が陥落の様相を濃くしたが、一〇月後半から一一月にかけてドイツ軍の進撃は阻止され、それに伴いソ連の対英要求における政治的なるものの比率と、イギリス政府内における対ソ援助積極派の勢いとが増大していく経過に光をあてる。

対ソ軍事援助要求に応じようとしなかったイギリス政府が対フィンランド、ルーマニア、ハンガリー戦争宣言に代表されるソ連の政治的要求にも極めて消極的な態度を示したことに対してソ連政府が強い不満を表明し、英ソ関係が悪化していく過程を説明するのが第五章の目的である。ソ連側の不満、憤激を緩和するためにイギリス政府は次の二つの提案を行う。ロストフの陥落に伴い対独経済封鎖を有効に保つために英国にとって緊急な課題となったバクー油田破壊という隠された目的を持つ二ヶ師団を、南ロシア戦線への援軍と称して派遣することが第一であり、イーデン外相を英ソ間の戦争目的の調整のためモスクワに派遣することが第二であった。

ロストフは一度ドイツの手に落ちたものの、赤軍は反撃の後まもなく同市を奪還する。こうしてバクー油田へのドイツの脅威が遠のいたことをもって、英参謀スタッフは南ロシアへの援軍派遣に反対を唱え、その結果イギリス政府は一度ソ連側に明らかにした援軍派遣提案を撤回せざるをえなくなる。また、ソ連の要求した対三ヶ国戦争宣言は一二月初旬に最終的に発せられたものの、そこに至るイギリス政府の消極的政策はソ連政府の反英感情を決定的に高める。

最終章の第六章では、これらを通じてイギリスがソ連との交渉において次第に受身になっていく経緯をまず説明し、ついで真珠湾攻撃の四日後の一二月一一日に合衆国が反ヒトラー戦争に参加することをもって「大同盟」が成立するが、その直前の英ソ関係がいかに緊張・摩擦に満ちたものとなっていったかを明らかにする。

このように「大同盟」に至る「序曲」なるものと解釈されてきた時期は、イギリス政府の採用した対ソ「敵の敵」政策に基づいた「偽りの同盟」の本質がソ連側に次第に明らかになっていく過程であったのであり、一九四一年後半の英ソ関係にはスターリンの表現を借りるなら「明瞭さが欠けていた」[8]のである。そして「大同盟」成立直前においてその不透明度は決定的な程度にまで近づきつつあった。ある意味で、英ソ関係の悪化を救ったのは日本の参戦に伴う「大同盟」の成立であったとも言えるのである。独ソ開戦からの半年間における英ソ「同盟」は決して「大同盟」への積極的な意味での「序曲」ではなかった。

註

（1）本論第一章41ページ参照。

（2）本論第二章註(51)。

（3）本論第一章註（56）。
（4）本論第一章註（41）。
（5）本論第六章註（28）、第一章註（71）。
（6）本論第一章註（48）、第二章註（31）、第六章註（11）。
（7）本論第一章註（20）、（89）。
（8）本論第五章197ページ参照。

第一章 「偽りの同盟」への道

――独ソ開戦に至る英ソ関係とチャーチルの対ソ援助声明――

1 「奇妙な戦争」期の英ソ関係

一九三九年三月一五日ドイツ軍はミュンヘン協定を破棄しチェコ国境を越えて侵略を行い、これによってチェコ・スロバキア (Czecho-Slovakia) を解体した。さらにその一週間後、ドイツはリトアニアに圧力を加えメーメル地方を割譲させた。これらの行動は、英仏政府によって数年間にわたり採用された対ドイツ宥和政策に最終的な終止符を打たせることになる。イギリス首相チェンバレンは同年三月三一日下院において、「ポーランドの独立に明白な脅威が加えられた時、もしくはそのような脅威に自ら対抗しなければならない絶対の必要性をポーランド政府が認識した時、イギリス政府は同国になしうるかぎりのあらゆる支援をただちに与える義務を有しており、またフランス政府もこの義務をイギリスと共有している」と宣言し[(1)]、イギリスの対ドイツ政策の転換を明らかにした。ポーランドに対するこのイギリスの片務的保障は四月六日の英・ポ政府間コミュニケの中で、ポーランド政府が同様の義務をイギリス、フランスに対しても負う旨を宣言した時、双務的なものへと格上げされた。[2]さらに英仏両政府は、ドイツの東へと向かう動きをソ連との同盟体制の構築を通じて阻止しようと試みた。しかし、これに対するソ連政府の反応は消極的であった。ドイツを東西から牽制しようとする英仏の対ドイツ封じ込め政策の前途は楽観的とは言い難かった。

ソ連側は、英仏ならびにドイツが近い将来にいかなる動きをとるかについて予測しえなかったため、やむなく英仏とドイツとの双方に対して等距離外交を展開した。ここで注目すべきことに、四月一八日ソ連政府はイギリス政府に対して「ポーランドへのイギリスの最近の援助公約は、ポーランドがドイツの侵略をうけた場合にかぎって適用される旨を明らかにするよう」秘密裏に申し入れたのである。[3]つまりソ連は、ヒトラーのポーランドに対するあらゆる侵略的な動きを阻止させることに同意しつつも、自らがなんらかの形でポーランドとの紛争に巻き込まれた場合、イギリスの対ポーランド保障のゆえに英ソ間の戦争状態が自動的に生起することを回避しようとしたのである。この申し入れはドイツの脅威を切実に感じていたイギリスにとって、ソ連をも敵側に回すという最悪の事態を最低限回避できるという点で魅力あるものであった反面、彼らが対ドイツ戦争を賭してまで保障しようとするポーランドに対するソ連のフリー・ハンドを承認するに等しいものであった。さて、八月二三日に独ソ不可侵協定が結ばれるや、イギリス政府はただちに英ポ相互援助協定を発表し、ポーランドを守るためには戦争をも辞さないとの態度表明を行った。ところが、この英ポ協定に付された秘密議定書には、イギリスの援助はポーランドがドイツの侵略を受けた時にのみ与えられることを謳う条項が存在していた。[4]イギリスがこのような条項を挿入したということは、独ソ不可侵協定の成立が事実上両国間の同盟の樹立を意味し、すなわちソ連を自らの側につけようとしたイギリス外交の失敗を象徴していたにもかかわらず、なお彼らは独ソ間の同盟を一時的なものと見做し、比較的近い将来にソ連を反独の立場へ転換させうると期待していたことを物語っていたのである。

この経緯からすれば、九月一七日ソ連が独ソ不可侵協定の秘密議定書に基づいてポーランドの分割に乗りだした時、イギリス政府がソ連に対し鋭い非難を行わなかったことは容易に納得されよう。たとえば、九月一八日のイギリス情報省の声明はソ連の行動を一応非難しているものの、「これらのできごとが一体なにを意味するかはいまだに明白ではない」との留保を加えている。[5] また当時海軍大臣を務め、反共主義者としての名声が高かったチャーチルさえも、一〇月一日のラジオ演説の中でポーランドにおけるソ連の行動を次のように弁護している。「ソ連の政策は自己の利益を冷徹に追求することにあります。たしかにいま我々は、ロシア軍が侵略者としてではなく、我々の友邦、同盟者として現在のライン上に立っていたならば、と残念に思います。しかし、ロシア軍がそこまで進んだのがドイツの脅威から自国の安全保障を確保するために必要であったことは明白です。……ロシアがいかなる行動をとるかを予測することはできません。それは神秘のベールに包まれた謎の中の謎なのです。しかしそれを解く鍵がまったくないわけではありません。ロシアの国家利益こそがその鍵なのであります。ドイツが黒海沿岸に地盤を築き、バルカン諸国を踏み荒し、そして東南ヨーロッパのスラブ諸民族を隷属させるなら、それはソ連の利益ならびに安全保障を脅すことになります。すなわち、ロシアの歴史的に死活の利益を侵すことになるのです」。[6] チャーチル演説の目的は、ソ連のポーランドにおける行動に対し過度の敵対反応を起すべきではないと国内世論に警告し、さらにクレムリンに対してはイギリスはソ連をドイツと同列に扱わないとの態度を明らかにすることにあった。チェンバレンは一〇月二六日「チャーチル氏の一〇月一日のラジオ声明はソ連のポーランドにおける行動についての個人的意見の表明にすぎないわけですが、ちなみに私はそれがわが政府の見解となんら矛盾するものでないことを明らかに致したいと思います」と下院において述べ[7]、さらにハリファックス(Lord Halifax)外相も二八日上院において、ポーランドにおけるドイツとソ連の行動は同一視されるべきではないとの見解を示している。その際、ハリファックスは、まずソ連の行為はドイツの脅威への対抗措置であったこと、次にソ連軍はいわゆるカーゾン線で停止したことの二点にその論拠を求めた[8]。

このようにドイツとソ連とを明確に区別しようとするイギリスの親ソ的姿勢は、九月から一〇月にかけてソ連がバルト三国・フィンランドに対して行った一連の強圧的内政干渉にもかかわらず、基本的には堅持された。赤軍の駐留権を得たことなどによりバルト三国へのソ連の影響力は増大したが、イギリス政府はこれをドイツの脅威に対抗するためのものであると解釈した。物資供給を通じてドイツの戦争努力をサポートしていたソ連は、イギリスにとって短期的には準敵国とも言えた。しかし、長期的な観点から眺めるならソ連とドイツとの利害は対立することになることが期待されたのである[9]。ソ連の圧力に対してフィンランドは抵抗の姿勢を示したため、ソ連は強硬な対フィンランド政策を採用したが、それにもかかわらず、イギリス政府はソ連・フィンランド紛争が英ソ関係を悪化させる争点とならぬよう一定の努力を継続した。その理由として、ソ連からの木材のイギリスへの供給継続の確保という経済的理由も重要であったが、ソ連のバルト方面への進出がドイツの反発を招き、同地方をめぐって独ソ間の反目が生じた場合そこに有効な楔を打ち込む足掛かりをイギリスに与えるという政治的な可能性はより以上に重視されたのであった[10]。具体的に言えば、一〇月中旬から末にかけてイギリス政府は英ソ通商協定の締結を提案したのである。これは名称こそ「通商」であったが、この提案の背後に存在した動機は英ソ政治関係の改善にあった。一〇月二五日イギリス外相ハリファックスはソ連駐英大使マイスキー(Maisky, Ivan)

に英ソ通商協定を打診した。[11]

ところが折り悪しく、ソ連・フィンランド関係はこのようなイギリスの積極的な対ソ政策の継続を許容しない程度にまで悪化する。[12] 最終的に、ソ・フィン戦争の勃発が不可避と思われた一一月二七日、再度ハリファックス・マイスキー会談が行われた。その際ソ連大使はイギリス報道機関の姿勢が反ソ的である旨の批判を行ったのに対して、イギリス外相は、独ソ不可侵協定の成立以降に生じたあらゆるできごとにもかかわらず、イギリス政府は通商協定の提案に象徴される対ソ連関係の改善を目指す努力をたゆまず重ねてきたのであり、したがってイギリス政府はこれにかんしてなんら非難を受ける筋合にはないと強く反論している。[13] さらに一一月三〇日、ついにソ連がフィンランドに軍事侵略を開始すると、イギリス政府は圧倒的に親フィンランド的な国内世論やフィンランドに同情的な国際世論の影響を受け、反ソ的立場を公的に表明せざるをえなくなる。一九四〇年一月一四日国際連盟がソ連の除名を決議した時、イギリス代表はそれに賛成票を投じた。[14] またそれに先だつ一九三九年末、イギリス駐ソ大使シーズ (Seeds, Sir William) はモスクワから本国へ召還され、その後再び任地に戻ることはなかった。[15] こうして英ソ関係は悪化したのである。これをもってイギリスのイニシアチブに基づく英ソ関係改善の試みは一時的に中断し、かわって今度はソ連側から対英接近が開始されることになる。

ソ・フィン戦争がまだ継続中であった一九四〇年一月三〇日、ソ連政府はマイスキー大使を通じてメッセージをイギリス政府に届ける。その中でソ連政府はまず対フィンランド戦争を「英ソ対立の原因」と定義し、次いで彼らは、そのために悪化した英ソ関係をこのままの状態に放置するのは両国にとって得策ではない旨を力説した。マイスキーはメッセージを手渡した後、「イギリスは我々の対フィンランド行動に異を唱えてもよいし、場合によっては同国を援助することとさえさしつかえない。ただ慎んでいただきたいのはあまり派手に振舞うことである。

そして両国政府はフィンランド問題以外においてはこれまでと同様の外交関係を維持しなければならない。」と述べ、さらに「独ソ関係にはなんらセンチメンタルな要素は存在しない」とつけ加えた。[16] マイスキーは、イギリス側の望むような方向へ独ソ関係が進展していく可能性に対するハリファックスの留意を求めたのである。

さらに、水面下における対イギリス関係修復の動きがソ連側から見られる。当時すでに労働党から離脱し活発な社会主義運動を独立的に行っていたクリップス（Cripps, Sir Stafford）は一九三九年から一九四〇年初頭にかけ極東を訪問していた。たまたま重慶に滞在していた彼に駐中ソ連大使が接触した。ソ連大使は、ソ連政府がイギリスとの接近を求めていることを伝え、クリップス自身ただちにモスクワに赴くよう提案した。クリップスはこれに同意し、一九四〇年二月新疆からモスクワに向かった。そして、二月一六日、彼はソ連外務人民委員モロトフ（Molotov, Vyacheslav）と二時間におよぶ会談を行った。クリップスの姿勢は、当時フィンランド侵略を契機として激しい反ソ・キャンペーンを行っていた旧同僚の労働党メンバーとは対照的であった。また、クリップスの対ソ姿勢は、ソ連との関係維持への関心を喪失してはいなかったものの、かといってなんら具体的な方策を講じるには至らなかったイギリス外務省の対応と比べより積極的であった。[17] さてモロトフはそのクリップスに、もしイギリスが友好的な姿勢を示すなら、ソ連政府は通商協定もしくはさらに政治協定を締結する用意があると述べた。しかしモロトフは言葉をついで、もしイギリス政府が四月までにこれにかんする交渉を開始しなければ、ソ連はイギリスにとって高度に不利益となる決定を下す可能性の存在することを示唆した。[18]

三月一二日ソ連・フィンランド両政府の講和がついに成功し、ここに英ソ再接近の地盤が整備された。そこでソ連政府は三月二七日にマイスキーを通じて改めて正式に英ソ通商協定を提案した。[19] しかしイギリス政府はこの提案をたんなる外交的探りにすぎないと解釈し、通商協定締結のもつ意義を一定程度認めはしたものの、積極的な反応を控える決定を下した。実は、当時イギリス政府は二つの対ソ方策を検討していた。第一は対ドイツ経済封鎖を実効的に保つために、ソ連の対ドイツ石油供給源であったバクー油田を破壊するプランであった。もしもそれが実行されれば、それはとりもなおさずソ連に対するイギリスの戦争宣言を意味していた。これに対して、第二の方策はソ連による石油の対ドイツ供給を抑制し、同時にイギリスの戦争継続に必要なソ連物資の供給増加をもたらすような英ソ通商協定を締結することであった。イギリス政府はこれら正反対の方向を持った二つの方策のどちらを選択するかについてまだ検討中であった。このため、彼らには一定程度の時間稼ぎが必要であった。[20]

さて一九四〇年四月初旬、第二次世界大戦における重要な転機が訪れる。ドイツは四月八日ノルウェーに進攻し、戦闘なき「奇妙な戦争」(phony war) の段階はこうしてついに終了した。ノルウェーを舞台に、英仏とドイツとは本格的な戦争状態に突入した。これは英ソ関係にも大きな変化を与える。四月一九日イギリス政府は三月二七日のマイスキー提案に回答を行った。その中でイギリス側はソ連政府の通商協定にかんする具体的な提案を求め、次いでイギリス側の条件としてソ連の対ドイツ物資供給についての情報提供、さらにイギリスがソ連に物資を供給した場合それが最終的にはドイツ側へ回されることはない旨の保証の二点をソ連政府に要求した。[21] これに対しソ連政府は四月二九日返答を行い、独ソ間の通商問題はソ連の国内的事項であり、イギリス側からの干渉を受けるいわれはないこと、さらに同政府は英ソ間におけるバーター取引きを望むことの二点を伝えた。[22] ノルウェーにおけるドイツ勝利が明らかになった五月八日、外相ハリファックスは四月二九日のソ連からのメッセージに対する返答をマイスキーに手渡した。その内容は、イギリスはドイツに対する経済封鎖が有効に機能するという条件でソ連側との通商協定締結を望むというものであり、これは四月一九日付けのメッセージのたんなる繰り返しにすぎなかった。当然これを手にした際のマイスキーの反応は好意的なものではなかった。[23]

五月一〇日ドイツ軍はノルウェーを征服したのち、さらにオランダ、ベルギーへの進攻を開始した。西ヨーロッパにおけるドイツ軍の大勝利がこれまで「中立」の立場を保持してきたソ連を枢軸側へ深く関与させる可能性に留意したハリファックスは、英ソ通商交渉のこれ以上の引き延しはイギリスの利益を害するだけであると考え、ソ連側の希望するような形での通商協定を受け容れるべきかいなかの選択は急務であるとの結論に到達した。折りしもここで、ノルウェーにおけるドイツの勝利により軍事的苦境下に追い込まれたイギリスに政権交代がもたらされる。五月一〇日チェンバレンは首相の座を去り、彼の席を譲りうけたチャーチルを首班とする挙国一致内閣が成立した。ドイツと対抗するためには共産主義国ソ連との連携も辞さぬとの姿勢を堅持したチャーチルのもとで、イギリスの対ソ接近政策はより確固とした地盤の上に築かれることになる。五月一五日の第一二七回閣議は英ソ通商協定問題を討議したが、新たに入閣した労働党のアトリー (Atlee, Clement) は、イギリス政府はこの問題にかんする特使をモスクワに派遣すべきであるとの提案を行った。この提案は受け容れられ、閣議はモロトフと会談した実績をもつクリップスを特使に決定した。イギリス政府はクリップス特使の派遣をマイスキー大使に伝え、さらに不在のままになっていたイギリス駐ソ大使を新たに人選して派遣する意向をソ連側に伝えた。ところがこれに対してソ連側は、同政府は正式な大使以外のいかなる人物とも通商協定問題を討議する用意はないとの返答をもたらした。このため、結局イギリス政府はクリップスをたんなる特使ではなく、正式の駐ソ大使として送り込まざるをえなくなった(24)。ともあれ、ヨーロッパ大陸西方におけるドイツ軍の快進撃は、イギリスがソ連を敵側に回す第一の選択肢の非現実性を明らかにした。こうして、イギリスは再び自らの主導のもとに英ソ関係の改善に取り組まざるをえなくなる。ソ連側が触手を伸ばした社会主義政治家クリップスの大使任命はその動きの開始を意味していた。

2 フランス降伏後の英ソ関係

一九四〇年春、ヨーロッパ大陸における戦局はイギリスにとって極めて不利な方向へと展開した。ノルウェーに続いて、オランダ・ベルギーを攻略したドイツ軍はついにフランスへの攻撃を開始した。五月末には早くも、イギリス政府はヨーロッパの大半がナチス・ドイツの占領下に置かれる可能性に直面した。そこでイギリス参謀長委員会（Chiefs of Staff Committee）は五月二七日の第一四一回戦時内閣閣議にメモランダムを提出し、英国単独による対ドイツ戦争遂行のプランを提示した。このプラン（以下「長期戦略」と略称）は三つの事態――①フランス陥落、②イギリス遠征隊（British Expeditionary Armies）の壊滅、③イタリアの枢軸側への参加――が現実のものとなった場合、まず第一にイギリスは合衆国からの経済的援助を前提として、単独で対枢軸戦争を継続できるか、さらにはこれに勝利を収めることができるかいなか、そして第二にもし第一が肯定的に回答されるとして、イギリスはいかなる戦略に基づくべきであるかという根本的な問題に取り組んで作成されたものであった。参謀長委員会によるこのメモランダムは、イギリスの抗戦継続ならびに勝利は可能であるとの結論を下し、次にその基本戦略として、①経済封鎖、②空軍による爆撃――ドイツ占領下における経済セクターへの打撃、およびドイツ市民の士気低下を目的とする――、③転覆活動――ナチス占領下の地域における抵抗運動の組織づくり――を列挙している。[25]さてこのメモランダムの中で、「ドイツを打ち破る我々の唯一の希望は経済的要因に依っている」と同委員会が述べていることから理解されるように、この戦略構想は陸・海・空軍を動員しての軍事的対決を想定しておらず、ドイツ経済の破綻を上記の方策によってはやめ、ナチス体制の内部崩壊を期待しようとするものであった。その意味でこれは徹底して消極的な攻勢計画であった。だが、これはフランス征服を目前にし、最後の目標をすでに大ブリテン島攻略に定めたナチス・ドイツに単独で抗戦することを余儀なくされた苦境下のイギリスが勝利を夢みることのできた唯一の戦略であった。それから一ヶ月後、このメモランダムで予想された三つの可能性はほぼ現実のものとなった。まさにイギリスにとって最悪の事態が生起したのである。これを契機として、「長期戦略」はイギリスの基本方針として確定される。これ以降、イギリスの人的・物的全資源はこの戦略に基づいて無駄なく配分されることとなる。

イギリス社会主義運動の旗頭であったクリップスを大使としてモスクワへ派遣した背景には、ソ連を連合国側に引き入れることは不可能としても、独ソ関係のより一層の緊密化は少なくとも阻止しなければならず、イギリスのソ連に対する「善意」を象徴するクリップスの大使任命はその目的に多少とも貢献するであろうという計算が働いていた。さてクリップスがモスクワに到着した三日後の六月一五日から一七日にかけて、ソ連はバルト三国を事実上占領するという挙にでた。これはイギリスの反ソ世論をかきたてたが〔たとえば七月一〇日ニュートン卿(Lord Newton)は上院にて、スターリンとムッソリーニ、ヒトラーと並べて「国際的盗賊」であると非難した。J. Pilsudski Institute, *Poland*, Vol. I, 430.〕、同時に独ソ間の離反をもたらしうる事件でもあり、その意味でイギリスに幾分かの希望を与えるものであった。さらにソ連がルーマニアに領土要求をつきつけると、独ソ関係はより緊張の度合いを深めた。ルーマニアに対するソ連の影響力増大は、同国がドイツの戦争継続に絶対不可欠の石油の重要な供給源であったため、ソ連のバルト三国への動き以上にドイツの神経を逆なでするものであった。この意味で、イギリス対ソ外交の「善意」を象徴したクリップスの派遣は、その直接の目的であった英ソ通商協定締結の見通し自体は明るくなかったものの、独ソ間に楔を打ち込み、両国間の離反を促進するというより重要な点にかんしては時宜をえたものであった。クリップスはパリが陥落した六月一四日、モロトフとの会見を得た。経済的絆の強化を軸にして英ソ政治関係の改善を行うべきであることをクリップスはそこで主張し、さらにドイツ、イタリアの脅威に晒されているバルカン地方において英ソ両国は共通の利害を有しているとの見解を示した。クリップスの意図がバルカン地方とくにルーマニアにおける独ソの離反を促進しようとする点にあったことは疑いない。しかし、モロトフのこれに対する反応は極めて鈍かった。[26]ソ連がルーマニアに対する最後通牒をつきつける数日前であり、またまさにフランスの抗戦が停止した六月二五日、チャーチルはスターリンに親書を送った。これは七月一日クリップスを通してスターリンに届けられたが、その中でチャーチルは、ドイツによるヨーロッパ大陸の制覇はソ連の利益に大いに反することを示唆した。[27]ソ連側はたしかにその脅威を察知していた。しかし、彼らの最大関心はイギリス側の接近に応ずることではなく、できるだけ早期に独ソ不可侵協定により得たバルト三国ならびにルーマニアにおける利権をドイツの脅威に対抗するために現金化し、しかし同時にドイツが直接ソ連に向かってくるまでの時間を引きのばす目的のために対独物資供給のペースを引き上げ、これを通してこれらのバルト、フィンランド地方におけるソ連の行動がドイツ側に与える反対感情をできるだけ抑えることにあった。[28]こうした事情のため、クリップスを介してのイギリスの努力は実り多いものとはならなかった。

フランス陥落後のイギリスはチャーチルの指揮下で徹底抗戦の姿勢を示し、現実に「イギリスの戦い」においてイギリス空軍はドイツ空軍に対して優勢に戦いを進めた。これはソ連の対英姿勢に一定の変化を与える。八月一日モロトフは最高会議で演説を行った。その内容はイギリス、ドイツに対するソ連のこの新たな立場を微妙に反映していた。モロトフは独ソ間に楔を打ち込もうとするイギリスの努力を非難はしたが、次いで彼はドイツにとってイギリスを屈服させることは容易な業ではないこと、さらに英ソ関係の改善にとって過去に蓄積された障害はあまりにも大きすぎるものの、クリップスの大使就任をイギリス側の関係改善を求めるサインと見做していることを述べた。[29] モロトフの演説はソ連側の一種の安堵感を隠しようもなく表明していた。独ソ間と英ソ間との距離関係に、イギリスの予想外の抗戦は変化を与え始めたのである。

ところで、七月二一日、ラトビア、エストニア、リトアニアの各議会はソ連への併合を希望する決議を行った。二三日、ハリファックスはリトアニア、ラトビアの駐英大使に対し、「明らかに不正な手続でなされた結果は認められがたい」との個人的見解を披瀝した。[30] しかし、イギリス政府は独ソ間の離反を促す必要性から、公式見解としては同趣の実質的対ソ批判を控えざるをえなかった。八月七日にクリップス・モロトフ会談が行われ、その際モロトフは西ウクライナ、白ロシアならびにバルト諸国におけるソ連の利益を承認した独ソ不可侵協定の重みについて触れ、英ソ関係の改善のためにイギリス側が支払わなければならない代償が何であるべきかを示唆した。これに対してクリップスは本省の了解なしにやや即興的な形で英ソ不可侵協定の締結を提案した。[31] クリップスは自らの使命である英ソの接近を達成するためには、ドイツが一九三九年にソ連に与えたと同程度の代価をイギリスも支払わなければならないと感じたのであろう。その後クリップスは外務省に、「ソ連をドイツから徐々に引き離すことを目的にイギリス政府は英ソ関係の改善に全力を尽すべきである」と提言した。[32] しかしバルト三国の併合に伴って生じた英資産の補償問題がもつれたため、イギリス政府はクリップスの推した路線をただちに採択することはできなかった。だがその頃イギリスにとってさらに好ましい事件が生じていた。ソ連は六月末にルーマニアからベッサラビアとブコビナを割譲したが、そのことはドイツ側にソ連は彼らをだしぬいてルーマニアに進駐するのではないかとの懸念を与えたのである。結局これはウィーン裁定への道を拓き、その結果としてルーマニア全土はドイツ軍の保護下に置かれることになったのである。これは独ソの一層の離反をもたらした。しかしながら、この離反は直接的には英ソ関係の好転をもたらしはしなかった。イギリスは独ソ間の疎遠・対立がなんとか英ソの接近をもたらすようにとの希望を抱いていた。しかし、ソ連政府は逆にバルカン地方ならびにバルト方面にかんして生じた独ソ関係の悪化が英ソ関係の改善によってさらに促進されることを恐れていた。

クリップスは一〇月一二日、ソ連政府が基本的にはドイツの最終的勝利を望んでいないとの報告を送り、したがってイギリス政府は対ソ関係を改善させる目的で英ソ協定を提案すべきであるとの方策を外務省に打電した。クリップスが外務省に推薦したのは、ⓐヨーロッパならびにアジアにかんする戦後問題の協議、ⓑ英ソ不可侵を謳う取り極め、ⓒバルト三国、ソ連占領下のポーランド、ブコビナ、ベッサラビアにおけるソ連の主権を戦争中事実上承認すること、ⓓ枢軸側からの攻撃にソ連が対抗する為に必要な物資の供給、ⓔトルコ、イランからの攻撃に対するイギリスの保障をソ連に与えること、であった。イギリス外務省はクリップスの提案する協定の実現性に疑問を抱きつつも、協定のために交渉を開始すること自体が持つ政治的な効果に積極的な意義を認め、クリップスにこれを試みるよう指令した。一〇月二二日クリップスはこうしてソ連側に、先に紹介した五項目からなるイギリスの提案を中心とする英ソ協定案を手渡した。(33)

ソ連側はこの提案を「最も重要な性質のもの」と見做している旨の見解をただちに示した。(34)しかし一一月一〇日、独ソ両政府が「両国（独ソ）間に存在している友好関係の枠組の中で、新たな個人的接触を通じ、現在の意見交換をさらに拡大、深化させる目的でモロトフが近い将来にベルリンを訪れる」とのコミュニケを発するや、クリップスは急速に自らの提案に対する熱意を喪失する。(35)クリップスは、モロトフのベルリン訪問は独ソ間関係の修復を意味し、それはとりもなおさず独ソ間に楔を打ち込もうとするイギリスの対ソ政策の破産をも意味していると考え、したがってイギリス政府は英ソ通商協定提案を撤回し、従来の柔和路線を変更し対ソ強硬姿勢を示すべきであるとの考えに転換した。しかし、ベルリンにおけるモロトフ・ヒトラー会談にかんする情報を入手した外務省は、独ソ接近が予想されたほどのものではないこと、とくにバルカンをめぐる両国の路線対立がますます鋭くなっているとの判断から、クリップスの見解とは逆に従来路線の継続こそがイギリスにとって得策であると計算した。[36] さらに一二月二三日、反「ミュンヘン」の立場から対ソ接近政策を推してきたイーデンがハリファックスから外相の席を譲り受け、イギリスの対ソ柔軟政策はさらに強化される地盤が成立した。一二月末クリップスは外務省側の説得を受け容れ、モロトフのベルリン訪問を契機とするイギリスの対ソ外交の転換は日の目を見ずに終った。[37] しかしモロトフ訪問は少なくとも一時的に、ソ連を連合国側へ引きつけようとするイギリスの積極的な努力に水をさしたのは確かであった。

一九四一年初頭、英ソ関係改善を目指すイギリス外務省はさらに自らの努力の不毛性を認識させられる。一月一〇日独ソ間の「友好協定」ならびに「通商協定」が締結され、さらに一月二一日には日ソ漁業協定が結ばれたのである。外務省の思惑とは逆にこうして独ソ間の接近は少なくとも表面的には進行していった。それだけではなく、二月一日のクリップス・モロトフ会談、三月二二日のクリップス・ヴィシンスキー（Vyshinski, Andrei）会談におけるソ連側外交官の極めて冷淡な対応は英ソ間の疎遠化の進行をも示していた。[38] こうして、英ソ接近をテコとする独ソ間の疎遠化工作が成功する見込みは極めて乏しいものであるように思われるに至った。

3　一九四一年春の英ソ関係

これまで明らかにしたように、第二次大戦勃発後におけるイギリス政府の対ソ姿勢は、ソ連・フィンランド戦争中の一時期のような紆余曲折を見たものの、ほぼ一貫してソ連との接近を計ろうとする非常に柔軟なものであり続けた。[38] イギリス政府は独ソ不可侵協定後の独ソ関係が実質的な意味において同盟関係に等しかったという事実にもかかわらず、ソ連を最終的に反ドイツ陣営に引き込むことが可能であるとの希望を失わなかった。フランス陥落の後、単独による対ドイツ抗戦を強いられたイギリスが将来期待することのできたシナリオは、合衆国とソ連とが反ヒトラー連合に参加することであった。ヒトラー自身がバルバロッサ作戦を決定するにあたり、ソ連の連合国側への参加がイギリスの唯一の希望であると述べたのは、[39] この意味で当を得ていたと言えよう。イギリスは英ソ関係の改善がただちに独ソ関係の疎遠につながると考え、たえず英ソ間の離反の阻止に心を砕き、機会をみては両国関係の改善に努めた。しかし、ソ連側はドイツの脅威を十分認識し、将来起りうるドイツの侵略に備えて、ソ連国境の西方における領土獲得に専念し、同時に上記の行動が引き起すドイツ側の対ソ疑心を極小化するために対ドイツ経済サポートを強化した。そしてイギリスに対しては冷淡な政策を採用した。

このようなソ連側の反英的外交姿勢にもかかわらず、イギリス政府がソ連に接近しつづけた背景として、ソ連が最も期待していたのはドイツの最終的勝利ではなく、ドイツとイギリスとの間の消耗戦の極大化であり、その意味で独ソの結びつきは極めて機会主義的な性格を持つとイギリス側が判断していた点は重要であった。たとえば、ソ連駐英大使のマイスキーは、独英両国が互いに消耗戦を継続することから大きな喜びを得ており、彼の日課はドイツとイギリスの蒙った損害を別々に集計し比較することではなく、双方をたんに合計することであった。そのことを伝える情報は一九四〇年一二月に外務省にもたらされていた。[40] しかしながら現実には、イギリスが外交交渉を通じて独ソの離反を促進させるチャンスは存在していなかった。ところが彼らにとって幸運なことに、一九四一年二月初旬から、ドイツがソ連を同年春に攻撃する可能性を示す情報が入り始めた。しかし、ドイツがイギリスを攻略する以前にソ連侵略を果して行うかいなかについてイギリス側は大きな疑惑を持った。三月の末に、ドイツ軍の東方配備がソ連を対象としたものであることをついに理解するにいたったものの、イギリス側はドイツが現実に行っている東方への動きがソ連を軍事的に征服するためのものであるのか、あるいはドイツ側の要求にソ連を従わさせるためのたんなる脅しであるのかについて確信を得ることはできなかった。ドイツのソ連攻撃を示す情報に接したチャーチルはこの可能性を「あまりにもうますぎる話」と見做さざるをえなかった。というのは、第一にイギリス攻略のために準備されたドイツの軍事力が削減されていないこと、第二にドイツ空軍によるイギリスへの襲撃の激しさ、第三にドイツ軍がルーマニア、ブルガリアに派遣されつつあったにもかかわらず物資をドイツに送り続けているソ連政府の対応、といった具体的事実の重みはチャーチルに長い間ヒトラーの対ソ攻略の意図を疑わせたからであった[41]。

ところがその後、独ソ対立の展開をより明確に示す情報が次々とイギリスにもたらされ始める。三ヶ機甲師団を中心とする強力なドイツ陸軍部隊をバルカン半島からポーランドのクラクフ方面へ移動させる旨のヒトラーの命令が三月一七日に出されていたが、三月二七日にベオグラードで反ドイツ宮廷クーデターが発生すると、この命令の一部は撤回された。同日イギリス側はこれを傍受した[42]。さらに、合衆国政府は、ユーゴスラビア皇太子パウル（Paul）にヒトラーがソ連侵略の意図を伝えたとの情報、さらにゲーリング（Göring, Hermann）が松岡外相にドイツはイギリス攻略の成否にかかわりなくソ連を攻撃する予定をたてていると伝えたという情報を得ており、新任のハリファックス駐米イギリス大使にこれを知らせた[43]。これらのドイツによる対ソ侵略を示す新たな情報をえたチャーチルは四月三日スターリンに二通目の親書を送り、その中で「ユーゴスラビアを手中に収めたとドイツ側が判断した三月二〇日過ぎ、彼らは五ヶ機甲師団のうちの三ヶ師団をルーマニアから南ポーランドへ移動させ始めたという確かな情報を信頼すべき筋から入手致しました。ところがセルビアにおける革命のニュースに接するや、この移動命令は撤回されました。貴下はこれらの事実が何を物語るかを容易に理解されることでありましょう。」と述べた。[44] しかし、このメッセージの伝達を指令されたクリップスはチャーチルのメッセージがモスクワに到着する前に、彼自身同種の内容を持ちつつもより詳細な情報を盛り込んだ強い警告の書簡をヴィシンスキーに宛てていたため、彼はチャーチルのメッセージが彼の手紙のインパクトを減殺することを恐れ、再三におよぶ本省からの催促にもかかわらず、この伝達を差し控えた。結局チャーチルのメッセージは四月一九日にソ連政府に渡されたがチャーチルはクリップスの大使としての分限をわきまえない独断的行動に立腹した。[45] これはのちの両者の関係のみならず、ひいては英ソ関係にも一定の影響を与えることになる。ともあれ英国のトップリーダーからの直接の警告はなされた。

さて、ドイツ軍がソ連国境に沿って配備されている旨の情報は四月以降相次いだが、その情報の集積はこのようなドイツの東方移動の目的が攻撃のためのものなのかソ連からの譲歩をえるための外交の一環なのかについての明確な判断をいまだイギリス政府に与えるには至っていなかった。五月の初旬に至っても、軍事情報スタッフは独ソ戦の開始の可能性を低く見積り、イギリス攻略の危険性の方がより差し迫っていると考えていた。[46] 五月二三日合同情報委員会(Joint Intelligence Sub-Committee)はドイツのソ連に対する意図にかんするメモランダムを作成した。その中でJICはドイツの基本的目的はロシアの「支配」にあることを認めた。しかしJICは、ドイツの戦争継続にとってソ連からの経済物資供給は不十分であり、したがってドイツは「支配」を新たな協定か征服かのいずれかの手段によって達成しなければならないが、ドイツにとって協定締結はソ連侵略よりも圧倒的に得策であろうと予測した。またソ連もドイツに対する物資供給ペースを高め始めている事実を考慮に入れたJI

Cは、独ソ戦が勃発する可能性は高くないと判断する報告を行った。[47]また、五月三一日の第一九七回参謀長委員会にて、ドイツはソ連に向けて巨大な軍事力を集中させており、ソ連がこの圧力に屈服しドイツの要求どおりの物資供給に踏み切った場合、それがイギリスの対独経済封鎖戦略に与える悪影響は測り知れないものになろうとの見通しが明らかにされた。この会合に出席したカドガン（Cadogan, Sir Alexander）外務次官は同日付けの日記に、ドイツによるソ連攻撃はイギリスにとって望ましいものの、ソ連側はドイツの要求を全面的に容れるであろうから、これに大きな期待をかけることはできないと記している。さらにこの日記は、もしソ連がドイツの要求を満す決定を行った場合イギリスはバクー油田を爆撃するであろうとの脅迫を通じてソ連がドイツに屈しないよう圧力をかけることを計画中であり、また実際にヒトラーが対ソ要求を手中にした場合同油田破壊を実行するプラン作成の必要性を認識していたことを書き記している。[48]実際同日ドイツ軍の東方配備にかんする情報を与える電報が中東軍司令部に送られたが、その中で同司令官はバクー油田破壊計画を案出するよう求められた。[49]

六月二日のイーデン・マイスキー会談が開催される前に、外務省首脳スタッフは会合を持った。カドガンはそこで、ドイツはソ連が譲歩しない場合攻撃を開始するであろうし、ソ連はドイツの攻撃を回避するためにあらゆることをなすであろうが、イギリスにとっては独ソ戦という展開が好ましいのであり、したがってイギリス外務省はそれに向けてなんらかの努力を行うべきであると主張した。[50]その後に開催されたソ連大使との会合で、イーデンはドイツ軍のヨーロッパ東方における軍事力集中についてマイスキーに情報を与えた。これに対してマイスキーは自らを納得させるように努めつつ、ドイツ側のこの軍事的な動きはたんに外交的譲歩をえようとする「神経戦」の一部にすぎないと返答した。[51]

イギリス側は六月五日を境に、ようやくドイツによるソ連攻撃の可能性を高く評価し始める。六月九日イーデンは第五八回閣議で、「あらゆる証拠は今や攻撃をさし示している」と述べた。翌日付けの外務省スタッフによるメモランダムも、攻撃によって一時的にソ連からドイツへの物資補給は断たれようが、「ドイツはすでに長期戦に備える決定を下しており、したがって欧州ならびにアジアにおけるロシアの経済資源の完全支配を望んでいるはずである」こと、ソ連の潜在的脅威のためにドイツ軍五〇ヶ師団が東方に釘づけになっており、ヒトラーはこの脅威が消滅することを望んでいるはずであることの二点から、ドイツはソ連攻撃に踏み切るという可能性を大きく見積った。[52] 六月初旬（八日以前）に行われた記者会談にてソ連にかんする質問を投げかけられたチャーチルは、「これは非常に難しい問題である」と切り出し、ついで「ヒトラーの目標はウクライナの穀物とバクーの石油とにあるはずだが、スターリンは簡単にこれらにかんする譲歩を与えまい。したがって、独ソ間の戦争はまず避けることができないであろう。」との予想を明らかにした。ソ連に対するイギリスの方針としてチャーチルは、「もしソ連が同意するなら、イギリスは彼らと協力することにやぶさかではない」と述べている。最後に、対ソ政策を確定することがいかに困難な業であるかを示す極めて興味深い言葉がイギリス首相の口から発せられた。チャーチルはソ連を「手におえないワニ（formidable crocodile）」と表現し、「こいつは思い切り蹴り込んでやると、意外になついてくるかもしれない。逆にちょっと優しくさすってやると、やつは脛をガブリと嚙みつくかもしれない。今まで我々は蹴ったりさすったりと両方のアプローチをソ連に対して試みた。しかし残念ながら、どちらも失敗に終った。」と語っている。[53] チャーチルは一九三九年一〇月一日の演説の中で、ソ連の行動は「神秘のベールに包まれた謎の中の謎」であるが、それは「冷徹な国家利益によって導かれて」おり、その意味で彼らの行動を理解することは不可能ではないと述べた。だがこの日の発言は、第二次大戦勃発後一年半における対ソ外交がいかに困難なものであったか、そしてチャーチルの対ソ認識がそれによっていかに変化させられたかを物語っている。この新たな対ソ認識は独ソ戦後のイギリスの対ソ政策に非常に大きな影響をもたらすことになる。またここで留意しなければならないのは、この時チャーチルはイギリスによる対ソ援助の条件としてソ連の「同意」を挙げていることである。この時点では、イギリスによる無条件の対ソ援助は考慮されていない。

六月一〇日、マイスキー・イーデン会談が行われ、ふたたびイーデンはソ連に対するドイツの動きにかんする詳細な情報をマイスキーに渡した。これに対してマイスキーは、独ソ間で新たな政治協定の交渉が行われていず、したがって独ソ不可侵協定に類するものの再来はありえないことを明らかにした。[54] しかし、イーデンの積極的なアプローチに対するこの日のマイスキーの反応は著しく消極的なものであった。カドガンはマイスキーの振舞を「秘密めいた、また中途半端な、そして全く無益なもの」と形容している。[55] しかしながらこの会談は、ヒトラーが戦争以外の手段でスターリンを屈服させようとしてはいないことを示すヒントをイギリス側に与えたのであり、これによってイギリスは独ソ戦勃発の可能性をより高く見積ることができるようになった。六月一二日、JICは閣議にメモランダムを提出し、「新たな証拠はヒトラーが、ソ連という彼にとっての障害物にけりをつけるために攻撃を決意したことを示している。したがって独ソ戦勃発の可能性は高いように思われる。それが正確にいつ勃発するかを知ることはいまだできないが、たぶんそれは六月後半のことであろうと予想される。」との報告を行った。[56] 同日イーデンはマイスキーにこの情報を与えた。しかし依然マイスキーは、ドイツはソ連にたいする「神経戦」を行っているとの前回の意見に固執し、ドイツの攻撃に対する懐疑的な態度をふたたび表明した。翌一三日、イーデンは前日のマイスキーの頑な態度にもかかわらずマイスキーを再度招き、独ソ戦勃発時にイギリス政府はソ連に軍事使節を送る用意のあることを告げた。これに対してマイスキーは、イギリス側がドイツの東方への軍事力配備を誇張しており、ドイツは侵略を意図してはいないと述べ、相互協力体制を築きあげるだけの地盤が英ソ間には存在していず、その責めはイギリス側に求められると不満をもらした。イーデンはこれに対し、「我々の情報によればきわめて緊急と思われる状況について、今我々は対策を講じているのである。我々には二つの途が存在している。第一は我々が予想している事態が実際に起るまでソ連政府に対して何も語らないことであり、第二は事前に我々のなしうる行動を率直に告げることである。ソ連政府は自らにのしかかっている危険を診断するに際して我々と異にしているかもしれない。しかし、とにかく我々は後者の途がよりフェアーなものであると考える。」と述べ、イーデンがマイスキーにこのようなアプローチをとったのはこうした考えに基づいてであることを強い調子で語った。(57)

結局、独ソ戦開始時にソ連が十分な防御体制を確立していることを望んだイギリス側の努力はこのようなマイスキーの冷淡な反応を引きだしたのみであった。いやそれだけではなく、一四日のタス通信はソ連政府の公式声明を発し、独ソ間の戦争にかんする噂を「明白に馬鹿げたもの」であると宣言し、この噂を広めているのはイギリス政府であるとし、同政府を非難した。この声明はドイツからの攻撃をなんとか回避しようとする考慮に基づいていたと同時に、イーデンの再三にわたる対ソ接近に対するモスクワからの直接回答でもあった。(58) イギリス政府はこのようなソ連政府の態度から、同政府がイギリス政府による情報提供の努力を「自らとともに他人を破滅への道づれにしたてようとする打ちのめされた者の最後のあがき」にすぎないと見做していることを悟ったのであった。(59)

4　独ソ戦前夜のイギリス政府

イギリスは一九四〇年六月のフランス陥落後まもなく開始された「イギリスの戦い」を勝ち抜き、一九四〇年中にドイツによるイギリス本島侵攻を受ける緊迫した危険性から解放された。だが、一九四一年度中にドイツが再びこの脅威をイギリスに投げかけるであろうことは誰の目にも明らかであった。ちなみに、イギリスは一九四一年の春を通じて一七二万八六四九トンもの船舶を失っていた。[60] ウェーベル将軍（Wavell, Sir Archibald）の指揮のもとに一九四一年初旬に行われたクレタ島・ギリシア本土に対する軍事攻勢は失敗に終った。英本島についで重要な拠点であったシリア・イラク地方のイギリス中東軍はさらに一層の補給を必要としていた。[61] ドイツによるソ連の征服がこのイギリス中東軍に北方から脅威をもたらすとの見通しが大いに憂慮された。

イギリスの軍事スタッフは独ソ戦が実際に勃発する可能性が高まった六月の初旬段階から、その軍事的展開についての予測を検討し始めた。彼らはソ連の抗戦能力を著しく低く評価し、ドイツの攻撃能力を逆に高く見積った。より端的に述べるなら、彼らはドイツがソ連征服に要する時間を月単位ではなく週単位で計算していたのである。一九三九年のポーランド撃破、一九四〇年のノルウェー、ベルギー、オランダ、フランス征服で証明されたドイツ陸軍の強力さは彼らの脳裏に焼きついていた。一方これを迎え撃つ赤軍は脆弱であるとの判断を以下の点、①トゥハチェフスキー（Tukhachevsky）事件に象徴される粛清が赤軍にもたらした悪影響、②一九三九年九月中旬におけるポーランド東部領土占領時に示された赤軍のはかばかしくない進軍振り、③ソ連・フィンランド戦争における赤軍の相対的な弱さ、から引きだしており、ノモンハン事件で日本軍に対して発揮されたあの圧倒的な赤軍の強力さは看過されていた。[62]

六月九日のＪＩＣ報告は、ドイツ軍がウクライナを征服しモスクワに達するまでに要する時間を四ないし六週間と予測した。続いてＪＩＣは六月一四日前回の自らの予測を改訂し、早く見積って三ないし四週間、遅い場合で六週間との見通しを示すに至った。また経済戦略省（Ministry of Economic Warfare）は、ドイツ軍が赤軍を壊滅させソ連を征服するに際して蒙る損害を非常に低く評価した。[63] イギリス側にとって最も重要であったのは時間的ファクターでしかなかった。彼らがソ連の抗戦期間に特別の注意を払ったのは、それを通じてドイツのイギリス本島上陸作戦の実施期がいつであるかを算定するためであった。まず彼らはソ連の抗戦期間が三ないし四週間の場合を予想し、ドイツによるイギリスへの動きはソ連陥落後四ないし六週間を経た時点で開始されるであろうと予想した。これによれば、早い場合独ソ開戦後七週間でドイツの対英攻略開始が現実のものとなる恐れがあったわけである。また遅い場合、ドイツの対ソ攻撃を六月二〇日前後と仮定し、それから一〇週間後の九月の初旬にはその危険が押しよせてくるはずであった。さらにソ連の抗戦を六週間と仮定した場合、ドイツの対英作戦の開始はそれから六ないし八週間後、すなわち早い場合で一二週間後（九月下旬）、遅い場合で第一四週後（一〇月初旬）、にありえると予測した。[64] これによれば、ドイツによる英本島攻略開始は、八月中旬から一〇月初旬にかけて行われるはずであった。それまでに至る期間中、イギリスはこのドイツの脅威に対する防衛能力増強に専念することが可能であった。さらにそれだけではなく、ドーバー海峡を経由しての上陸作戦は天候上の理由から、一一月の中旬以降には不可能と考えられており、したがって一定期間の効果的な対ドイツ抗戦を通じてイギリスはドイツ侵略軍を撃退できる見込が存在していた。ここから理解されるように、独ソ戦におけるソ連の抗戦力自体は著しく低い評価を受けていたが、独ソ戦の勃発がイギリスの対ドイツ戦争遂行に与える意義は大きかったと言えよう〔しかし、イギリスの軍事情報ならびに立案に携っていた者の多くは、ソ連の抗戦を一ないし二週間と見積り、この観点から彼らは、独ソ戦がイギリスに与える効果をマイナスとして受けとった。彼らは、ヒトラーに大勝利を与え、全力でイギリスに襲いかかることを可能とするような、この新たな軍事的展開を決して歓迎しなかった。(65)〕。

本土ならびに中東における防衛力増強を当面の最も緊急な課題として設定したイギリス政府にとって、この目標達成を阻害しない形で、ソ連の抗戦力を維持し、最低限ソ連が早期に内部崩壊することを阻止するために、それなりの努力を行う意味は存在していた。チャーチルは六月一五日ローズベルト合衆国大統領に、「ドイツによる大規模のロシア侵攻は極めて差し迫ったものであるように思われます。……独ソ間に戦闘が開始された場合、我々はヒトラー打倒の原則に立ち、ロシアに対してあらゆる激励の言葉、ならびに我々にとって可能な限りの援助を与える所存であります。イギリス国内で、なんらかの階級政治的な摩擦が生起するとは思えません。また独ソ戦の開始が合衆国大統領になんらの当惑をもたらさないことを信じます。」とのメッセージを打電した。(66)このチャーチルの行動は、イギリス政府が公けに採用する対ソ方針を合衆国大統領に予め連絡しておくということ以上の意味が含まれていた。合衆国側の反応はこの際チャーチルにとって最も慎重な考慮を要するファクターであった。イギリスにとって合衆国をできるだけ早期に対ドイツ戦争へ参加させることが至上の目的であった。そのため、反ソ的な合衆国の世論が、たとえそれがソ連の敗北を前提とした精神的支援にすぎないとしてもイギリスの採択するかもしれない対ソ援助政策にマイナスの反応を示し、このことがひいては合衆国の孤立主義を高めることをチャーチルは危惧し、ローズベルトがこれにどのような見解を抱いているかを知るために打診を行ったのであった。

六月一六日の第六〇回戦時内閣閣議は、独ソ戦勃発後にイギリスがとるべき政策を協議するために本国へ召還されたクリップス大使を迎えて開催された。クリップスは、在モスクワの外交筋がソ連の抗戦期間を三ないし四週間と見積ることで一致していると述べ、イーデンは駐英合衆国代理大使からの情報として、同国駐ソ大使も全く同様の見解を持っていることを明らかにし、クリップスの発言を補強した。[67]翌一七日軍事政策の最高決定機関である防衛委員会作戦部会［Defence Committee (Operation) 以下防衛委員会（O）と略称する］において、イギリスが独ソ開戦後にとるべき基本的軍事戦略が討議された。各方面司令官がそこへ召還されていたことから理解されるように、この委員会はイギリスの当面の戦争遂行の全局面を検討・協議するために開催されたのであった。その際ソ連を軍事的に有意義なパートナーとして迎え入れること、言い換えるなら単独の対ドイツ抗戦の終焉に伴って必要となるはずの一九四〇年五月以来の「長期戦略」を修正すべきであるとの意見や、さらに直接的な対ソ軍事援助を行うべきとの提案は、全く提出されなかった。逆にその場の中心的話題は、いかに独ソ戦の勃発をイギリス自らの利益へ結びつけるかにあり、その具体的なプランとしてはたんに「長期戦略」に盛り込まれた従来の方針を忠実に守るべきことが再確認されたにすぎなかった。たとえば、ドイツへの爆撃を強化すること、反ナチス住民蜂起を助けるために一定規模の戦車隊をヨーロッパ大陸に上陸させる可能性への留意、の二点が指摘されている。さらに、イギリスによる対ドイツ経済封鎖を効果的に保つために、バクー油田施設がドイツの手に陥ることは阻止されなければならないと考えたイギリス政府はこれを破壊する計画準備を進めていたが、この点をも考え併せるなら、この委員会で確認されたイギリスの軍事戦略計画は経済封鎖・爆撃・転覆活動を三つの柱とする「長期戦略」に非常に忠実に則っていたことが良く理解される。チャーチルは同委員会の総括として、まず第一にイギリス本島ならびに中東におけるイギリス軍の強化に、そして次に空軍力の増強に、イギリス軍事政策の力点が置かれるべきことを確認した。[68]こうして独ソ開戦後におけるイギリスの軍事方針は従来どおり、「長期戦略」に基づいて継続されることが確定された。ここから理解されるように、チャーチルがローズベルト宛ての親書で述べた「可能なあらゆる限りの援助」は、その最も重要な軍事的基盤を欠いていたのである。

翌一八日の第六一回閣議にて、独ソ戦が実際に勃発した際イギリスはいかなる声明を世界に向けて公表すべきかが討議されたが、この時すでにバルバロッサ作戦がその週末に開始されるであろうとの確かな予測がなされていた。その席でチャーチルはイギリスが行うべきプロパガンダについて意見を述べ、閣議はそれに留意した。チャーチルはそのプロパガンダの目的を、「ヒトラーは戦争を継続するために必要な資源を求めて、今回ソ連を侵略したのである」ことの公表に求めたのであった。[69] したがってチャーチルが一八日の時点で決意していたラインは反ヒトラー・プロパガンダにすぎなかったのであり、それは一五日づけのローズベルトへのメッセージに盛られたソ連への援助・勇気づけを欠く、その意味では第三者的な冷淡なものであった。この日の閣議の議事録には、対ソ援助宣言にかんする一切の言及も見いだされない。結局この閣議は予想されたとおり、チャーチルが「最も輝かしい時（Their finest hour）〔チャーチルの第二次大戦回顧録の第二巻のタイトルは *Their Finest Hour* である。〕」と呼んだイギリスの単独抗戦期における最後のものとなった。

六月二〇日の金曜日、チャーチルはチェッカーズ（Chequers）にある首相別荘へ赴いた。その時すでにドイツのソ連侵略が時間の問題にすぎないとの感触を得ていたチャーチルはロンドンを発つ前に、ドイツのソ連侵略にかんするラジオ演説を翌二一日の夜に行うことを決め、その手筈を整えるよう命じた。その演説は「当然慎重な言い回しでなされる」はずであった。[70] これは、この時チャーチルがまだ演説の基本ラインを一八日の閣議で明らかにした第三者的な——ソ連援助にかんする言及を含まない——反ヒトラー・プロパガンダに定めていたことを意味している。しかし、チャーチルはチェッカーズへの車中で、放送を一日延期することに翻意した。その理由はチャーチルによれば、「その時までに全ては明白になっているように思われた」ことにあった。[71] ところでチャーチルはいかなる目的のために演説の延期を行い、不確定要素を排そうとしたのであろうか、またその不確定要素とは一体何だったのか。第一の不確定要素は、ソ連がドイツの侵略にいかなる対応を行うか——反撃を行い独ソ戦が始められるか、それともドイツの侵略直前にドイツ側を全面的に満足させる条件での譲歩を行うか——であり、第二は合衆国政府が侵略を受けるソ連に対していかなる姿勢を示すかであった、とそれぞれ考えられる。したがってチャーチルはこの時、もしある条件が整うなら、軍事的には実質的な援助を行う可能性は排除されていたが、対ソ援助をイギリスの政策としてその演説の中で宣言し、少なくともこれを通じてソ連側の士気を高揚させるべきであると考えていた筈であろう。その条件とは、もしソ連が防戦を行い独ソ戦が開始されイギリス政府が対ソ援助宣言を発した場合、これに合衆国政府が反発しないことであった。チャーチルはローズベルトからの返答を待つことにしたのである。このように考えるなら、放送を一日延期したチャーチルの決定はイギリスの対ソ援助宣言への道を拓いたと言えよう。はたして同二〇日夜、合衆国大使ワイナント(Winant, John)はローズベルトの次のメッセージを携えてワシントンから直接チェッカーズを訪れた。「ロシアを同盟国として歓迎する旨を告げるイギリス首相のいかなる声明をも合衆国大統領は公式にサポートする用意があります」。こうしてチャーチルは対ソ援助宣言に対する最大の難関を乗り越えたのである[72]〔ワイナントはしかし、独ソ戦勃発を示す動きを「独ソ間で仕組んだフェイントであるに違いない」と主張した。多分これはたんなる個人的見解ではなくワシントン側からの非公式の警告であったろう。Colville, John. *The Churchillians*, London 1981, 92.〕。

二一日夜ワイナントならびにイーデン夫妻らを招いてチェッカーズで催された夕食会の席上、チャーチルは「ヒトラーはイギリスと合衆国内の資本主義的・右翼的勢力の反共反ソ感情の噴出をあてにしているのであろうが、彼は間違いを冒している。なぜなら、我々はロシアに全幅の援助を与えるからである。」と述べ、対ソ援助方針を明らかにした。これに対して、ワイナントは「合衆国も同様の方策を採用する」と同調している。夕食後の散歩中、新任の秘書コルビル（Colville, John）はチャーチルに、「反共産主義者のあなたは、今これまでの信念を曲げて共産主義者と妥協するつもりなのですか（bow down in the House of Rimmon）」との質問を投げかけた。「いや違う。私にはヒトラー打倒というたった一つの目標しかない。おかげで、私は諸々の複雑な事柄から解放されている。もしヒトラーが地獄に攻め入るなら、少なくとも私は下院で閻魔への好意的な見解を明らかにする用意がある（make at least a favourable reference to the devil in the House of Commons）。」との返答がコルビルへ戻ってきた。[73] ここでチャーチルが「下院で」と述べたのは、イギリスの議会で対ソ援助を宣言するという意味ではなく、"House of Rimmon"というコルビルの言葉に対する語呂あわせとして"House of Commons"を使ったのであり、その意味するところは単に対ソ援助を公表するということにすぎない。ともあれこうして、実質的にソ連を援助する能力ならびに意思をイギリスは有していなかったにもかかわらず、チャーチルは対ソ援助を宣言する決意を固めたのである。実にそれは独ソ戦開始の直前のことであった。

5　独ソ戦勃発とチャーチルの対ソ援助声明

翌二二日早朝、予想どおりドイツ軍はソ連攻撃を開始した。チャーチルはかねてから、ドイツによるイギリス本土上陸作戦の開始を告げるニュースでもないかぎり彼の睡眠はさまたげられるべきではないと秘書官に訓示していたため、コルビルはチャーチルの目覚めを待ち、これを伝えた。チャーチルは直ちに同夜九時からラジオ演説を行うことをコルビルに伝え、チェッカーズのスタッフはその準備を開始した。イーデンはチャーチルと協議した後、ロンドンに戻り、外務省にマイスキー大使を招いた。イーデンは、イギリスは対ドイツ空爆を強化すること、軍事使節団を英ソ間で交換すべきことの二点を改めて明らかにし、イギリスはソ連を援助する意思を有することを示した。(74) 一方チェッカーズのチャーチルは東部戦線にかんするディル(Dill, Sir John)参謀総長の情報に耳を傾けた。対ドイツ警戒を怠った赤軍は手痛い打撃を受け、とくに空軍の被った損害は大規模のものであることをディルは伝えた。参謀総長は赤軍が大敗走するであろうとの悲観的な予測を最後に行った。(75)

チャーチルはその後ラジオ演説の草稿づくりにとりかかった。その際、チャーチルはクリップス大使と当日チェッカーズに駆けつけたビーヴァーブルック(Lord Beaverbrouk, Max)の意見を参考にした。(76) クリップスは「ドイツ軍は熱いナイフでバターを切るように攻め入ることでありましょう」と述べ、赤軍の抗戦能力にかんするディルの悲観的な見解に同調した。一方、カルバン派の新聞王であり、翌七月から供給大臣としてイギリスの対ソ援助を推進することになるビーヴァーブルックは全幅の対ソ援助を宣言するようチャーチルに説得した。クリップス、ビーヴァーブルックは赤軍の抗戦能力にかかわらず対ソ援助を宣言すべきであるという点では意見の一致を見ていたが、いかなるトーンでこれを宣言するかという問題は残った。チャーチルは高いトーンを推すビーヴァーブルックの説得を容れた。(77) 声明文が完成したのは演説の三〇分前の八時三〇分のことであった。イーデンとカドガン外務次官は、事前に声明文をチェックさせるようチャーチルに申し入れた。彼らはチャーチルの手になる声明文のトーンが高すぎるのではないかと恐れたのであった。しかし、チャーチルはこれを許さなかった。(78) 労働党系閣僚に電話連絡をとった後、なんらの「検閲」をも受けず、チャーチルは、自ら作成したメッセージを電波に乗せたのである。チャーチルの回顧録はこの演説を部分的に紹介している。それによれば二二日午後九時チヤーチルはチェッカーズから次のように放送演説を行った。

「……過去二五年間、私以上に一貫した反共産主義者であった者はおりますまい。私は反共主義の信念に基づいて述べた言葉を一言たりとも取消す意図を持ってはおりません。しかし、これらすべてのことは、現在展開しつつある光景の前に消え去って行くのであります。過去はあらゆる犯罪と愚行とともに失せて行きます。私は見ます。ロシアの兵士が古き昔より父祖の開拓した祖国を守るために、門の前に立ちはだかるのを。私の目に浮びます。あるいは母があるいは妻が、愛する者の無事そして夫の帰還、これらの国を護る英雄達の凱旋を祈る姿を。いまこそはまさに国を挙げての祈りの秋なのであります。私には見えます。幾万のロシアの村々や不毛の野が、暮しはつらいものであろうとも素朴な人々の楽しみに満ち、乙女は笑い、子供達は駆け回るあの野を。……

……我々にはただ一つの不変の目的しかありません。すなわちヒトラーとナチズム体制を徹底的に破滅させることだけであります。何ものも我々をこの目的からそらすことはできないのです。我々は決して彼らと取引きを行わないでありましょう。我々はヒトラーや彼の率いるギャングどもと絶対に交渉をいたしません。我々は彼らを敗北させるために、陸で海でそして空で戦います。もう一度言わねばなりません。我々は神の助けによりやがてこの地上からヒトラーの影を追い払い、彼の圧制から地球上の諸民族を解放することができるようになるまで、戦いの斧を埋めません。ナチ世界に対して戦うあらゆる者、そして国家は我々からの援助を受けるでありましょう。ヒトラーと歩みを同じくするものならびに国家はわれわれの敵と見做されましょう。……したがって、我々はできうる限りの援助をロシアとロシアの民に与えたいと思います。これがわれわれの政策であり、宣言であります。……

……数分前、ヒトラーをロシア征服の業に駆り立てた、あの血を求める渇きとあの忌わしい欲望とについて私が触れた時、そこにはより奥深い動機がうごめいていることを指摘致しました。ヒトラーがロシアの力を破壊したいのは、もしそれに成功すればドイツの陸・空軍の主力軍は東方からとって返し、その勢いをかってイギリス本土を攻略できるからであります。それゆえ、ロシアの危機はイギリスの危機であり、また合衆国の危機でもあります。自分の家庭を守るために戦うロシア国民の大義名分は、地球上のいずこたるとを選ばず、まさしく自由人と自由国民の大義名分であります。我々はこのような手痛い経験から学んだ教訓を今や生かさなければなりません。今までの奮闘を倍にし、命と力の尽きるまで団結しヒトラーを打倒しようではありませんか[79]」

歴史家の評価はこの演説にかんして殆んど一致していると言ってよい。まず演説自体については、「チャーチルがかつてなしたなかで最も重要なものの一つ[80]」、「彼の演説のなかで最も力強いものの一つ[81]」、「第二次世界大戦のドキュメントのなかで最も重要な類に属するもの[82]」といった評価が代表的であり、演説の意義については、これによって「歴史のコースは三〇分のうちに変えられた[83]」のであるとか、またこれが「きたるべき世界の運命を決したのである[84]」という最大級の評価も見受けられる。ソ連の歴史書も、「ヒトラー・ドイツと闘うソ連に対する援助を明らかにしたイギリス政府の声明〔チャーチル声明―秋野註〕は反ファシズム闘争にとって偉大な意義を有した……」と述べている[85]。これらの評価の具体的な内容は、「チャーチル声明は反ヒトラー大連合の形成へと導く道程への第一歩であり、イギリスとソ連との間の不幸な過去を顧みることなく協力関係を樹立しようとする目的に基づいて、モスクワへ送り届けられたメッセージであった[86]」という文章によって要約されよう。また、チャーチルが前回の閣議で定められた消極路線を越えて、二二日当夜対ソ援助を宣言したことにかんしても積極的な評価が見受けられる。チャーチルは反共感情を乗り越え、「求められることなく自発的に、イギリスにとって可能なあらゆる手段を用いてソ連に無制限の援助を与えようと申しでたのであり、これはまさに決断の産物としての措置であった[87]」と述べる者、またこれは個人的感情を克服した「より広い見識とより偉大な理解のなせる業であり、文字通り政治的な手腕ならびに誠実の織りなす秀逸である[88]」と手離しの賞賛を捧げる者もいる。たしかに、ソ連侵略こそはナチス・ドイツ没落の直接的原因であり、チャーチルの演説が英・米・ソの反ヒトラー連合の出発点となったことを考えるなら、これらの賞賛に満ちた評価は一見妥当なもののように思われよう。しかしながら、独ソ開戦に至る英ソ交渉過程とこのチャーチル声明の形成過程とを考えるならば、このような全面的な称賛はチャーチルの劇的なレトリックに目を奪われたものであり、正当な評価とは言い難い。さらに言えば、ある意味でこの演説はその後の英ソ対立の出発点を形成したとも言える面を持っている。この演説の格調の高さと実際にイギリスが一九四一年中に行った対ソ援助公約の履行率の低さとの間に存在した乖離こそ、後に英ソ関係がスムーズに進展していかなかった重要な要因として見逃すことのできないソ連の対英不信を生むことになるからである。したがって演説の意義をよりよく理解するために、全文を踏まえた上でその内容分析を行う必要があろう。

この演説は三部構成になっている。ヒトラーはイギリスとの戦争を継続させるために必要な石油・穀物を求めてソ連を侵略したことを指摘する反ヒトラー・プロパガンダとしての前半部、そのヒトラーによって惨禍をこうむらされることになるロシア国民の姿をポエティックに表現した中間部、そしてイギリス政府の決定としての対ソ援助を宣言する後半部である。まず前半部において、チャーチルは独ソ開戦をそれ以前の二年間におよぶ大戦中における第四番目の転換点として把握した上で、ドイツがソ連との間の不可侵協定を一方的に破り、ソ連を侵略したことを批判している。次にチャーチルは、「ヒトラーは邪悪なモンスターであり、血と略奪を追い求める彼の渇望は飽くことなきものがあります。全ヨーロッパを自らの足下にねじ伏せ、あらゆる屈従を強いることでは満足せず、いまやヒトラーは人殺しと略奪のあの仕業の対象をロシアとアジアの人々に見出したのであります。……あの恐しい軍事機械は人命をこなごなに砕き、幾万の人々の過程と権利とを踏み躙るために不休の活動を続けています。さらに、それは人肉だけではなくオイルをも必要としているに違いないのです。(強調は秋野)」とヒトラーを非難している。この発言こそ、一八日の閣議でチャーチルが自ら示した反ヒトラー・プロパガンダであったはずである。また、この部分は二〇日チェッカーズへ向かう際に考えた「慎重な言い回し」による演説の骨子であったろう。チャーチルは回顧録の中でこの部分をカットしているが、もし当初の予測どおりソ連が一九四一年中に陥落していたなら、この部分こそが彼の演説の中心部分として描かれていたはずであると想像することはあながち誤りではないだろう。チャーチルは話題を後半の対ソ援助宣言へと移す前に、戦うロシア国民の英雄的な姿と、予想される彼らの苦しみをドラマティックに描写した。この中間部は二つの意味でチャーチルにとって重要であった。チャーチルはその冒頭で自らを一貫した反共主義者であると宣言している。チャーチルは、「しかし」と述べ、その個人的感情は黙々と働くロシア国民が愛する家庭・祖国のために戦う姿の前に色あせてしまうと述べているのである。この部分は、反共主義の一貫した旗頭であることを自他ともに認めるチャーチル自身が、自らの個人的感情を克服してナチスの残虐行為の餌食となるロシア国民に、社会体制の違いを越えた、人間としての共感を声明することによって、イギリス・合衆国内において予想された反ソ感情に基づく対ソ援助反対気運の噴出を予め抑制しようという意図のもとに書かれたのである。(89) さてここで我々が注目すべきなのは、チャーチルをして彼の強烈な反ソ反共感情を克服させたのは社会主義国家ソ連ではなくロシア国民であったと彼が聴衆に強く訴えていることである。これはチャーチルの対ソ援助決定の「言い訳」を構成していたと考えられる。演説の最後でチャーチルはこれを最も明らかな形で言い換えている。「それゆえ、ロシアの危機は我々の危機であり、またアメリカ合衆国の危機でもあるのです。そして、自分の家庭のために戦うロシア国民の大義名分は地球上のいずこたるとを問わず、まさしく自由人と自由国民の大義名分であります」。このロシア国民へのメッセージは演説全体を理解するためのポイントとなっている。前半のたんなる反ヒトラー・プロパガンダから後半の「歴史的」な対ソ援助宣言への橋渡しの役目を果したのが、この感動をさそう中間部なのである。チャーチルは演説の中で「一貫した反共主義者であること」を明らかにしたが、たしかに彼はこの時期においてもイデオロギー的には自己の信念を曲げなかったことをつけ加えておく必要があろう。大戦中BBCは夜九時のニュース番組の前に連合国陣営への参加国すべての国歌を流す慣例を有していたが、独ソ戦開始後、英ソが互いに軍事協力の取り極めを行った後にも、チャーチルは「インターナショナル」をその列に加えることを許そうとしなかった。チャーチルはBBCの長に、「そんなものは決して流してくれるな」と伝えたと言われる。(90)

チャーチルが二二日にとった行動の動機は色々に解釈されよう。独ソ戦における双方の消耗を極大化させる目的に奉仕すべきであるとの観点から、弱者と当時考えられたソ連を支援すべきであるとの結論を引きだしたとする理解がある。(91) 逆に、ソ連の正史は、「ナチスがもし勝利を収めるなら、ヨーロッパ国家間のバランスが崩れ、ヨーロッパ支配階級の利益が危険に晒されることを」チャーチルは理解していたがために、早々に対ソ援助を決意したのであると解釈している。(92) しかし、これらの見解はともに、イギリスがソ連のために実質的な援助を行う意思ならびに能力を持っていたと前提している点で正確とは言えない。なによりもまず、チャーチルの援助宣言は前述のとおり軍事的な裏づけを欠いていたのである。チャーチルの二二日の行動の重要性は、体制の違いや友好的とは形容しがたい英ソの過去を乗り越えてまで対ソ援助を決定したということではなく、ラジオ放送を通じて迅速に対ソ支援を最も劇的な表現を用いて公表したことに求められるべきであると言えよう。それではいかなる動機に基づいてチャーチルは、既定のコースであった反ヒトラー・プロパガンダにとどまらず、陥落の運命を背負ったかに見えたソ連に対する全面的援助までをも発表したのであろうか。この疑問を解く一つの鍵は、独ソ開戦の約一年前にチャーチル自身が行ったある宣言に存する。一九四〇年六月一七日、イギリス戦時内閣は降伏寸前のフランスを勇気づけ、同国の抗戦停止を阻止するために仏英連合(Franco-British Union)宣言を発表した。これはフランスの抗戦力を刺激するための政治的カンフル剤としての意味をもっていた。チャーチルは、「フランスとイギリスとはもはや二つの国家であることをやめ、一つの仏英連合となるであろう」と演説したのである。(93)この宣言は結局所定の目的であるフランスの早期陥落を阻止しはしなかった。このため、これは彼の六月二二日声明のような歴史的な評価を受けなかった。しかし、もしフランスが降伏しなかったり、またそれは防止しえなかったにせよこの宣言が明白ななんらかの政治的効果を有していたとするならば、あるいはこの宣言は歴史家から高い評価を受けたことであろう。これとは逆に、もし独ソ戦が当初の予想どおりドイツの電撃的勝利に終っていたならば、チャーチルの六月二二日声明は仏英連合宣言と同様に忘れられていたはずと考えられる。さて、チャーチルが対ソ援助宣言を出した際の主要な動機は仏英連合宣言のそれと同様であり、ロシア国民・ソ連国家指導層に対する「カンフル剤投与」にあったと考えられる。チャーチルが望んだのは、第一次大戦におけるブレスト・リトウスク条約ならびに一九四〇年のフランス降伏に匹敵する事態が一九四一年のソ連にも訪れることを阻止することにあった。チャーチルは、イギリスによる援助の受け手としてロシア国民のほかに国家ロシアを挙げているが、後者への言及はソ連の指導体制が上から崩壊することを防止する上で重要であるとの判断に基づいてなされたように思われる。

当時のソ連政府にとっての最悪の事態は、独ソ戦開始の数ヶ月前にイギリスへパラシュートで単身舞い降り、反共を軸とする独英のラプロシュマン（和解）を説得しようとしたヘス（Hess Rudolf）ナチ副総統の主張をイギリスが受け容れ、ドイツのソ連侵略をイギリスが座視することであった。二二日午後一時、マイスキー大使はイーデンの招きに応じて外務省を訪れたが、彼が開口一番投げかけた質問は、「イギリスはこの機会を利用して、対ドイツ戦争努力をスケール・ダウンさせるつもりなのではないか」であった。[94] また一九四一年秋に駐米大使に任命されたリトヴィノフ（Litovinov, Maxim）前外務人民委員も、「ドイツ軍侵攻のニュースに接した時に持った最初の印象は、イギリスはヘスを通じてドイツと取り引きを行ったに違いないというものであった」とハリファックス・イギリス駐米大使に語っている。[95] これら二人の外交官の反応は、ソ連の指導者がドイツの攻撃をどのように解釈していたかを雄弁に物語っている。したがって、このようなソ連側の絶望的な疑惑を晴らすために、イギリスの援助をソ連「国家」に与えると宣言しておくことは、チャーチルにとって重要であった。

次に考えられるチャーチルの動機はドイツ軍に対する牽制に求められる。「確たる」態度でなんらの逡巡なくソ連への「全面的支援」する旨の声明は、ドイツに二正面作戦を余儀なくさせるためにイギリス側が大陸西方でなんらかの攻勢を行う用意を持っていることを間接的に発表したに等しく、したがってこれはドイツのかなりの規模の軍事力をたとえ一定期間であっても大陸西方に残留させる効果をもたらすはずである、ということは考慮にあったと思われる。これはドイツが東部戦線に全主力部隊を投入させることを阻止しえる効果を持つという意味で、間接的とはいえたしかに援助と呼ぶに値するものであったと言えよう。

チャーチルの計算はさらに以上述べたことにとどまらない。ソ連がドイツ軍の侵略に耐え抜いた形でドイツの敗北を迎えた場合、戦後世界政治の中においてソ連がイギリス、合衆国とならぶ大国としての地位を手中に収める可能性をチャーチルは排除してはいなかった。[96] そのような事態が現実のものとなった時にイギリスとソ連との関係が友好的なものであるかいなかは、戦後ヨーロッパにおけるイギリスの国家利益にバイタルな意味を持つはずであった。その場合、対ソ援助声明は新たな英ソ関係史の輝しい出発点となるはずであった。また一方ソ連が予測どおり早期に陥落したとしても、イギリスが宣言を行ったことによって失われるものはとりたてて存在しなかった。一年前の仏英連合宣言がフランス陥落後イギリスになんらの不利益を与えなかったことを思い浮べるべきである。したがって、たとえソ連が生き延びる可能性がいかに絶望的なものであれ、万一の事態に備えてソ連国家支援の言葉を与えることはそれに要するコストがないに等しかったため、それなりの合理性を有していたと言える。

しかし、二二日のラジオ演説でチャーチルが援助を呼びかけたのはソ連国家にではなくむしろロシア国民に対してであったことはここで理解されなければならない。ちなみに、チャーチルは「ソビエト（Soviet）」という単語を声明全文を通して二度のみしか使用していないのである。チャーチルの演説が主にロシア国民に向けられたことは、まさにこれがソ連体制はごく短期間内に陥落するとの軍事的予測に基づいて行われたことを示しているのである。ひるがえって考えるならば、敗北を運命づけられたように思われたソ連を「全面的に支援する」旨をチャーチルは何故あれほど雄弁に宣言したのかという疑問と関係しているのである。チャーチルはソ連体制が崩壊する可能性を大きく考えていたがゆえに、ナチズムと戦ういかなる者をも援助すると述べたのである。チルは明らかにソ連体制に対する政治的共感の表明を差し控え（ケナンは、チャーチルはソ連の抵抗力を強めるために「政治的共感を表明した」と述べている。これが誤りであることは演説の全文を読むならば明白であろう。Kennan, George. *Russia and the West under Lenin and Stalin,* Trustee 1960, 354.）、「自分の家庭と権利を守るために戦うロシア国民の大義名分は」政治体制を越えた「自由人と自由国民の大義名分」に他ならないのであるから「ロシアの危機はイギリスの危機である」と述べたのである。チャーチルは、ロシア国民は長い間圧制に苦しんできたが、この戦争によって彼らはようやく解放されることになるのではないかと感じたのであった(97)。チャーチルがソ連国歌として「インターナショナル」の吹奏を許さなかったのは、たんにこれが彼の反共感情を逆なでするからだけではなく、ソ連体制の崩壊の後に「ロシア」がイギリス・合衆国の後楯をえて再興することを構想していたからであったように思われる。

対「ソ連」援助ということにかんしてチャーチルのメッセージはまったくその軍事的裏づけを欠いていたが、対「ロシア国民」援助方法はまさにイギリスの対ドイツ戦略に符合していた。そしてそれは、ソ連国家の消滅をもって効果を発揮するはずであった。まず「長期戦略」の第一の柱である経済封鎖は、もしバクー油田を破壊することができるなら効果を持ち続けるはずであった。というのは、ヒトラーの目的の一つであったウクライナの穀物生産は、スターリンの集団農場化政策の実行により機械化されていたため完全にバクー油田に依存していたわけであり、したがって同油田施設を破壊するだけでイギリスはドイツが求める穀物・石油の双方を否定することができるはずであった。こうしてイギリスの経済封鎖は依然対ドイツ戦略の柱となりえるはずであった。しかし、たとえドイツの脅威が迫ったにせよ、ソ連政府がイギリスによる同油田破壊に容易に同意することは考えられず、事実上ソ連体制の崩壊を待たねばならなかった。また「長期戦略」の第三の柱であった転覆活動の組織化にかんしては、イギリスはソ連が陥落し国家規模での抵抗をやめた後で初めて「自由人」ロシア国民の反ナチ運動を支援する立場を得ることができるはずであった。ドイツによるソ連征服はまさにその前提条件であったとも言いえるのである。チャーチルがロシア国民への感動をさそう熱いメッセージを書き上げたのはこのような配慮に基づいていたと解釈できよう。チャーチルにとって当時最も重要だったのは、まずソ連があまりに早期間に抗戦を停止することを阻止することであり、そしてしかるべき後のソ連の陥落後に民衆レベルの抵抗の長期化を図ることであった。ソ連体制に指導される組織的抵抗にかんするペシミスティックな予測が圧倒的であった当時において、チャーチル演説の強調が後者に置かれていたことは当然といえよう。

もっとも、もし当初の予想がはずれスターリン体制が存続の可能性を示した時には、その時点でそれ相当の実質的援助を与える用意をイギリス側は持っていた。ただそこでのポイントは、いつの時点でまたどこの地点でどの程度の実質的な援助を与えるべきかということにあった。しかし、ソ連の抗戦が終了するまでの期間は、援助声明と現実の援助公約の履行が期待される時点との間に存在する数ヶ月間のタイム・ラグより短いと考えられていた。また逆に、もしソ連が予想外の善戦を行いドイツ軍の進撃を食い止めた場合、イギリスはその時点でそれ相当の援助を実施すればすむことであった。しかしビーヴァーブルックが回想しているように、この声明は「なんらの危険をも有しないものではなかった」[98]。その危険の一つであった合衆国側の対応はワイナントがローズベルトの肯定的なメッセージをチャーチルに口頭で伝えたことを通じて克服されていた。残る危険性は、ソ連陥落の可能性を色濃く残したまま独ソ戦が長期化した場合に生起するはずであった。イギリスの対ソ援助が時間的・空間的限度を越えて実施されているべき時点に至って、もしソ連が陥落の様相を濃くしつつも存続し、しかも政治的な配慮からイギリスが援助をなすとすれば、それが軍事的に完全な浪費に終ることは明らかであった。しかしだからといってイギリスが援助不履行政策を継続するならば、「ソ連見殺し」政策との非難をソ連側からつきつけられることになるのは必至であった。その場合、ソ連政府・ロシアの民衆だけでなく「自由世界」に組する世界世論もイギリスに背を向けることになる可能性があった。そしてそれ以上に由々しい危険がイギリス国内にあった。「イギリスにはチャーチルの声明を歓迎しはしたものの、いざ対ソ援助を『声明』どおりに実施せざるをえない事態が生じた際、それに対して声高に反対を唱えるであろう多くの者が存在していたのである」[99]。その最も顕著な反対が予想されたのは軍部からであった。

チャーチルは六月二二日イギリスの対ソ援助方針を公にした時、ソ連の陥落を前提としつつこれを行ったのである。そして、それは非常によく吟味された内容となっていた。イギリス・合衆国における反ソ感情の抑制、ソ連政府の一定期間にわたる抗戦指導の確保、ドイツ参謀本部に対してイギリスが大陸西方に攻勢を行うという脅威の示唆、ソ連体制存続の可能性に対する伏線の用意、「自由人」ロシア国民の反ナチ抵抗運動の地盤作り、これらすべてのことが織り込まれていた。

6　対ソ援助声明への反響

六月二三日開催の第六二回閣議で、前日自らが行った対ソ援助宣言にかんしてチャーチルは、これは「歴史の決定的瞬間のみがリーダーシップに要求するところの確固たる措置であった」と述べ、続いて彼は、演説の中で宣言した路線を承認するよう出席メンバーに訴えた[100]。ここでチャーチルがこのような要請を行わざるをえなかったという事実は、チャーチル声明のうちの対ソ援助決定が閣議のコンセンサスを得た既定の路線に基づいていたのではなく、むしろチャーチルの個人的判断によって決められたものであったことを明確に示している。同日ウエルズ（Welles, Sumner）合衆国務次官は声明を発表し、その中で「ソ連の独裁体制」を非難しつつも、急務なのはソ連体制の批判ではなくヒトラーの世界征服プラン実現の阻止にあると述べた[101]。この声明を通じてウエルズは、前二二日のチャーチル声明を間接的ながらも一応支持したのである。翌二四日、ローズベルト大統領も同趣旨の声明を行った。しかし、ウエルズもローズベルトもともにチャーチルの行った対ソ援助に相当する言及を一切しなかった。[102] 六月二〇日にワイナントによりチャーチルに届けられたローズベルトのメッセージは「イギリス首相のいかなる声明をも公式にサポートする」旨を告げており、合衆国政府はたしかに「公式にサポート」を行った。しかし、彼らはイギリスの行った危険を伴う賭けには参加しなかったのである。

この合衆国政府の慎重な対ソ政策の基礎となったメモランダムがすでに国務省の欧州局によって作成されていた。六月二一日付けのメモランダムの中で欧州局スタッフは、ソ連側からの接近がない限り合衆国政府はいかなる示唆ならびに助言をも与えるべきではないこと、独ソ開戦に際して対ソ援助を与えるとの公約を事前にすべきではなく、また「ソ連邦もしくはロシア（傍点は秋野）」に対して合衆国がどのような方針を採用するかにかんしていかなるコミットメントも行うべきではないこと等を主張している。とりわけ興味深いのは最後の項であり、ここで欧州局が懸念しているのは、なんらかのコミットメントをソ連政府に行うことにより、ソ連が敗北した際に合衆国政府がソ連亡命政府の自動的な承認を余儀なくされ、またその結果として現ソ連大使を合衆国におけるソ連政府代表として引き続き認めざるをえなくなることであった。[103] ことソ連にかんするかぎり、合衆国はスターリン主導下のソ連政府を亡命政府として認める意思を持っていなかったのである。さて、このように国務省は対ソ援助に極めて消極的な姿勢を示しただけではなく、彼らの関心はソ連陥落後の事態にも存在していたのである。また独ソ戦の開始にかんする合衆国の政界の雰囲気は当時上院議員であったトルーマンの「もしドイツが勝ちそうなら我々はソ連を援助すべきである。また逆にソ連がより強力ならドイツが援助されるべきである。このようにして、我々は独ソ両国の殺し合いを最大限に引き上げるべきである。[104]」という発言によって代表されよう。このように見ると、ソ連に対する合衆国政府の基本線はチャーチルのそれに比して明らかに冷淡なものと映ろう。

このトルーマン発言とコルビルへのチャーチルの言葉とは、これまで歴史家によってしばしば両者の対ソ姿勢の違いを表わすものとして対照的に扱われている。(105) とくに前者については、それから約三年の後にローズベルトを継いで合衆国の大統領となる政治家がいかにマキャベリスティクな政治観と、ナチズムとコミュニズムを同一視する反共感情とを持ち合わせていたかを示すエピソードとして扱われている。しかし、レトリックにおけるトルーマンの反ソ的姿勢とチャーチルの親ソ的姿勢という対照的な位置関係は、「現実の論理」というプリズムを通した場合、逆転しさえするのである。というのは、すでに分析したようにチャーチルはソ連の陥落を前提にイギリスの援助を宣言したのであり、それは端的に言えばソ連が自力でドイツの攻撃を凌ぎそれを通じてドイツによるイギリス攻撃が阻止されない限り「精神的」援助以上のものが与えられる可能性は存在していなかったのに対して、トルーマンは彼の論理をつきつめるなら弱者ソ連を「物質的」に援助すべきことを主張したことにもつながるからである。ともあれ、両者のレトリックの差に目を奪われ、チャーチルの積極的な対ソ方針を額面どおりに評価することは戒められなければならない。

トルーマン流の、独ソの共倒れをあからさまに歓迎する見解の披露は、少なくとも当時の西側の政権担当者層にとってはタブーであったと推測することは誤りではあるまい。たとえ私的レベルにおいても、事実この種の発言が彼らによってなされたことを示す記録はほとんど存在しない。しかし、だからといって彼らがこのような考えから完全に自由であったとの結論を下すことはできない。ここに、イギリスの実質上の政策決定集団を形成していたチャーチル、イーデン、ビーヴァーブルックの三人に対し特殊ルートによる最高機密を提供し、たえず特別の関係を維持した政治戦略局局長ロックハート（Lockhart, Sir Bruce : Political Warfare Executives）が六月二二日、イーデンに宛てた報告に注目する必要がある。これは彼が前日に亡命チェコスロバキア共和国臨時政府大統領ベネシュ（Beneš, Eduard）と行った会話の内容を伝えたものであるが、その中でロックハートは「ソ連にかんする大統領の見解は我々のものと一致している。彼は、ソ連とドイツとが互いに戦い、疲弊し、その結果としてイギリスと合衆国とが最終的勝利者となって戦場に残り、戦後ヨーロッパの再建を担うことになるよう望んでいる。」と述べているのである。親ソ家として知られるベネシュでさえ望んだこと、またイギリスのトップ層も同様にそうしたことは、「英米の勝利を確かなものにしえる程度にまでソ連が自らとドイツの両方を片輪にさせる抗戦を継続すること」[106]にすぎなかったわけである。歴史的にはいまだ沈黙を続けるこの認識は、イギリスの政治ならびに軍事政策決定層の暗黙の了解として、一九四二年の暮に至るまでその影響力を揮いつづけることになる。またソ連側も時の経過とともにイギリス側の援助姿勢の背後に、上述のような思惑が存在していることを感得し、これは彼らの対英不信の核を形成することになる。したがって、独ソ戦以後の英ソ関係を眺める際に我々は、対ソ援助がイギリスにとって物理的に可能であったかどうかだけではなく、そもそも彼らは援助を行う意思を持っていたかどうかをも検討しなければならない。

第二次大戦勃発後約二年間におけるイギリス政府の対ソ姿勢は本質的に極めて柔軟なものであり、その個々の政策は一貫性を欠き、ある意味では無節操とさえ形容しうるものであった。イギリスにとってソ連への政治的接近はそれ自体に価値があったのではなく、それは独ソの更なる連携の深まりに楔を打ち込み、あわよくば独ソの離反を生起させようとする動機に基づいていた。この奇妙なイギリスの対ソ政治は、軍事的にドイツと正面から戦うことのできなかった軍事的脆弱性の産物にすぎなかったと言えよう。このようなイギリスの外交努力とはほとんど無関係に、一九四一年六月二二日独ソ戦が開始され、こうして一年以上にわたるイギリスの孤立は終りを告げた。

しかし独ソ戦に対するイギリス側の主要な関心は短期で終焉すると考えられたこの軍事的展開をいかに自らの有利に導くかにあり、対ソ援助はまさにこの枠組の中で検討され実行されるにすぎなかった。独ソ開戦が確実と思われた時点でイギリス政府が「長期戦略」の再確認を行ったことから理解されるように、イギリスの援助の規模は名目的なものにとどまらざるをえなかった。チャーチルの述べた「なしうる限りのあらゆる援助」とは、ソ連陥落後に予想されたドイツによる英本島攻略に対する防衛準備に文字どおり全力を尽すことを目的とする計画の枠組が許す「なしうる限り」のものであったのであり、実質的にイギリスが「なしうる」ことはさしあたって存在しなかった。ともあれ、イギリスの敵、ドイツの敵となったソ連に対する援助声明は、「敵の敵」同盟政策に基づいて発せられ、英ソ間には「偽りの同盟」が成立することになる。

註

（1） Josef Pilsudski Institute of America. *Poland in the British Parliament 1939–1945 : Documentary Material Relating to the Cause of Poland during World War II*, Vol. I, New York 1946, 5-6.

（2） J. Pilsudski Institute, *Poland*, Vol. I, 26-27.

（3） Woodward, E. L. and Butler, Rohan ed. *Documents on British Foreign Policy, 1919–1939*, III Series, Vol. V, London 1952, 209.

（4） Kacewicz, George. *Great Britain, the Soviet Union and the Polish Government in Exile*（*1939–1945*）, The Hague 1979, 226-228.

(5) *The Times*, 19/9/39.
(6) Churchill, Winston. *The Second World War*, Vol. I, *The Gathering Storm*, London 1948, 403.
(7) J. Pilsudski Institute, *Poland*, 357.
(8) Polonsky, Antony ed. *The Great Powers and the Polish Question 1941-1945*. London 1976, 73.
(9) Woodward, L. *British Foreign Policy in the Second World War*, Vol. I, London 1970, 37-38.
(10) Woodward, *British Foreign Policy*, Vol. I, 33-34.
(11) Woodward, *British Foreign Policy*, Vol. I, 34-35.
(12) Churchill, *Second World War*, Vol. I, 496.
(13) Woodward, *British Foreign Policy*, Vol. I, 40.
(14) Woodward, *British Foreign Policy*, Vol. I, 42.
(15) Woodward, *British Foreign Policy*, Vol. I, 106-107.
(16) Woodward, *British Foreign Policy*, Vol. I, 107-108.
(17) Addison, Paul. *The Road to 1945*, London 1977, 193-194.
(18) Woodward, *British Foreign Policy*, Vol. I, 454.
(19) Woodward, *British Foreign Policy*, Vol. I, 109.
(20) Woodward, *British Foreign Policy*, Vol. I, 108.-110. *История дипломатии*, том IV, Москва 1975, 36-38.
(21) Woodward, *British Foreign Policy*, Vol. I, 455.
(22) Woodward, *British Foreign Policy*, Vol. I, 455.
(23) Woodward, *British Foreign Policy*, Vol. I, 456-458.
(24) Woodward, *British Foreign Policy*, Vol. I, 459-461.
(25) Cab66/7, WP (40) 390, 25/5/40.
(26) Woodward, *British Foreign Policy*, Vol. I, 463.

(27) Churchill, Winston. *The Second World War*, Vol. II, *Their Finest Hour*, London 1949, 119-120.
(28) Churchill, *Second World War*, Vol. II, 511.
(29) Werth, Alexander. *Russia at War*, London 1964, 91-93. Hinsley, F. H. *British Intelligence in the Second World War : Its Influence on Strategy and Operations*, Vol. I, London 1979, 434.
(30) Woodward, *British Foreign Policy*, Vol. I, 475.
(31) Woodward, *British Foreign Policy*, Vol. I, 479-480.
(32) Woodward, *British Foreign Policy*, Vol. I, 480-481.
(33) Woodward, *British Foreign Policy*, Vol. I, 489-494.
(34) Woodward, *British Foreign Policy*, Vol. I, 494.
(35) Addison, *Road*, 195.
(36) Woodward, *British Foreign Policy*, Vol. I, 495-496.
(37) Woodward, *British Foreign Policy*, Vol. I, 497-498.
(38) *История дипломатии,* TOM IV, 149.
Woodward, *British Foreign Policy*, Vol. I, 594.
(38) Kaczewicz, *Great Britain*, 80.
(39) Hart, Liddel, B. *History of the Second World War*, London 1970, 151.
(40) Woodward, *British Foreign Policy*, Vol. I, 500n.
(41) Churchill, Winston. *The Second World War*, Vol. III, *The Grand Alliance,* London 1950, 317.
(42) Hinsley, British Intelligence, Vol. I, 371, 451.
(43) Woodward, *British Foreign Policy*, Vol. I, 604.
(44) Churchill, *Second World War*, Vol. III, 320.
(45) Churchill, *Second World War*, Vol. III, 321-323.

(46) Hinsley, *British Intelligence*, Vol. I, 407.
(47) Hinsley, *British Intelligence*, Vol. I, 470-471.
(48) Dilks, D. ed. *The Diaries of Sir Alexander Cadogan*, London 1971, 382.
(49) Hinsley, *British Intelligence*, Vol. I, 429.
(50) Dilks, *Diaries*, 385.
(51) Woodward, *British Foreign Policy*, Vol. I, 616n.
(52) Cab65/22, WM (41) 58, 9/6/41.
Hinsley, *British Intelligence*, Vol. I, 476-477.
(53) Taylor, A. J. P. ed. *Off the Record, Political Interviews 1933-1943*, W. P. Crozier, London 1973, 225-226.
(54) Woodward, *British Foreign Policy*, Vol. I, 620.
(55) Dilks, *Diaries*, 386.
(56) Gwyer, J. M. A. and Butler, J. R. M. *Grand Strategy*, Vol. III, London 1964, 83.
(57) Gwyer and Butler, *Grand Strategy*, Vol. III, 84.
(58) Maisky, Ivan. *Memoirs of a Soviet Ambassador, The War 1939-1943*, London 1967, 149-150.
(59) Churchill, *Second World War*, Vol. III, 330.
(60) Gwyer and Butler, *Grand Strategy*, Vol. III, 9.
(61) Beaumont, Joan. *Comrades in Armes*, London 1980, 27.
(62) Beaumont, *Comrades*, 24-28.
(63) Hinsley, *British Intelligence*, Vol. I, 481-482.
(64) Hinsley, *British Intelligence*, Vol. I, 482.
(65) Nicholson, Nigel. *Harold Nicholson, Diaries and Letters 1930-1945*. London 1970, 173-174.
(66) Lash, Josef. *Roosevelt and Churchill 1939-1941*, London 1976, 351.

(67) Cab65/22, WM (41) 60, 16/6/41.

(68) Cab69/2, DO (41) 42, 17/6/41.

(69) Cab65/18, WM (41) 61, 18/6/41.

(70) Churchill, Second World War, Vol. III, 329.

(71) Churchill, *Second World War*, Vol. III, 329.

(72) Taylor, A. J. P. *Beaverbrook*, Middlesex 1974, 621.

(73) Churchill, *Second World War*, Vol. III, 331.

(74) FO371/29484, N3148/78/ 38.
Lewis, Broad. *Sir Anthony Eden*, London 1955, 157.

(75) Churchill, *Second World War*, Vol. III, 330.

(76) Sherwood, Robert. *The White Papers of Harry Hopkins*, Vol. I, London 1948, 305.

(77) Taylor, *Beaverbrook*, 611.

(78) Wheeler-Bennett, Sir John ed. *Action This Day. Working with Churchill*, London 1968, 89.

(79) Churchill, *Second World War*, Vol. III, 331-333. *The New York Times*, 23/6/41.
Jocobsen, H. A. and Smith, A. L. Jr. ed. *World War II ; Policy and Strategy*, Oxford 1979, 118-121.

(80) McNeill, William. *America, Britain and Russia, Their Co-operation and Conflict 1941-1945*, New York 1976, 50.

(81) Sherwood, *White House*, Vol. I, 305.

(82) Benes, Edvard. *Memoirs of Dr Edvard Benes*, London 1954, 154.

(83) Coates, W. P. and Coates, Z. K. *A History of Anglo-Soviet Relations*, London 1943, 678.

(84) Taylor A. J. P. *English History 1914-1945*, Middlesex 1977, 642.

(85) *История дипломатии*, 187.

(86) Kowalski, Włodzimierz. *Wielka Koalicja 1941-1945*, Vol. I, Warszawa 1972, 49.

(87) Wheeler-Bennett, J. and Nicholas, Anthony. *The Semblance of Peace*, London 1972, 33.
(88) Mastny, Vojtech. *Russia's Road to the Cold War*, New York 1979, 39.
(89) Трухановский, В.Г., *Уинстон Черчилль*, Москва, 1982, 327.
(90) Feirerabend, Ladislav. *Ve vladě v exilu* (In a Government In-exile), Washington 1966, 17.
(91) Dunn, Walter, Scott. *Second Front Now*, Albanna 1980, 3.
(92) Institute of Marxism and Leninism. *Great Patriotic War of Soviet Union 1941-1945*, Moscow 1974, 49.
(93) Woodward, *British Foreign Policy*, Vol. I, 267-282.
(94) FO371/29484, N3145/78/ 38.
(95) Dilks, *Diaries*, 389.
(96) Taylor, *English History*, 642.
(97) Payne, Robert. *The Great Man, A Portrait of Winston Churchill*, New York 1974. 邦訳『チャーチル』佐藤亮一訳、二五九頁。
(98) Taylor, *Beaverbrook*, 612.
(99) Taylor, *Beaverbrook*, 612.
(100) Cab65/18, WM (41) 62, 23/6/41.
(101) *Foreign Relations of the United States*（以下 *FRUS* と略称する）, *1941*, Vol. I, Washington 1958, 767.
(102) *Divine, Robert, A. The Reluctant Belligerent*, New York 19, 127-137.
(103) *FRUS, 1941*. Vol. I, 766-767.
(104) "Our Policy in Soviet-Nazi War Started" *The New York Times*, 24/6/41.
(105) Mastny, *Russia's Road*, 39. Taylor, *English History*, 641.
Fleming, D. F. *The Cold War and Its Origins 1917-1960*, London 1961, 邦訳『現代国際政治史』小幡操訳、第一巻、二三二—二三三頁。

(106) FO417/43, C 7140/7140/12.

第二章 「敵の敵」同盟政策の確立

――対ソ援助公約の不履行の決定 一九四一年六、七月――

1 独ソ戦勃発前後における英の対ソ軍事援助の検討

一九四一年の初頭から、イギリスはドイツのソ連侵攻の可能性を示す情報を入手していた。六月中旬、情報の集積はこの可能性を確実視させるまでに至った。ドイツのソ連攻撃に六日先だつ六月一七日に開催された第四二回防衛委員会（O）は、各方面イギリス軍司令官の出席をえ、独ソ戦という新たな軍事的展開にイギリスはどのような対処をなすべきかについて協議した。そこでは、まずドイツがコーカサス地方のバクー油田施設、ならびにウクライナの穀物地帯を征服した場合には、ドイツの戦時経済はイギリスの経済封鎖のしめつけから逃れることになり、その結果それは長期的に安定するであろうことが確認された。そして次に、独ソ間の戦闘が与えるであろうあらゆる有利な状況を、イギリスは活用すべきであることも確認された。具体的には、第一にドイツへの空爆を強化すべきこと、第二にドイツ占領下の地域に蜂起が発生した場合、これを援助するために大規模の戦車隊を上陸させること、が挙げられた。ここから理解されるのは、イギリスの軍事スタッフが考えた独ソ戦勃発後の基本的戦略は、経済封鎖・空爆・転覆活動を攻勢の三本柱とする、一九四〇年以来既定とされた「長期戦略」に完全に則っていたということである。さて、同委員会は最後に今後の基本方針を、①イギリス本島の防衛力を完全にすること、②中東軍の戦略的地盤を充実させること、③空軍力を充実させること、に求める旨の結論に達した。[1] この委員会の討議内容から分かるように、この時期には、イギリスの軍事指導者はいかに独ソ戦の開始をイギリスの対ドイツ戦略上で有利な形に利用するかという点に焦点を絞っていたのであり、なんらかの形でソ連を軍事的に援助する作戦を行う前提に立っておらず、そのための議論も行われなかった。

一九四一年から一九四二年にかけてのイギリスの対ソ援助政策を考える際、この防衛委員会で指摘された中東のイギリス軍強化の問題は重要な要因となるので簡単に説明しておきたい。中東はイギリスの戦争遂行を支える石油の供給地であったばかりでなく、極東、インド、地中海を結ぶ補給ラインの要であり、イギリス本島に次ぐ重要な戦略拠点であったと言える。このため、イギリス政府は実際に約二万の軍隊を同年六月末に中東へ送り込むための補給船団（SW10）を準備しており、さらに同年秋の段階に補給船団（SW11）を組む計画をも進めていた。

中東とイギリスとを結ぶ地中海補給ラインの確保はイギリスの対ドイツ戦略上死活の意味を持っていた。このライン上にイギリスはアキレス腱とも言える弱点を持っていた。それはジブラルタルの中継基地であった。ドイツにとり、この地中海補給ラインを分断する最も容易で確実な方法は、スペイン経由でジブラルタルのイギリス海軍基地を陸路攻略することであったからである。ソ連敗北後にドイツが英本島侵略を目指してまず第一に予想された行動は、他ならぬこのジブラルタルへの攻撃であった。他方イギリス側にとれば、こうした事態が現実のものとなる場合に備え、あらかじめジブラルタルに代る中継基地を大西洋上に確保しておく必要があった。そのためイギリス軍事政策立案部はアゾレス（Azores）、マディアラ（Madeira）、カナリア（Canaries）の三諸島に白羽の矢を立て、各諸島占領のためにスラスター（Thruster）、スプリングボード（Springboard）、プーマ（Puma）なる作戦を立案、準備していた。ちなみに、アゾレス、マディアラ両諸島はポルトガル領であり、またカナリア諸島はスペインに帰属していたが、右諸島の英中継基地建設のための占領行動は、両国を枢軸陣営へ追いやる可能性が高かった。就中、プーマ作戦の実施はスペインの反発を招き、ジブラルタル使用を自ら不可能にすることを意味していた。したがって、同作戦はドイツによるジブラルタル攻略の動きが確実と判断されるまで控えることがイギリスにとっては得策であった。しかしドイツのソ連侵略開始後、急速に親ドイツ的姿勢を強めつつあったスペイン政府の動向を鑑みれば、フランコがムッソリーニ同様参戦を決定する現実的な可能性も無視できず、ドイツによるジブラルタル攻略の可能性もアクチュアルなものと映った。このことはイギリスに約二万四〇〇〇からなる軍隊と上陸用舟艇とを上記三作戦実施のために絶えずスタンバイの状態に保つことを余儀なくさせた。[2] この軍事的要請は欧州大陸の拠点を失った島国イギリスの攻勢用上陸部隊を対ソ援助軍事行動のために利用する可能性を著しく制限することになる。

六月二三日チャーチルは、イギリスの制空権を前提として大規模の襲撃部隊を北フランス海岸のどこかに数日間上陸させることが可能であるかどうかについて検討するよう参謀長委員会に指令した。チャーチルは彼と参謀長委員会とのパイプ役を務めたイズメイ将軍（Ismay, Sir Hastings）宛覚え書きの中で「空軍の十分な護衛下」における「三万ないし二万五〇〇〇の」上陸部隊という規模を示している。[3] ここで注意しなければならないのは、この案は上陸後一定期間内での撤退を最初から前提としていたものであり、北フランスに恒常的な第二戦線を形成する目的を持っておらず、当然ながら東部戦線に実質的な影響をおよぼしうるものではなかった。にもかかわらず、この案は敵軍との衝突を前提としており、その意味では一定の犠牲を覚悟したものであった。その案の目的は、チャーチルの二二日声明に基づいて「なしうる限りの対ソ援助行動を行う」意思のあることを象徴的に示し、これを通じてドイツ側に相当の規模の軍事力を大陸西方に残留させるよう圧力を加えることにあったと言えよう。

六月二三日の第二二一回参謀長委員会はチャーチルとは別に、北フランス海岸襲撃計画を検討した。しかし、彼らは同計画に二つの限定をつけた。統合作戦立案部長（Director of Combined Operation. 以後ＤＣＯと略称する）は同委員会からこの案の検討を命ぜられたが、①襲撃継続約二四時間、②プーマ、スラスター、スプリングボード三作戦用部隊の不使用、という限定で立案するよう言い渡されたのであった(4)。この限定から理解されるように、この参謀長委員会の検討命令は、北フランス残留のドイツ軍主力部隊との衝突を前提としておらず、たんなる攪乱ないしは偵察行動にすぎなかったという点で、チャーチル案とは異なっていた。同委員会の議事録ならびに結論には、上記の限定がいかなる根拠で提起されたのかについてなんらの言及も見られない。しかし、前述のとおりドイツによるジブラルタルへの動きは、当時数週間後に起りうると予想されていたソ連体制の陥落後ほどなく現実のものとなりうる旨考えられていた。まさにこのような事態のために用意された上記三作戦用部隊を、ソ連の敗北と命運が定ったかに思われた独ソ戦の動向に実質的な影響を及ぼしえない作戦行動のために流用することは、参謀長委員会にとり論外であった。この検討命令の動機は、(イ)軍事的観点からは無意味ではない偵察行動を行うこと、(ロ)より重要な点として、軍事的には妥当ではない類いの軍事行動が政治的観点から要求されることが予想されていたため、これに前もって対抗すること、にあったと言えよう。

一方、二四日朝、ソ連の駐英大使・マイスキーは英外相イーデンを外務省に訪れ、後者が二二日に約した英空軍によるドイツ爆撃に加え、東部戦線に投入されたドイツ軍を西方へ引き戻しうるに足る襲撃をイギリスは北フランスに行うべきであることを主張した。その際、ソ連大使は北フランス残留のドイツ空軍の規模が手薄になっており、この種の作戦行動に好都合な状況となっていることをつけ加えた。(5) 事実、北フランスにおけるドイツ空軍の規模は縮小されていることをイギリスの軍事情報部はキャッチしていた。とくに長距離爆撃機は以前の二〇%にまで削減されていることが判明していた。(6)

このように、独ソ戦開始後数日のうちに北フランス襲撃案が提起された。まずチャーチル提案は同二四日の第二二二回参謀長委員会における第一議題として討議され、同委員会は合同作戦立案参謀(Joint Planning Staff,以後JPSと略称する)に同案の検討を委ねた。(7) さてJPSは同委員会に「独ソ戦から引き出される諸活動」と題される覚え書きを提出していた。これは第四議題として、そこでの検討を受けた。これは題目から理解されるとおり、「独ソ戦からもたらされるイギリスに有利な状況を最大限に利用するための行動」に関し具体的な考察を行ったものであった。「ソ連の抗戦を長期化させるための行動」を扱った前半部は、①イギリス軍事使節団の派遣、②ドイツ西部における輸送機関破壊ならびに住民の士気低下を目的とする空爆の強化、③大規模の襲撃をフランス、ノルウェーに展開するという怪情報の流布および複数の小規模襲撃実行の組み合せを通じてドイツ軍部を混乱させること、等の行動を提案した後、その後半部で「東部戦線の短期終了後、冬期到来前におけるドイツの英本島侵略は可能であるため、我々はこれ以上軍事力の海外派遣を増加させるべきではない。現在、本土防衛のための軍事力は十分とはいえないが、英本島から万が一割きうる陸海空軍力が存在するならこれらは中東へ回されるべきである。」と述べ、更に最後のパラグラフでは「独ソ戦の長期化により、冬期間には英本島への上陸作戦が敢行されない可能性が強いことをも考慮に入れ、中東へ軍事力をさらに送り込むリスクを冒すべき事態の到来も除外しえない。我々は絶えずこの点に留意しなければならない。」と述べているのである。[8] この覚え書きから、(イ)大規模の北フランス襲撃を検討の対象としていないこと、(ロ)ドイツによる一九四一年中の英本島攻撃の可能性が薄れる場合には、自国防衛用の軍事力を対ソ援助のためではなく、中東軍補強のために使用すべきこと、を主張しているのである。その意味で、対ソ援助軍事行動は二重に否定されていた。これは軍事スタッフの見解として採択される。これに対して外務省側は、ソ連敗北の見通しにもかかわらず対ソ援助は必ずしも無意味とはいえず、内外の世論に訴えるためにも、なんらかの対ソ援助行動は採られるべきとの意見を持っていた。こうして、対ソ方針を巡って両者間に意見の衝突が生起することとなる。

六月二五日の第二二四回参謀長委員会は大局的な見地からの検討の末ドイツによる英本島侵攻に対抗する防衛能力を九月一日までに最大限に引き上げるべきとの結論に達した。[9] これは彼らがこの時点で独ソ戦の終了を七月中旬ないし下旬との計算をしていたことを意味していた。七月四日の第六五回閣議はこれを承認し、各方面に同指令は伝えられた。[10] つづいて、JPSはチャーチルの北フランス襲撃案に対する回答を二六日の第二二五回参謀長委員会に提出した。それによると①プーマ・スラスター作戦用の輸送船ならびに上陸用舟艇の流用を考慮に入れたとしても、この規模の軍隊を北フランスに送り込むことは不可能、②ドイツ空軍の攻撃から長期間にわたって上陸軍を防御しきることは困難、③イギリス海軍もこの種の大規模行動を援護不可能との諸点から、チャーチル案は実施不可能であるとのことであった。同委員会はこの報告を受け、代案としてチャーチルに示しうる北フランス上陸作戦をJPSとDCOが共同で作成するよう指令した。[11] これは、とりもなおさず、参謀長委員会が二三日にＤＣＯに検討を命じた計画にＪＰＳを協力参加させようとしたことにほかならなかった。ＤＣＯとＪＰＳはこれに基づき二九日、原案として報告ＪＰ（四一）四九四（Ｅ）号を作成した。これを基に第八二回ＪＰＳは、三〇日「北フランス襲撃行動」と題するＪＰ（四一）五〇一号報告を作成した。ＪＰＳはその中で襲撃の目的としてドイツの軍事施設の破壊及びこれを通してドイツ参謀スタッフの不安醸成を挙げて、更に右襲撃に対抗するドイツ空軍をイギリス空軍により撃破し、もって東部戦線におけるドイツの軍事的圧力を低下させる可能性がある旨主張している。さらに同報告は可能な規模の襲撃として、二ヶ旅団と戦車及びブレン式機関銃装備の装甲車からなる一大隊との混成部隊を一五時間から一八時間程度上陸させる案を選択肢として挙げてはいるものの、北フランス残留ドイツ軍の規模についての情報がない以上、このプランはあまりにも危険であるとして採用していない。結局ＪＰＳが是としたのは、上陸時間を歩兵部隊が圧倒的に優越した敵部隊と遭遇するまでの数時間に限定された、小規模の「宣伝効果」のみを有する軍事行動であった。(12)

七月一日に開催された第二三〇回参謀長委員会はＤＣＯのキーズ（Keys, Sir Rogers）の出席を得て、北フランス襲撃作戦プランを協議した。キーズはＪＰ四九四（Ｅ）号およびＪＰ五〇一号報告に基づいて、歩兵二〇〇〇からなる規模の襲撃案、ならびに二〇〇〇以上の歩兵と戦車隊との混成部隊によるプランの双方を否定し、ＪＰ四七八号で提案された複数の小規模襲撃挙行を推した。これをうけた同委員会はキーズにこの小規模襲撃にかんする具体プランを作成し提出するように依頼した。(13) 七月三日、第四五回防衛委員会（Ｏ）が開催され、北フランス襲撃計画の討議がなされた。チャーチルが計画立案の進展を質したのに対し、パウンド（Pound, Sir Dudley）提督は参謀長委員会を代表し、「目下ＤＣＯが、三〇〇ないし四〇〇の歩兵からなる継続期間数時間の規模の襲撃を三週間以内に実施するプランを作成中である。大規模襲撃は上陸に際して必要とされる諸々の軍事資材・装備が限られているため不可能である。もっとも、プーマ作戦用の軍隊を使用する条件でならば、この実行は不可能とは言えないが、参謀スタッフ一同この案には賛成しがたい。」との説明を行った。チャーチルはこれに対して、問題の決定を翌四日の朝まで延期し、その間DCOは北フランス襲撃の最終プランを完成させ、第四六回防衛委員会（O）に提出するよう決定を下し、同委員会は散会となった。[14]そうして迎えた翌日の委員会に、キーズは、三二〇の歩兵と六台の戦車を北フランス海岸へ送り込み、約一時間一五分間に及ぶ襲撃行動を敢行するというプランを提出した。ところが、チャーチルはさらに詳細な説明を聞いた後、キーズ案に反対を表明した。チャーチルはその根拠として、この程度の小規模襲撃から大きな効果を期待することはできず、逆に、ドイツはイギリスの攻勢を容易に撃退したのだというドイツ側から予想される効果的なプロパガンダを許す危険性を指摘した。「国際世論は、イギリスがソ連のためになしうるせいぜいの援助行動がこの程度のとるに足らないものであると判断し、その結果我々イギリスは世界の嘲り者となるであろう」と彼は述べたのである。チャーチルのこの発言に続いて、イーデンもイギリス軍は何かをなさねばならぬが、キーズ案はあまりに小規模すぎると述べ、チャーチルに同調した。結局、同委員会は、第一にプーマ・スラスター両作戦用部隊は手つかずに待機させること、第二にその結果として大規模の北フランス襲撃を実行する可能性は排除されること、そして第三に小規模襲撃は可能であるが政治的理由からこの実行は望ましくないこと、を決定した。[15]この第四六回防衛委員会の決定はイギリスの対ソ政策決定過程を考える際、注目すべき意味を持っていた。三種類あった襲撃案のうち、軍事的観点から意味を持っていたのはマイスキーの主張した実質的にドイツ軍を東部戦線から引き離しうる大規模のもの、そして偵察・攪乱のためのごく小規模なものであった。しかし前者は物理的不可能という点から、後者は政治的な不利益という点から否定された。残された案は両者の中間の規模をもつチャーチル提唱のものであったが、これは軍事的合理性に背反するとの判断で否定された。その結果として完全な不作為が選択されたのである。軍事スタッフにとって北フランス襲撃自体の持つ意味はごく小さかったのである。

これは、純軍事的観点から対ソ援助に極度に消極的な態度を堅持しようとした軍事スタッフと、政治的観点から少なくとも名目的な対ソ援助を行うべきであると主張したイーデン、ビーヴァーブルックに代表される対ソ援助推進派との間で開始された、一種の暗闘の第一ラウンドが、前者側の勝利に終ったことを意味していたのである。対ソ援助推進派は六月の後半から一定の動きを開始していた。マイスキーは本国から独ソ戦開始後一切の指令を受けとっていなかったが、二八日、独自の判断からイギリスの対ソ援助行動を軍事スタッフに促す行動を開始した。ソ連大使は、以前から個人的関係を持っており第二次大戦勃発の数年前から英ソの接近を主張してきたビーヴァーブルックに白羽の矢を立て、この日、会談を申し込んだ。ビーヴァーブルックはマイスキーの対ソ援助要請に対し、「ソ連は本当に戦う意思を持っているのか」とまず質し、後者の肯定的意見を一旦得るや、彼自身全力を尽してイギリスの対ソ援助行動を促進する用意のあることを表明した。ビーヴァーブルックはイギリスがなしえる具体的な援助行動として、①フランス・西部ドイツへの爆撃、②北フランス上陸作戦、③ペッツァモ(Petsamo)ムルマンスク(Murmansk)沿岸地域における英陸海軍による軍事活動、を示唆した。[16] マイスキーは直ちにこの会談の内容を本国に報告した。これをうけて、翌二九日モロトフはクリップス英大使を招き、上記三点をソ連側の正式な要請として提起した。その際、モロトフは第三の陸海軍による作戦実施の緊急性を特に強調した。[17] これはソ連からの最初の正式の援助行動要請であったが、この契機がイギリスの対ソ援助推進派から発していたことは興味深い。彼らとソ連側のこの奇妙な連携は以後もしばしば見受けられることになる。しかし、軍事スタッフの結束は堅く、少なくともソ連の陥落が必然視されていた限り、彼らを押し切って対ソ援助行動を実施させることは至難の業であった。

六月三〇日の第六四回閣議にて、ディル参謀総長は東部戦線の見通しにかんする極めて悲観的な見解を明らかにした[18]。外務省スタッフらはなんらかの対ソ援助軍事行動を実施させようと努力したにもかかわらず、参謀長委員会を中心とする軍事スタッフは前に見たように不作為を既定の方針として決めており、譲歩の姿勢を示さなかった。七月一日、イーデンは実効的な対ソ軍事援助を行うようチャーチルに説得を試みた。しかし、チャーチルはついに首肯しなかった。カドガンは、「我々は独ソ戦という天与の、そしてほんの僅かの期間の絶好のチャンスを無為に過そうとしている」とこの日の日記に書いている[19]。これは外務省のシニア・スタッフ連がいかに具体的な対ソ援助の提供を望んでいたかをよく示している。クリップスもビーヴァーブルック、イーデンらの動きに呼応するかのように、対ソ援助の実施を促す電報（第七〇〇号および第七〇六号）を本国へ送った[20]。これらの対ソ援助推進派の動きに対して、陸軍省の作戦情報部（ＭＯＩ）の長（ＤＭＯＩ、Director of Military Operation and Intelligence）は対ソ援助を求める「強い政治的な圧力が参謀長委員会にかけられる」ことを懸念し、七月三日、参謀長委員会に覚え書きを提出した。この中で彼は、ペッツァモ海域における海軍の作戦行動が政治的理由からしていかに高度に重要であろうとも、このために使用される軍事力の派遣は英本土における防衛力の低下をもたらさざるをえず、ドイツによるイギリス攻略に対抗する防衛プログラムの必要最低限度の達成への更なる遅延は許されない状態であると述べた。ここでは、純軍事的な見解が前面に押し出されている。しかしこの覚え書きの最後は、「純軍事的な危険はさておくとして、明らかになんら決定的な結果をもたらす見込みのない諸作戦を強行し、その結果多大の損害を蒙った場合、国民世論はこれにどう反応するであろうか。より明確に述べると、ボリシェビキを助けるジェスチャーを行うために貴重な我々の兵士ならびに軍備力を失ったなら、我々イギリス軍首脳は国民からの強烈な反感に直面せざるをえなくなるであろう。」との政治的見解を明らかにした[21]〔引用中の強調は秋野〕。この意見は注目に価するものと思われる。なぜなら、これは、万が一イギリス軍が本島防衛以外に使用しうる余力を持っていたとしても、ここに示されたような純軍事的理由を越えた反ソ反共感情を持っていた陸軍省の政策立案スタッフが対ソ援助にやはり消極的であろうこと、を容易に想像させてくれるからである。さらに、たとえイギリスが攻勢を行う能力を有していたとしても、それを「ボリシェビキを助けるジェスチャー」のために用いたくないというこの思考が、JPS四七八号メモランダムで示された路線――万が一ソ連の抗戦が長期化することにより一定の軍事力を英本島から割きうる事態が生起した場合は、これを中東へ派遣する――を強くサポートしていたことも考えられる。このように、軍事スタッフは対ソ援助軍事行動を促すソ連やイーデンやビーヴァーブルックの圧力に対して、単に純軍事的な観点のみから対処したわけではなかった。彼らの対ソ方針は、その根底において、反ソ反共感情に基づいていた。

ところで、対ソ援助に関して激しく対立する両グループ間で、軍事スタッフが積極的で、逆に援助推進派が抑制にまわる「対ソ援助行動」も存在していた。ドイツ軍がコーカサスにまで侵入しバクー油田に接近した場合、イギリスは同油田施設のソ連による破壊工作に全面的に協力・援助を行う、という軍事プランがそれであった。もっともこれは実際上ソ連の敗北を前提としていたがゆえに、正確には「対ソ援助」とは表現され難い。このプランに対して、軍事スタッフは高度の積極性を見せたのである。六月一七日の防衛委員会（O）で示されたように、対ドイツ戦略の一つの柱であった経済封鎖は、ドイツがバクー油田を確保した場合には、その最も重要な部分で無効になるはずであった。したがって、このような事態が現実のものとなるのを阻止するために、バクー油田をドイツ軍の到着前に破壊することは、イギリスの「長期戦略」遂行上で極めて重要な意味を持っていた。七月三日、中東軍司令官オーキンリック将軍は、ソ連陥落後、直ちにSOE〔Special Operations Executive、転覆活動、情報集収活動に従事〕との協力に基づきコーカサス油田施設を爆撃破壊すべきである旨を陸軍省に打電した。[22] 四日に開催された第六五回戦時内閣閣議は、SOEを統括する経済戦略省大臣ドォートン（Dalton, Sir Hugh）〔ドォートンは自らの省をMinistry of Ungentlemanly Warforeと呼んだ〕から提出された覚え書きに基づいて、この問題を討議した。この覚え書きは、バクー油田破壊工作にイギリスは全面的協力を惜まない主旨をクリップス大使を通じてソ連当局に早期の段階で提案すべきことをその内容としていた。しかし、この案はただちに閣議の賛成を得ることはできなかった。結局閣議は、この提案に対するクリップスの意見を求めることで意見の一致を見た。八日その旨を盛り込んだメッセージが発信された。[23] 戦時内閣がこの問題にかんしてかくも慎重な態度を取らざるをえなかったのは、実はそこに二つの難点があったからである。提案のタイミングと提案の説明方法がそれであり、破壊工作自体がソ連の敗北を前提としていただけに、極めて微妙な問題を含んでいた。はたしてクリップスはこれに対する消極的な回答をよせた。しかし、この提案の妥当性により鮮明な疑問を発したのはイギリス軍事使節団長メイソン・マクファーレン中将であった。一〇日陸軍省にあてた電文の中で彼は、この時点での提案は明らかに時期尚早であり、もし今このプランをソ連側に伝えるなら、ソ連側の士気は著しいダメージを受けることになろう、との意見を述べた。続けて、「たとえ戦局が極度にソ連側に不利な展開を見たにせよ、ソ連政府首脳がこの種の軍事援助の申し出を歓迎するとは到底考えられない。たとえば、ドイツによる大ブリテン島侵攻に際して、ソ連側がもし我々の工業施設の破壊に協力を提供しようと申し出た場合、我々ははたしてこれを快く受け容れることができるであろうか。……この提案を行うか否かは、我々イギリスがソ連の抗戦能力に信を置いてないことを完璧に示す証拠を彼らにこの時点でただちに与えるべきか否か、と同義である。」とメイソン・マクファーレンは力説した。結論として、イギリス軍事使節団団長は、「コーカサス油田以上にソ連の抗戦確保の方が現在重要である」と述べて、この提案に対する彼の反対を表明した。[24] 翌七月一一日、陸軍省はクリップスとメイソン・マクファーレンの進言を容れ、提案のタイミングは政治的決定事項であるからして、これを外務省に一任し、外務省が最適と判断した時点ではじめてクリップスにこの提案をソ連側にもちかけるよう指令すると取極めた。[25]

このように、外務省はことこの問題にかんしては軍事スタッフの積極性を抑えることに成功した。しかしこのバクー油田破壊の必要性は、東部戦線の展開に呼応して絶えずイギリスの対ソ政策上のファクターとして存在し続け、(最終的には軍事スタッフの、ある意味で致命的と思われる、判断の誤りを起させることになる。一九四一年の末から開始された英ソ間の戦争目的交渉の中で、イギリスが決定的に弱い立場に追い込まれるのは、このことと大いに関係していたのである)。

2 「対ソ援助推進派」の圧力

マイスキーは、七月四日の防衛委員会（O）での決定——イギリスは東部戦線に実質的な影響を及ぼしうる規模の北フランス上陸作戦を敢行しない——をイーデンから伝えられた。この通知が、六月二二日のチャーチル声明の与えたはずの精神的支援効果を著しく減殺する結果をもたらすことは容易に想像され、したがってイギリスは「カンフル剤」を今一度ソ連に注入する必要性に迫られた。また、ビーヴァーブルックから発したところのムルマンスク・ペッツァモ海域にて陸海軍行動を実施するプランは政治的観点からこの上なく重要であるとの判断を、クリップスはモロトフとの会談から引き出し、七月五日にその旨を本省に報告した。[26] またメイソン・マクフアーレンも、英ソ共同の作戦行動が不可能ではないと考え、イギリスはどのような作戦計画をもっているか等についての軍事的な情報をソ連側に与えるべきである旨進言した。このように、ソ連の抗戦を鼓舞する行動をとるべしとの圧力がモスクワ駐留の出先機関側から加えられた。しかし、前者にかんしては、イギリス海軍側は消極的姿勢を強めていたし、また後者にかんしては、五日開催の第二三四回参謀長委員会が安全上の理由からソ連側への一方的な情報供与の提案を退けた。[27] 一方ソ連側も、もし正確な情報をイギリス側に伝えた場合には、対ソ援助は全く無意味であるとのイギリス側の判断に根拠を与えるのではないかと恐れ、ほとんど一切の情報をメイソン・マクファーレンに提供しようとはしなかった。このような、英ソ双方で手の内を明かそうとしない軍事情報の通信不全状態は以後も長期にわたって続く。これは、ひいては相互不信の種を撒くことになる。チャーチルは七月七日、スターリンに親書を送った。その背後に、まず七月四日の防衛委員会（O）の決定通知がソ連側に与えたであろう精神的ダメージを緩和する必要性、次に情報交換の乏しい状態が生み出す相互の疑惑・誤解の生起をスターリンとの個人的な接触を密に保つことを通じて防止すべきであるとの思惑が存在していたことは見逃しえないであろう。六月二二日のチャーチルの声明がソ連の陥落後も反ドイツ抗戦を展開すると期待されたロシア国民への精神的支援のメッセージであったとするならば、この七月七日のスターリン宛ての親書は、後退を余儀なくされつつも二週間にわたる予想外の善戦を指揮したソ連の政治指導者に対する激励と弁解の辞であったと言うことができる。チャーチルは赤軍の善戦を賞賛した後、「時間、地理的状況そして増大しつつある資力の許す限り、我々は貴国を援助致します。戦争が長びけば長びくだけ我々は多くの援助を与えましょう」[28]と述べることによりイギリスの対ソ援助政策の本音を垣間見させたのである。

チャーチルは二二日の声明に対するスターリンの反応を得られなかったにもかかわらず、イギリスの対ソ援助政策をさらに強調するために親書を送ったとチャーチルはメモワールの中で述べており[29]、これはいかにチャーチルが対ソ援助に積極的であったかを示す一例として解釈されがちである。しかし、この主張は三重の意味で正確とは言い難い。第一に、スターリンは七月三日の演説の中でチャーチルの声明を「歴史的」と形容し、すでに言及を行っている。第二に、前述のとおり、この親書は北フランスにイギリス軍を上陸させないという決定の通知が与えるダメージを少しでも緩和させようとする目的を持っていた。そして、第三に、イギリスの対ソ援助に二二日の声明にはなかった時間的・地理的限定を新たに条件としてつけ加えたことから理解されるように、ソ連はイギリスの援助に対して過大な期待を持つべきではないことを暗に伝えようとしているのである。六月二二日の声明に比して、明らかにこの親書のトーンは落ちている。しかし、この書簡はスターリンからの返書をまたもや引き出しえず、またソ連側からの軍事援助要求をも抑えることはできない。

北フランス襲撃は行われないことが決定されたため、チャーチルは次にノルウェーの海岸に三〇〇〇ないし四〇〇〇の兵力を二日間の予定で上陸させる案を参謀長委員会に伝えた。八日の第二三七回参謀長委員会はキーズ（DCO）にこの検討を命じた。しかし、その際キーズは、この種の軍事行動はプーマ作戦用の部隊を流用することを前提としなければ立案不可能であるとの意見を述べた[30]。この前提は第四六回防衛委員会の決定によって自動的に排除されていた訳であるから、キーズがチャーチルのプランに対してどのような回答をなすかは明らかであった。上陸用部隊を利用する可能性の排除は、事実上あらゆる対ソ援助行動実施の可能性をも否定していたのである。しかし、対ソ援助推進派は、ソ連側からの新たな動きとドイツの進撃が当初の勢いを失い始めた東部戦線の軍事情勢[31]とによって触発され、再び対ソ援助実行のための努力を続ける。

七月七日、マイスキーは、ソ連に加えられているドイツの軍事圧力を軽減させうるような軍事作戦をイギリス側が実施すべきであるとの見解をイーデンに伝えた。その際、マイスキーはイギリスによる軍事行動がもたらす実際的な軍事効果以上に、これが赤軍に与える心理的な激励効果を強調した。このマイスキー発言は五日のクリップスによる「政治的重要性」の指摘と歩調を同じくしていた。イギリス外相は、これに対し、イギリスは原則的には北海海域における海軍活動に異論を持っていない旨を伝えた。しかし、マイスキーは再度上陸作戦の重要性を強調した。(32) イーデンはこれまでソ連側からの軍事援助要求に対して、イギリスは東部戦線の展開に実質的な影響を与えうる規模の作戦を実行する能力を有していないという論理で対処してきたが、マイスキーによって新たに提起された政治的・心理的理由からする援助要求は彼を苦しい立場に追い込んだのであった。このため、イーデンは八日チャーチルに覚え書きを送り、「現在、以後一ヶ月以上にわたってソ連が抗戦を継続する可能性をも排除しえない状況となっているが、もしイギリスがその間なんらの対ソ援助軍事行動をも実施しないならば、国際世論がイギリスに背を向けることは必至であり、したがって我々は一ヶ月以内になんらかの軍事行動を起こすべきであると考えます」と述べた。続いて、「このような軍事作戦行動実施の最大の障碍はプーマ作戦用部隊をスタンバイの状態に維持する要請にあるように思われます。そこで私は、この要請と近い将来にこれらの軍事力を用いてドイツ占領下の沿岸に襲撃を行うことの二つを、今一度、防衛委員会（O）にて注意深く比較衡量するよう提案します。ドイツがソ連征服に専念している間、ヒトラーがスペインに対する動きを行う可能性が高いとは思われません。」との主張を行った。(33) 九日に開催された第二三八回参謀長委員会はイーデンの覚え書きに示された提案について討議を行い、次の点を防衛委員会（O）に伝える決定を下した。すなわち、プーマ作戦用部隊をなんらかの襲撃に使用した場合に予想される損害を補充することは可能であろうが、このような作戦は軍事的にみて無意味であり、そうである以上、イーデンが提案するような作戦行動を敢行せざるをえないとするならば、それは最大の政治的効果を生み出しうるような形でなされなければならない、という見解であった。[34] 同委員会は同時にJPSに、プーマ作戦用部隊の使用を前提とする上陸襲撃作戦のプラン作りを命じた。

このイーデンの動きへの参謀長委員会の対応は、プーマ作戦用の軍事力の流用反対に固執せず、また政治的効果への意義を認めた点で、柔軟なものとの印象を与えるかもしれない。しかし、これは多分に計算されたジェスチャーであった可能性が強い。それはまず第一に、後退に後退を余儀なくされつつも赤軍はドイツ軍にとって利用可能なあらゆる施設を徹底的に破壊し尽くしながら予想外の戦いぶりを展開しているとの情報が入手され始めており[35]〔「ドイツは当初六週間以内にソ連を陥落させる予定を立てていたが」、七月一〇日の段階で「三ヶ月以内にバルバロッサ作戦を終了させるとの計画変更」をしたとの情報をイギリス側は入手した。WO193/644〕、このような情報下で参謀連が従来の極端なまでの対ソ援助消極策に拘泥するならば、対ソ援助推進派の反発をさらに強める恐れがあったこと、そして第二に、軍事的ではなく政治的な観点から計画されるべき軍事行動である点を強調することを通じて、軍事スタッフはその結果に対する責任から自由であることを暗示したこと、から窺われる。これがジェスチャーにすぎなかったのは、さらに、プーマ作戦用軍事力を用いてのプラン検討を命じられたJPSが、複数の小襲撃の実施と大襲撃敢行のニセ情報流布との組合せによりドイツ参謀本部に不安を醸成させ、これを通じてドイツ軍の更なる東部参戦部隊強化を阻止させる作戦案を答申したことからも理解されよう。[36] 事実上このプランは、プーマ作戦用部隊の使用を排除する前提で案出された従来のものと実質的な違いを持っていなかったと言える。三日の第四五回防衛委員会(O)でパウンド提督が述べたように、大規模襲撃の足枷となっていたのは他ならぬプーマ作戦遂行の緊迫性であった。しかし、JPSは参謀長委員会からプーマ作戦用部隊の利用を前提とする襲撃プランニングを依頼されたにもかかわらず、再び小規模襲撃を推したのである。以上の経緯を考えに入れるなら、対ソ援助推進派からの圧力を受けた参謀長委員会がＪＰＳにイーデン提案の検討を命じた際、すでに参謀長委員会を中心とする軍事スタッフ内には、対ソ援助問題にかんする暗黙の基本方針が確立していたと判断することも可能であろう。とすれば、ＪＰＳはイーデン提案の検討を、単に形式的にのみ行った可能性が高い。その暗黙の基本方針とは、敗北を運命づけられた「ボリシェビキを助けるジェスチャーを行う」目的のためにイギリスの軍事力の重大な損失をも強要しようとするいかなる政治的圧力にも、軍事スタッフは決して屈服するべきではない、というものであったと想像することは妥当と思われる。このことは、七月初旬にイギリスを訪れたソ連軍事使節団に対して軍事スタッフが行った対応から明らかにされる。

ゴリコフ将軍（Golikov, F. I.）を長とする使節団が英ソ共同の対ドイツ軍事作戦を協議するためにロンドンを七月一〇日頃に訪れることが通知され、それに基づき、ＪＰＳは代表団をいかに処遇するかを決めるために準備された覚え書きを作成した。「我々の目的はソ連の抗戦を最大限に長期化させることにあり、したがって個々の会合は使節団を鼓舞する形で持たれなければならない」とこの覚え書きは述べている。しかし、使節団への情報提供にかんしては極めて消極的な姿勢を示している。まず、直接にソ連と関係を有しない戦略・作戦、およびイギリスの軍事力にかんするいかなる情報をも彼らに与えないこと、次いでいかなる情報もソ連側からメイソン・マクファーレンへの情報の反対供与を引き出しうるような形でなされなければならないことを主張した。[37] 九日、ソ連軍事使節団はまずイーデン、カドガン、バトラー（Butler, Sir Richard, Parliamentary Under-Secretary for Foreign Affairs）ら外務省首脳と会談した。使節団長・ゴリコフは彼らの誠実な対応に深い感銘を受けた。続いて、ゴリコフ一行は陸軍大臣・マージソン（Margesson, Sir David）と会見した。その際、ゴリコフは「イギリス陸軍大臣のソ連代表団に対する政治的反感と諸問題に対する具体的な姿勢の欠如とによって印象づけられた」ことを回想している。[38] そして最後に、ゴリコフらは参謀長委員会メンバーとの初会合・第一三二回参謀長委員会作戦秘密部会（以後参謀長委員会（O）と略称する）を持った。その中でソ連側代表は、「ロシア人は戦い、決して敗北しない」というスターリンのメッセージを伝えた。[39] 続いて同九日に開催された第一三三回参謀長委員会（O）にて、ゴリコフはムルマンスク地方での援助行動、東部戦線からドイツ軍を引き離しうる軍事行動の二項目について要請した。[40] こうして開始されたソ連代表団とイギリス軍事政策決定グループとの会合における後者の態度について、ゴリコフは彼の回想記の中で、「良く言って、これは形式主義という言葉によって特徴づけられる」と述べている。[41] さて、これらの会合の内容は翌一〇日の第五〇回防衛委員会（O）に報告されることになるが、同防衛委員会でイーデンやビーヴァーブルックからソ連援助軍事行動への圧力が加えられるのは必至と見た陸軍省のMOIは、参謀長委員会に「ソ連との協力」と題される覚え書きを宛て、政治的観点からの対ソ援助要求に一致団結して対抗するためのガイド・ラインを提示した。これは次のように述べている。

「(1)　使節団との政治的・軍事的話し合いにおける全般的傾向は、いかに我々が政治的理由のために軍事的には不健全な立場へと追い込まれているかを示している。……

(2)　援助を求めているのはソ連であって、我々ではない。ソ連が抗戦を継続しているのは彼ら自らの生存のためであり、ドイツを打倒しようと努力を重ねている我々を助けるためではない。したがって、以後ソ連側使節団と話し合う場合、我々が採用すべき方針は以下の如くであらねばならない。……我々は、合衆国から見込まれる援助ならびに早晩実現されるはずの合衆国の参戦を考慮に入れるなら、ドイツとの戦争を極めて首尾よく遂行しえるはずである。現在、我々の全軍事力は、ソ連の対ドイツ戦争努力なしに独力で今回の戦争を勝ち抜くことができるように練り上げられた一大戦略に投入されている。したがって、もし我々がこの戦略の枠外の目的のために軍事力を割くとするならば、我々はいみじくもこれが浪費されることのないように最大の注意を払わなければならない。いいかえれば、ソ連がそう簡単にドイツによって克服されはしないという確固とした証しを得て、初めて我々は対ソ援助を行うべきなのである。この証しを得た時点で、我々はそれに見合った作戦計画を練り上げることにやぶさかではない。

(3) 今述べた路線は細心の注意をもってソ連側に伝えられなければならない、しかし、とにかく我々は強い立場にあるのであり、この立場を利用しない手はないであろう」[42]。

MOIはさらに、ソ連代表団からのイギリスの海軍および空軍による軍事援助行動の要求にいかに対処すべきかを取り扱った覚え書きを作成し、七月一〇日の第二三九回参謀長委員会に提出した。この覚え書きは、「（ゴリコフらが彼らの要求の焦点を絞ると予想される）作戦はたとえ実施されたとしても、独ソ戦の状況になんらかの決定的成果をもたらすとは思われない。それゆえに、我々がそれ相当の海・空軍力をこのような作戦に投入すべきかいなかは、ソ連が一ヶ月もしくは二ヶ月以上持ち堪えることが可能かどうかの判断にかかっている。現在までのところ、ソ連から長期的な抗戦を望むことは無理であるとの従来の我々の判断を変更すべきいかなる根拠をも入手してはいないように思われる。（傍点は秋野）」と述べ、陸軍はおろか海軍・空軍力の使用にも断固とした反対を表明した[43]。これらの覚え書きが提出されたはずの第二三九回参謀長委員会の議事録・結論、さらに参謀長委員会に提出された覚え書きを修正した内閣局（cabinet office）の記録のいずれにも、今紹介したMOIの手になる覚え書きならびにそれにかんする参謀長委員会側の反応は一切存在していない。しかし、ドイツ降伏後直ちに陸軍省の軍事情報局（MI）（MIはMilitary Intelligence）によって作成された「東部戦線にかんするレポート」[44]によれば、この覚え書きの内容は同参謀長委員会によって承認を受け、それ以降も参謀スタッフの対ソ援助方針におけるガイドラインとなったとされている。これは、軍事政策立案スタッフ間の内部的了解事項の存在を示している。したがって、ソ連側からのイギリス海・空軍による行動要求を否定すべきことは今述べた軍事スタッフ内の了解事項の当然の帰結であった。さらに当該の議事録ならびに結論から、同委員会はソ連の要求の検討そのものを行わず、最初からいかにして否定的・消極的な回答をソ連側代表団に伝えるかというその方法についての討議のみを行ったことを知ることができる。同委員会は、まず第一に、イギリスはソ連側の要求を満たす用意があるという印象を与えないこと、しかし第二に、これについてまったく考慮だにしないという姿勢を示すべきではなく、したがって第三に、モスクワからこの作戦にかんする必要な情報が入るまで立案を控えるという形で時間を稼ぐべきことを最終的に了解した。(45)

このように、軍事スタッフは海・空軍による援助行動の要求に対抗するために内部の了解事項を作り上げ、グループ内の意見を調整した。そこにおいて、形式的な検討と実質的な検討とは明瞭に区別されていたのである。この事例から考えるなら、ソ連側ならびに対ソ援助推進派からの上陸襲撃作戦実施の要求に対して、ソ連の抗戦能力を低く評価する「従来の判断」を持っていた軍事スタッフが、「ボルシェビキを助けるジェスチャー」に反対すべきことを七月三日開催の参謀長委員会に提言したＭＯＩの意見を了解事項として採用したことも容易に想像されるところである。

イーデン提案に基づく襲撃プランの検討を依頼されたＪＰＳが、長い検討時間をかけた後に以前の小規模襲撃プランを繰り返したのは、このような経緯を考慮するならば、よく理解されよう。軍事スタッフがここで「時間稼ぎ」戦術に出た理由は、ドイツの進撃は予想より遅々としていたものの、近い将来に必ず第一次大戦末期に見られた内部崩壊の運命がソ連体制の上にふりかかることを彼らが信じていたからに他ならない。ディル参謀総長がメイソン・マクファーレンに宛てた極秘の電報はこれを具体的に示している。ディルは、「ドイツ軍は一息つくかもしれない。しかし、彼らが再び進撃を始めた数日後に決定的な瞬間が起こりうるであろう。ソ連は戦略予備軍を保持していないであろうとの我々の予測がもし正しいなら、レニングラード、モスクワ、ウクライナへドイツ軍が殺到する可能性は極めて高い。」と述べている。[46] このような軍事的予測の中で、参謀スタッフが大規模の襲撃と北海地域での海・空軍活動の立案に消極的であり、ソ連の陥落を示す決定的な情報を得るまで「時間稼ぎ」を行おうとしたのは彼らにとって当然であったと言えよう。この内部方針はゴリコフらに対してだけではなく、また、対ソ援助推進派に対しても向けられたのであった。参謀長委員会代表はこうして七月一〇日午後六時から予定されていた第五〇回防衛委員会（O）に臨んだのである。

同委員会はまずムルマンスク海域における海・空軍行動について討議した。軍事グループは既定の方針どおり、この地域にかんする軍事的情報が欠如している限り作戦の立案は不可能であることを予定どおり主張し、ムルマンスクへ海軍ならびに空軍の情報収集員を派遣すべきことを提案した。同委員会はこれを承認した。続いて、イーデンが提起したプーマ作戦用部隊の温存が得策であるか否かをめぐる問題が討議に附された。パウンド提督は、「これに関する検討はいまだ終了していないものの」と前置きした後、「いずれにせよ、この種の襲撃が東部戦線からドイツ軍を引き離す目的に貢献すると考えることはできない。ノルウェーの海岸を襲撃することも、今は白夜の季節であるためドイツ側が事前にこれを察知することは確実であり、したがって敵を混乱に陥し入れることは不可能である。また空軍の護衛も行えないため、このプランは問題外であると言わざるをえない。……最終的に現在可能と思われるのは、イギリスの制空権を確保しえるシェルブール（Cherbourg）もしくはブレスト（Brest）地方を襲撃することのみである。」と述べた。同委員会ではこれを口火として、ソ連を勇気づける政治目的のために軍事作戦を遂行することの是非が討議された。そこでは結局、まずこの種の作戦が軍事的に成功する見込みが非常に限られていること、そして次にそもそも撤退を前提とするような襲撃作戦は「イギリスの第二戦線形成努力を簡単に挫くことに成功した」とのドイツ側のプロパガンダを許すこととなり、終局的にはソ連側を勇気づけるどころか逆に落胆させることになる、と主張した参謀長委員会の立場が勝利を収めた。同委員会は結論として、「近い将来に、敵軍占領下の海岸に大規模の襲撃作戦を展開することは望みえない。しかし、その可能性の更なる探索を参謀長委員会に委ねる。」ことを決め、散会となった。[47] 軍事スタッフはソ連軍事使節団ならびに政治グループから提出された軍事援助行動の要求から逃れ、一定の息継ぎ期間を得たのである。彼らの計算によれば、その間にソ連陥落の可能性を決定的に自明視させる展開が起こり、すべての対ソ援助は無意味であることをイーデンやビーヴァーブルックも認識するはずであった。軍事スタッフは確かにシェルブール、ブレスト地方への襲撃案の検討を進める。しかし、その立案ペースは遅々としたものであった。明らかに、軍事スタッフへの政治的圧力は、この防衛委員会（O）の後、弱まることになる。以後の英国の政策決定と英ソ関係の展開を考える時、同委員会における軍事スタッフの団結による勝利は非常に重要な事実として記憶されるべきであろう。

こうして結局、イギリスがいささかでもソ連を援助しうる対ドイツ攻勢は、当面のあいたドイツ西部ならびにフランスへの空軍爆撃のみに限定されることになったのである。軍事面でのこのような消極策のためにチャーチルの援助声明に続く精神的支援の任務はもっぱら対ソ援助推進派による外交活動に委ねられることになる。六月三〇日の日記の中でカドガンは「五時の閣議で、ディルはロシア情勢にかんする悲観的な見解を示した。それだけが唯一の希望であるのに。ヨーロッパ西部でドイツ軍に襲撃を加える計画は望めないようだ。……襲撃計画はおろか、何事もなさないのだ。それが世界中に与える効果を考えると、背筋が寒くなる。彼ら（軍事スタッフ）

は『外交』がなにか有意義な効果をもたらすのを期待しているのだ。」と愚痴をこぼしている。[48] 外務省はソ連が存続する可能性を考慮に入れ、軍事的努力の欠如を補うために多少とも活発な対ソ外交を展開する。[49] イギリス外務省が、ソ連政府の提案したソ連-ポーランド協定[50]を成立させるために、ポーランド亡命政府に対して異常なまでの圧力をかけたのはその好例である〔イーデンはシコルスキ・ポーランド亡命政府首相に対し、「もしポーランド政府がソ連との協定交渉を拒否するなら、それはポーランド側にとって命とりになるであろう」とまで述べ、ソ・ポ間の協定を迫った。ポーランド政府は三人の有力内閣メンバーの抗議辞任後、七月三〇日ソ連との協定を結んだ。Kowalski, *Walka dyplomatyczna o miejsce Polski w Europie*, Warszawa 1979. 197.〕。

七月八日、クリップスは軍事相互援助と単独講和の禁止とを内容とする「一種の協定」を英ソ間で結びたいとするスターリンの意向を伝えた。[51] 外務省幹部はこの問題について即座に協議を行った。カドガン次官は「我々は一切の値切りを行うべきではなく、スターリンの希望を寛大な形で叶えるべきである」との意見を明らかにした。[52] 一〇日に開催された第六七回内閣閣議は「この申し出に対してすみやかな肯定的回答を行うべきである」との点で一致を見たものの、いかなる形式をとるべきかをめぐって議論が行われた。そこでは、条約は行き過ぎであるが、逆に、覚え書きの交換では不十分であると考えられた。結局、イーデンが「覚え書き交換が不十分ならば、宣言が合衆国の観点から望ましいであろう」とのワイナント合衆国大使の見解を紹介し、これが決定的な要素となって、閣議はスターリンの希望した協定ではなく宣言形式を採るべきことを決定した。[53] 「値切り」は行われたのであった。カドガンは日記に、「これは我々の例の有名な中途半端なやり口ではないか」と記している。[54] さて、この決定はクリップスに伝えられ、一二日モスクワにて英ソ合意宣言（Agreed Declaration）が発せられた。[55] ところが、奇妙なことに、この「宣言」は管見の限りあらゆる歴史家によって「協定」として取り扱われている。

〔*История второй мировой войны 1939-194* の第四巻（一六五ページ）も *История дипломатии* の第四巻（一九一ページ）も соглашение（協定）と表現している。〕。しかしこの場合「協定」と「宣言」との差は無視しえるものではなかった。なぜなら、スターリン自身後に、「宣言は代数であるが、協定は算術であり、これの方が好ましい」と述べ[56]、より確固とした英ソ関係の樹立をイギリス側に促すことになるからである。さて、この「中途半端」な決定は、イギリスはソ連との結びつきをできるだけ法的な拘束力の弱いものに留めようとしているのではないかとの疑惑を植付けたのである。カドガンの危惧は理由のないものではなかったと言えよう。このように、第六七回閣議の決定は、軍事面での対ソ消極策をイーデンやビーヴァーブルックらが政治・外交面で十分に補い切れるほど強力ではなかったことを示している。さらに、チャーチルの二二日の対ソ援助の決定にあって合衆国の意向が重要な役割を果していたと同様に、ワイナント発言の重みは、イギリスの対ソ政策決定過程で合衆国の意向が当時すでに大きなファクターとなっていたことを明らかにしている。これ以後も、この傾向は弱まることなく継続する。

七月一三日、ＪＰＳは「将来の戦略」と題されるメモランダムを作成した。この結論はまず第一に、ドイツ占領下の国々を「解放する」という形での攻勢を遠い将来に行う可能性があるが、その際の一般的な特徴となるはずの占領下の国民による武装蜂起は、「自由国民」によって組織される小規模軍によって担われ、可能な場合には、それらはイギリス正規軍とによって支援されるべきであること、そして、第二には、「転覆活動とプロパガンダは通常の軍事行動と同様に重要である」ことの再認識であった[57]。このように、ここでも、再び、「長期戦略」の骨子が確認されているのである。この大枠からするならば、対ソ援助のためにイギリス軍をドイツ占領下の地に早急に送り込むことは論外であった。また、陸軍省のＭＯＩは、もしソ連の組織的な抗戦が停止し、それに乗じて日本が沿海州地方へ進出した場合、イギリスは日本との戦争状態に入るべきではないかとの政治的な圧力が生ずることを憂慮した。彼は、ソ連がドイツ軍を東部戦線に引きとめ、これを通じてイギリスに軍事的な利点を提供しえない以上、日本に対して戦争宣言を行うことはイギリスの利益にならないと主張した。(58) 軍事スタッフの対ソ援助についての消極的な態度はこのように日々強化されていった。

メイソン・マクファーレンが一一日モスクワから参謀長委員会に宛て、「イギリスは対ソ援助遂行のために全力を尽していない」とのソ連側当局から発せられた批判を打電した。しかし、このようにロンドンの軍事スタッフが結束した強さを発揮している最中にて、この批判がどう扱われるかは明らかであった。七月一四日の第二四四回参謀長委員会はこれに対する返電を検討した。彼らの目的は、以後も予想されるこのようなソ連側からの非難がイーデンやビーヴァーブルックを刺激して対ソ援助行動を彼らに促すことが繰り返されないように、軍事スタッフのストレートな意見を、それのもつ政治的効果を考慮に入れることなく、伝えることにあった。参謀長委員会がメイソン・マクファーレンに宛てたメッセージは次のように述べている。「現在、我々がこのような苦境下に置かれているのはそもそも一九三九年にソ連が採用した行動の産物である。過去一二ヶ月にわたり、我々はこの苦難に耐え、孤立の抗戦を継続してきた。我々はこの非常に困難な時期を乗り越え、次第に増大しつつある合衆国の援助を得、じきにドイツを打ち破ることができると今や確信できるに至っている。我々の全軍事力は、この目的を遂行するために最善のプランに基づいて配分されている。我々の主要戦略は、空・海軍力、ならびに経済的な手段を通じてドイツを弱体化すること、そして中東と極東における軍事的立場の強化からなっている。たとえ間接的にではあれ、これらの我々の行動がソ連を大いに助けていることは明らかである」。これはさらに、独ソ戦の経緯に変化をもたらすような直接的な軍事援助は純軍事的な観点からして不可能であり、したがってソ連は「我々が『イギリスの戦い』や『大西洋の戦い（Battle of the Atlantic)』において成し遂げたように独力で生き延びなければならない。」と続けている。そして、ソ連がもし一九四一年を持ちこたえた場合、イギリスの攻勢によってドイツは守勢に回ることになろうから、ソ連は最終的に敗北を免れうる可能性を持っているのである、との極めてつき離した見通しを明らかにし、結論として、同委員会は、「疑いなく貴下は、今我々が述べたことを熟知していることと思われるが、ソ連側高官と以後会談を持つ場合、このことを絶えず留意しておくことが望ましい。適当な機会が訪れたなら、上述したポイントを彼らに喚起させるのは決して誤りではない。」と主張した。[59] まさに、この種のメッセージの伝達は、チャーチルによる二二日の援助決定宣言とは逆の効果――ソ連側からの対イギリス軍事援助要求とソ連の抗戦力の双方に同時にブレーキをかける――を持つはずであった。軍事スタッフにとって、当面の問題は、彼らが評価しない政治的効果を通じてのソ連による抗戦の確保ではなく、いかにして対英軍事要求を抑えるかにあった。しかし、この軍事スタッフの意思の表明はきわどくもクリップス大使によって阻止された。その結果、ソ連側はイギリスの対ソ援助の動機・意図にかんする疑惑の念を次第に育てつつも、援助要求を続けることになる。

歴史をふり返ってみれば、このクリップスの行動が後の英ソ関係に却って悪影響を与えたとも考えられる。なぜなら、参謀長委員会の企ては短期的な観点からみてたしかに得策ではなかったかもしれない。しかし、長期的に見れば、後にソ連が抱くことになる深い対英不信は、このストレートな意見の開陳によって回避された可能性も排除しえないからである。短期的な展望から生み出される、その場しのぎの方策の積み重ねが繰り返されるなかで、イギリス政府の言葉はソ連から全く信用されないことになっていくのであった。

3　軍事援助をめぐる英ソ交渉

六月二二日に対ソ援助声明を出して以来、チャーチルがその公約を名目的にも果すため、参謀長委員会を通じて軍事スタッフになんらかの軍事援助作戦を行うよう圧力をかけたのは以上見たとおりである。しかし、七月一五日近辺を境にチャーチルは自らの立場を対ソ援助に積極的なイーデンらに近い位置から離し、軍事スタッフに接近していった。少なくともこと対ソ政策にかんして、チャーチルは首相としての役割以上に、軍事スタッフの最高責任者としての国防大臣の役割を色濃く果すことになる。対ソ援助推進派はこうして、チャーチルを加えた軍事グループと対抗することを余儀なくされる。一五日モスクワにて、モロトフはスピッツベルゲン（Spitsbergen）ならびにベアー（Bear）諸島を英ソ共同作戦を通じて占領する案をクリップスに提起した。クリップスは直ちにこれを本省に報告した[60]。続いて一六日、マイスキーは北フランス襲撃作戦を敢行するよう再度イーデンに訴えた。これに対してイーデンは、そのプランは防衛委員会（O）にて慎重に、しかし前向きに検討されているが、多くの困難が指摘されているとの返答を行った。しかし、ソ連大使は、独ソ戦によってドイツの英本島侵略の危険性が遠のいた今、このような作戦行動に伴う困難が克服されえない性質のものであるとは当抵考えられない、となおも食い下がった[61]。これらの圧力を受けたイーデンは、チャーチルにソ連側の要求を直ちに伝え、プーマ作戦用部隊を利用した襲撃プランが参謀長委員会によっていまだ報告されないまま放置されていることを喚起した[62]。しかし、このイーデンの意向が参謀長委員会によって満たされたのは、それからさらに六日後の二二日のことであった。イーデンの秘書を務めたハーヴィー（Harvey, Sir Oliver）は一六日の日記に次のように書いている。

「クリップス、マイスキーらによって繰り返して要求される上陸作戦に参謀長委員会とチャーチルが頑固なまでに反対しているため、イーデンは悩まされている。とくにチャーチルは、彼の勇敢な言葉にもかかわらず、襲撃実行に消極的な態度を見せている。……我々は、ドイツが目下のところフランスに機甲師団を配備していないことを知っている。……イーデンは、チャーチルが軍事問題にかんして時代遅れの考え方を持っており、とくに彼が戦車ならびに航空機による戦闘の技術的性質を理解していないと述べ、これを嘆いている[63]」。

その当時のチャーチルの行動から、彼が当初に見せたソ連援助に対する熱意を失ったことが判断できる。ソ連の思わぬ善戦により余裕を見出したチャーチルと軍事スタッフがその時点で最も大きな関心を示したのは、六月二四日の第二二二回参謀長委員会へ提出されたＪＰＳの覚え書き[64]が主張したとおり、ソ連ではなく中東への軍事力派遣であった。

チャーチルは七月六日中東軍司令官オーキンリック将軍に、ソ連が陥落したのち中東の北西方面からドイツの脅威が出現する可能性があり、その場合イギリス中東軍の置かれる情勢は悪化するであろうことを警告した。「したがって」とチャーチルは続け、「中東軍が攻勢を行うとすれば、独ソ戦の終了前になされなければならないことは自明である。そこで、我々は、必要な補給を受ける条件で、中東軍は攻勢を実施することができるか否かについてのオーキンリック将軍の意見を求めたい。」と伝えた[65]。しかしオーキンリックは一五日、消極的に回答を寄せた[66]。七月一七日の防衛委員会（Ｏ）はこの問題を討議し、中東への補給を与えた上でオーキンリックに攻勢を行わせるよう圧力をかけることで結論を得た。一九日、オーキンリック将軍は陸軍省ならびにチャーチル（親書）から二通の電報を受け取った。前者は陸軍省のスタッフ（ＭＯ５）によって書かれたものであったが、それは「ドイツによる英本土侵略が八月ないしは九月に確実視されていたため、独ソ開戦には一定規模の台数のクルーザー戦車を中東補強のために英本島から割くことは想定することすらできなかった。ソ連は明日にも陥落する可能性があるため、いまだにドイツによる本島上陸作戦の危険性は排除しえないものの」と前置きし、「もしオーキンリック将軍が攻勢を行うことが可能であると判断するならば、九月の中旬までに一五〇台のクルーザー戦車、四万の兵士を中東軍への補給として彼に与えるリスクを冒す用意のあること」を示した。ＭＯ５は、しかし、攻勢を前提としない場合にはこれらの増強軍事力を中東軍司令官は望むことができない旨も明確にした[67]。ＭＯ５がここで「ソ連が明日にも陥落する可能性」を考慮に入れつつも、中東への軍事力派遣を提案したということは、まず第一にドイツによる一九四一年度内における英本島侵略の危険性が実は低下したとの判断、そして第二にたとえその危険が現実のものとなったにせよ、今やイギリスの防衛力は十分なまでに充実したとの判断、を参謀スタッフ連が形成しつつあったことを間接的ながら示していたと言えよう。中東に対するこの政策を決定した一七日の防衛委員会にて、イーデンは対ソ援助の重要性を強調したが、彼の意見は受け容れられなかった。同委員会終了後、イーデンはハーヴィーに、「我々はイギリス本島とエジプトに膨大な規模の軍事力を有している。しかし、それらのいずれも何事をもなしえないのだ。参謀部はあまりに時代遅れである。」と嘆き語った[68]。

このように軍事スタッフが徹底的に対ソ援助を回避しようとしていた七月一九日、チャーチルのもとへスターリンからの最初の親書が届けられた。その中で、スターリンは北フランスもしくは北ヨーロッパに第二戦線を形成するようイギリス首相に提案した。これに伴うイギリス側の諸困難に対して理解を示す言葉を述べつつも、スターリンは「それにもかかわらず、このような戦線は開設されなければならないのである」と述べた[69]。これは独ソ開戦以来イギリスがソ連側から受けた最大の圧力であったと言ってよい。チャーチルはこれへの返書を作成する前に、参謀長委員会にこのスターリン提案の検討を委ねた。さて、第五〇回防衛委員会（O）の決定に基づいて派遣された海・空軍の情報収集団から、ムルマンスク、ペッツァモ海域における英ソ共同軍事作戦の可能性についての否定的な報告を受けた二〇日開催の第二五三回参謀長委員会は、スターリンの親書に対する軍事スタッフの見解をまとめた。パウンド提督は参謀長委員会を代表して、これをチャーチルに電話連絡した。そしてチャーチルはこれに同意した。(70) 参謀長委員会の見解は、「スターリンの北フランスにおける第二戦線開設提案はすでに七月一〇日の防衛委員会によって否定されている。したがって、参謀長委員会はブレストもしくはシェルブールへの襲撃プランを検討してきた。しかし、今我々は、これら双方に対する襲撃の敢行を奨めることはできない、との結論に達した。(71)」というものであった。チャーチルはこの見解に基づいて直ちに返書を作成した。イギリス首相はスターリンに宛てた親書の中で、第一に北西ヨーロッパにおける襲撃は十分に検討されたが、参謀スタッフはソ連援助となりうる規模の作戦実施は不可能であると判断していること、第二にイギリス海・空軍を七月下旬にヨーロッパ北方へ送り込み、ノルウェー、フィンランド付近のドイツ船団を攻撃する用意を持っていること、第三にノルウェー上陸作戦の実施は不可能であること、そして第四にムルマンスクにイギリス空軍の飛行中隊を駐屯させる計画を持っていること、を伝えた。(72) 結局、チャーチルはソ連側が早期から要請してきた北フランス襲撃ならびにムルマンスク、ペッツァモ海域における海・空軍共同作戦の実施を否定し、その代償として第二、第四の海軍と空軍各々による援助努力の可能性を示唆したのである。チャーチルは翌二一日午後に開催された第七二回閣議にて、スターリンからの書簡と、すでに打電された返書を朗読した。(73) チャーチルは事後承諾を求めたのであった。

チャーチルはスターリン親書が到着した翌日には早くも返書を送った。しかし、スターリンへの返書は、二二日の対ソ援助声明とは異なり、さほどまでの緊急性を要したものとは言えなかった。チャーチルの迅速な決定を促した理由は如何なるものであったろうか。おそらく、チャーチルと参謀長委員会はこのストレートな見解の伝達をビーヴァーブルックやイーデンが再び阻止するのではないかと恐れたのであろう。こうして親書は彼らの「検閲」を受けることなく駐ソ大使に向けて打電された。いかに、政治家クリップスが他の大使では持ちえない特殊な政治力を持っていたにせよ〔クリップスはチャーチルの後継者としてイギリス首相になる可能性をイーデンともに共有していた。この傾向は一九四一年暮から一九四二年春にかけ顕著となった。Addison, Paul, *The Road to 1945*, London 1977, 195-199.〕、イギリス首相からの親書の送付を再度に亘って阻止することは不可能であったろう。後に説明するように、この親書のもたらした効果は実に大きかった。マイスキー大使は二一日、このチャーチル返書を読む機会を与えられた。その際彼は失望の念を表明し、イギリスの対ソ軍事援助はなんら具体化されていないではないかと述べ、大いなる不満を表明した。ついでソ連大使は、「もしイギリスがフランスにおける作戦を実施できないというのであれば、せめて軍備とくに航空機ならびにバッファ砲の供給を通じて対ソ援助を実行すべきである」と主張した。[74] さて、モスクワにてクリップス大使がチャーチルの書簡を手交した時、スターリンは「作戦に伴う困難について了解した。私はなんらの疑問をはさまないし、また非難を行うつもりもない。」とだけ告げた。[75] 事実、これ以降スターリンはソ連が危急存亡の状態下に陥いる九月までの間、二度と軍事援助要請を行わないのである。モロトフもマイスキーも対英要求を完全にストップする。二三日ゴリコフ将軍はイーデンを外務省に訪れ、遅滞なく具体的な対ソ援助を行うよう要求したが、[76] これはモスクワから指令が届く前の最後の動きであったろうと想像される。このスターリンの反応は注目されるべきである。なぜなら、スターリンはこれ以後チャーチルとの親書交換を英ソ交渉における最終的に有効な回路と解し、このため通常の外交における様々な交渉経路は、決定的な程度にまでせばめられることになるからである。その結果、イギリスの対ソ交渉における柔軟性、機動性は奪われることになる。チャーチルも親書形式でのコミュニケーションを好み、しばしばイーデンらと対立するが[77]、このためにイギリスが支払いを余儀なくされた代償が決して小さいものではなかったことは後に明らかになる。

それはともかくとして、参謀長委員会はチャーチルのスターリンへの率直なメッセージを通じて、ソ連側からの対英軍事行動要請をストップさせることに成功した。それだけではなく、この時、対ソ援助推進派の圧力に耐え対ソ消極方針を固守した軍事スタッフにとって好都合な政治情勢がイベリア半島に発生した。第二次大戦勃発後からスペインは中立政策を採用してきた。イギリスはスペインが枢軸国陣営へ加わることを阻止するために元閣僚のホア（Hoare, Sir Samuel）を大使として任命し、さらにスペインを経済封鎖の網から外し、経済援助を継続して与えてきた。このスペイン中立化政策の主要な目的の一つは、ジブラルタルのイギリス海軍基地の使用を可能に保つことにあった[78]。少なくともスペインが中立を続ける間、これは確保されるはずであった。しかし、ドイツが「国際共産主義の拠点」ソ連を侵略して以来、フランコ（Francisco）は親ドイツ的姿勢を強めていった。事実一七日、フランコはドイツの東方進出を讃え、連合国は敗北したも同然であるとの猛烈な親枢軸演説を行った[79]。イギリス外務省は、一貫して親枢軸的姿勢を示していた外相セラン・スニョール（Serran, Suñer）と、フランコが同一の路線を採るに至ったとの判断を下した。スペインがジブラルタル攻略のためのドイツ軍を迎え入れることは必至であると予想されたのである。イーデンは戦時内閣メンバーに「イギリスの対スペイン政策」と題されるメモランダムを配布した。七月二〇日に開催された閣議にて討議を受けることになっていたこのメモランダムは、「スペインが枢軸側に参加するまでこのまま放置すべきか、もしくはイギリスにとって都合の良い時期を選んでスペインを戦争の中へ投入させるべきか、の二者選択を防衛委員会（O）にて決定すべきである」と提案していた[80]。後者の選択はとりもなおさずジブラルタルを放棄して、カナリア諸島を占領するためのプーマ作戦を実施することを意味していた。同閣議はイーデンの提案を容れ、この問題の決定を防衛委員会（O）に委ねる決定を下した。これはイギリスにとって非常に難しい選択であったと言える。チャーチル自身がイーデンに書いたように、フランコ演説のみではカナリア諸島占領を正当化しうるだけの根拠をイギリスに与えなかった。また、より決定的なスペイン側の動きを把握するまで現状を維持し、ジブラルタルの使用を確保する方が彼らにとって有利なことは明白であった[81]。そもそもフランコが、例の演説にもかかわらず、イギリスの期待どおり中立を維持する可能性も決して否定しえなかった。しかし、プーマ作戦は天候上の問題から一〇月以前に挙行されなければならないとの軍事的判断があった。したがって、ドイツ軍が一〇月以降にジブラルタル攻略に動きだす可能性を考慮に入れるなら、同作戦を好都合な時期を選んで実施することは彼らにとって意味のあることであった。二一日の第五二回防衛委員会（O）は、軍事的考慮を優先し、結局プーマ作戦を八月中に実施する決定を下した[82]。この決定は、プーマ作戦用に上陸部隊の温存策の妥当性を疑問視したイーデンの要求を自動的に排除した。こうして、プーマ作戦用部隊を対ソ援助に利用すべきとの対ソ援助積極派の圧力を軍事グループは首尾よく撥ねのけたのであった。ソ連の善戦はこのスペイン情勢によって相殺された。しかし、後に説明するように、プーマ作戦は結局八月中に実施されなかったばかりか、一〇月以前でなければ同作戦の実施は不可能であるとの軍事的判断も変更されたことから理解されるように、同防衛委員会（O）の決定は、結果として、対ソ援助を行わないという政策の絶対的な固定化に寄与したのみであった。二二日開催された第二五五回参謀長委員会は、こうして、偵察・パトロール以上の規模の部隊を敵占領下の海岸へ送り込まないことを決定した[83]。さらに続いて開催された第二二五回参謀長委員会（O）はスラスターおよびスプリングボード作戦用部隊をプーマ作戦に繰り込むこと、しかし必要が生じた場合には、両作戦はプーマ作戦実施後に挙行さること、の二点を決定した。[84] 参謀長委員会のこの動きは、スペイン政府とは対照的に親連合国的な姿勢を強めたポルトガル政府の動きを考慮してなされた。軍事スタッフは、このポルトガル政府の姿勢（ポルトガル政府はイギリス・合衆国側に、海軍基地の建設を認める可能性を明らかにした）が対ソ援助積極派を再びつき動かして、プーマ作戦用部隊ではなく、スラスター、スプリングボード両作戦用部隊を対ソ援助に振り向けるべきであるとの要求を彼らにつきつける可能性を事前に阻止しようとしたと想像される。軍事スタッフの対ソ消極策は、このような背後における彼らの積極的な努力によって支えられていたと言えよう。

4 ジェスチャーとしての対ソ援助公約

前節で述べたように、対ソ援助を目的とした大規模上陸作戦の実施の可能性は再度にわたり否定された。チャーチルは二三日の第二五九回参謀長委員会に出席し、対ソ援助の重要性を参謀長委員会メンバーに喚起した。しかし、この発言は前日に定められたイギリスの対ソ援助方針の大枠を前提としていたにすぎなかった。チャーチルはまず、ソ連が展開している予想外の善戦について触れ、ついで「我々イギリスは、彼らを援助していることを示すなんらかのジェスチャーを是非とも行わなければならない」と述べた。これに対してポータル（Portal, Sir Charles）空軍大将は参謀長委員会を代表し、ソ連北方地域に二ないし三の飛行中隊を派遣する計画を彼らが検討中であることを伝えた。しかし、ポータルは「赤軍の士気を高揚させるという政治的な目的以外に、このような措置が役立ちうるとは考えられない」と強調した。続いて、この空軍省代表は若干数のトマホーク戦闘機（Tomahawk）をソ連に供給することを考慮中であることを明らかにした。これをうけたチャーチルは対ソ援助のためになしうることはすべて試みるよう要請した。彼は「この問題は最も緊急を要するものであり、陸・海・空三軍は好意的精神を発揮してこれに取り組むべきである」と述べたのである。[85] チャーチルとともに一貫して対ソ援助に消極的姿勢を崩さなかった参謀長委員会メンバーがここで、トマホーク戦闘機供給に象徴されるような態度の軟化をみせたのは、七月七日付けの親書にてチャーチルがスターリンに伝えた「時間的そして地理的な限界」を越えて、イギリスからのなんらかの具体的な援助がソ連側に与えられるべき時期の到来したことを、彼ら自身自覚し始めたことに、その理由を見出すことができる。しかし、チャーチルが参謀部に「緊急」と表現したものが、はたしていかなる枠組の中でのものであったかに留意する必要があるだろう。翌二四日に訪ソを前にロンドンへ立ち寄ったローズベルトの特使・ホプキンズ（Hopkins, Harry）とハリマンの出席を得て開催された第二一回参謀長委員会（O. Strategy）の討議内容はその「緊急」性の枠組についての我々の理解を助けてくれる。席上、イギリス側を代表してチャニイ（Chaney, Sir James）将軍は、対ドイツ戦争遂行上イギリスにとって最も重要な項目はその重要性の順に、①英本島ならびに大西洋シーレーンの確保、②シンガポールおよびオーストラリア・ニュージーランドへのシーレーン防衛、③公海上の商取引きの確保、④中東防衛、であることを指摘した。ついでチャニイは独ソ戦について触れ、「ソ連陥落後六ないし八週間後に、ドイツは英本島侵攻を開始するよう計画していると考えられる。ところで、この作戦が可能なのは一一月の一五日までと予想され、したがって、もしドイツが九月末までにソ連の陥落に成功できないなら、イギリスへの侵攻の危険性は薄れるであろう。その場合、我々は中東への軍事力増強を行うべきである。」と述べた。ここから分かるとおり、イギリスの軍事スタッフはあらゆる公式の援助声明やソ連側への説明にもかかわらず、ソ連の敗北を阻止しようという意図をこの時期に至っても全く持っていなかった。さて、チャニイ将軍は独ソ戦の長期化に伴う中東補強の可能性にかんする希望を表明したものの、最後に、軍事力を中東以外の地域へ派遣することによって、英本島の防衛を危険に晒さないように強く訴え、対ソ援助行動要求に釘をさすことを忘れなかった。チャーチルはこの訴えに対し、「軍当局が英本島の防衛を危くしうると判断する規模の軍事力を決して本島から割くようには強要しない」と約束した。[86] ここから理解されるように、二三日の参謀長委員会でチャーチルが述べた「対ソ援助の緊急性」はその「ジェスチャーの緊急性」であり、なんらかの損害をイギリスの軍事力に与えるような実質的援助の「緊急性」ではなかったのである。事実、対ソ援助は「緊急」のものとして討議されず、結局軍事スタッフが望んだことは九月末までソ連が抗戦を続けることでしかなかった。

チャーチルは二一日の書簡にて、イギリスはソ連を援助するための上陸襲撃作戦を行うことができないことを率直に明らかにし、ソ連側の要求を抑制することに成功した。軍事はこれを通じて政治的な圧力から解放された。しかし、チャニイ将軍が述べたようにソ連が最低九月一杯まで抗戦を継続することは、もしそれがイギリスの実質的援助なしに可能である場合、彼らにとって天与の恵みであった。この意味で、チャーチルは二一日の書簡がソ連側に与えた精神的ダメージを埋め合せ、これを通じて本来予測しえなかったソ連の抗戦をあと二ヶ月だけ確保することに役に立ちうる手段を打つ必要に迫られていたといえよう。そこで、チャーチルは二五日、今度は閣議の承認を得た上で、スターリンへの親書を送った。今回正規の手続を踏んだ理由は、このメッセージの狙いがソ連を鼓舞することにあったからである。これにかんする対ソ援助推進派の反応を恐れる必要はなかった。チャーチルは親書を再び送った動機について、「英ソ同盟の初期段階では対ソ援助を大規模に行うことのできないことを意識していた私は、これを丁寧な言葉（civility）をもって補おうとしたのである」と回想している。[87] 親書はまさに対ソ援助ジェスチャーを行うことを内容としていた。チャーチルは、合衆国製戦闘機二〇〇機を供給することの他に、ゴム等の軍需物資をソ連に送り届けることを約した。これにとどまることなくチャーチルは、二八日そして三一日と矢継ぎ早に親書を送り、スターリンを激励しようとした[88]。しかし、この申し出の目玉であったトマホーク戦闘機の供給がいかにして決定されたかは、このチャーチルの、一見積極的と思われる対ソ姿勢の本質を考える上で極めて興味深い。この決定に際して考慮されたのは、まず第一にトマホーク戦闘機は以後中東において使用をとりやめるべきことがすでに決定されており、第二にこれは前述のとおり合衆国製であり、したがってイギリス側は供給後地上整備ならびに部品交換の責任から逃れえる、という点にあった。第七四回閣議は、「迅速にソ連側の要求に応じることは誠にもって重要である」との考えにしたがい、ホプキンズ、ハリマン両氏の同意を得た上で、この決定を行ったのである[89]。軍事スタッフと対ソ援助派との妥協の結果、第二級の軍備供給が成立した。この妥協の背景は、七月三〇日参謀長委員会によって作成された「総戦略」と題されるメモランダムの草稿によってよく説明されるように思われる。そこでは、赤軍の善戦が軍事スタッフの対ソ方針の一部変更をもたらしたことを明らかにしている。これは次のように述べている。

「ソ連の抗戦能力はいまだ疑問である。彼らの抗戦は我々の基本戦略を変えうるほどの成功を収めるとは信じられない。しかし、これはごく短期的に見るならば、今回の世界戦争の展開にかんする我々の見通しを変えうるかもしれない。具体的には、英本島へのドイツによる上陸作戦実施の可能性が遠のいたであろう。さらに、中東においても息継ぎ期間が得られようし、ドイツ軍がスペインおよび仏領アフリカへ進攻する可能性も減少したであろう。」

そのうえでメモランダムは、「我々の安全に対する脅威が薄らぐにつれ、我々は防衛から攻勢の準備へと重点を移行させることができるようになろう」との見込を示していた。[90] ここから分かるように、この時点で軍事スタッフは独ソ戦からイギリスが得ることのできる利点を過小評価していたことを認め始めた。この判断の根拠となったのは、合同情報委員会が二三日作成した、ドイツ軍のイギリス本土上陸作戦の可能性を調査した報告であった。JICはイギリス侵略の足場となりうるドイツ海軍基地の航空写真に基づき、一九四一年度内における侵略の可能性を五分五分以下と判断した。[91] ソ連の善戦により英本土で余剰となった軍事力は、ソ連の陥落を防止する目的ではなく、中東補強のために使用されるべきとの規定の路線が前述のように再確認されていたものの、軍事スタッフはこうしてトマホーク機供給に見られるように中東補強の目的を阻害しない程度の軍備ならびに軍需物資の供与に、不承不承ながらも応じざるをえなくなったのである。

三一日、JICは独ソ戦におけるソ連の粘り強い抵抗を予測する覚え書きを提出した。「ソ連陥落の諸影響」と題されたこの覚え書きは、まず第一にドイツとソ連との間に休戦もしくは和平条約締結が成立する見通しはなく、第二にソ連政府はモスクワからの遷都を考慮に入れており、また経済計画も長期戦を想定して形成されていること、を指摘した。そして、JICは一九四一年度内のドイツ軍による英本土侵略の可能性は増々減少したとの判断を加えた。[92] JICはさらに第二報告を作成し、八月一日、第二七二回参謀長委員会に提出した。「ほぼ六週間にわたって独ソ間に戦争が継続されているが、依然ソ連は強い抵抗を続けており、また最近ドイツ軍の進撃ペースはとみに落ちている」ことがこの報告によって示された。結論としてJICは、「一〇月の第一週目の終りに、また最終週の終りにも、ドイツによるイギリス本島進攻作戦が敢行される見込はない。強いて言うならば、冬期間におけるその可能性も考慮外に置くことができよう。」と報告した。[93] これに基づいて、翌二日に開かれた第二七四回参謀長委員会は、七月四日の閣議決定――ドイツによる大ブリテン島攻略に対する防衛準備を九月一日までに最大限に引き上げる——を見直すべきことを結論としてだした。[94] この結論はさらに八月七日の第七八回戦時内閣閣議にて認められ、七月四日の決定に基づく指令は正式に撤回された。[95] こうして、本島防衛用に準備された軍事力のある部分は当面の間、余剰となった。ここで最も問題とされたのは、七月二一日の防衛委員会（O）でプーマ作戦に統合された三作戦用軍事力にかんする方針であった。同委員会でピルグリム（Pilgrim）と改称されたこの作戦用部隊は、ソ連の陥落の危険性が大幅に減少したことに伴って、対ソ援助のための襲撃作戦に利用されるべきであるとの圧力を再びイーデンやビーヴァーブルックから受ける可能性が生起することが予想されたからである。

事実、ソ連の抗戦力の評価が変化したことは、二一日の第五二回防衛委員会（O）の決定を再検討すべきではないかという気運を盛り上げた。ピルグリム作戦を八月中に実施する決定は、対ソ援助を行うべきことを主張するソ連側ならびに対ソ援助積極派からの圧力を押しのけるための大きな力であった。しかし、二一日のチャーチルの返書を受け取った後、スターリンを初めとするソ連側の対英姿勢が一変したこと、フランコが一七日以降イギリスに対して和解的対応を見せ始めジブラルタルへの直接的な脅威は一時と比べ軽減されたことが察知されたこと、に代表される情勢の変化は八月中に同作戦を予定どおり実行する決定の妥当性を掘り崩し始めていた。先に述べたように、同作戦はジブラルタルへの危険が十二分に明瞭になるまで実施すべきではなかった。ところが、八月二日のＪＩＣの覚え書きの予測とフランコの優柔不断な態度とを考え併せるなら、その危険が差し迫ったものと言うことはもはや不可能であった。したがって、軍事スタッフはピルグリム作戦を一定期間延期する必要性に迫られていたのである。はたして、八月一日の夜に開催された第五三回防衛委員会（O）にて、参謀長委員会メンバーはピルグリム作戦の実施を一ヶ月間見合わすべきとの提案を行った。その理由として、パウンド提督は、まず第一に駆逐艦の調達が不可能ではないものの、もし同作戦実行のために必要な規模を調達した場合は商船護衛を手薄にするであろうこと、そして第二にジブラルタルの使用は可能な限り否定されるべきではないこと、の二点を挙げた。チャーチルはこれに対して、八月中にドイツがジブラルタル攻略を開始するなら、イギリスは決定的な打撃を蒙ることにならないかどうかを質した。パウンドはパトロール隊を派遣してカナリア諸島への敵による補給を断つことが可能であり、したがってピルグリム作戦自体は別段困難にならないであろうと返答した。結局、同委員会で軍事スタッフは、たとえドイツ軍がイギリスによる同作戦実施前にジブラルタル攻略を開始したにせよ、イギリスは夜間行動に適した日照時間の短い時期（九月の）までこの実施を控えるべきであるとの主張を貫き通すことに成功した。[96] しかし、考えてみるならば、駆逐艦調達に伴う問題も、ジブラルタルをできうる限り使用すべきことも、そしてさらに夜の長さを考慮に入れるなら九月の方が八月よりも好都合であることも、七月二一日の段階で十分認識しえたはずであった。二一日の防衛委員会の決定は結局、軍事的な根拠を欠いており、対ソ援助を回避する目的に密接に結びついていたことがここから理解されよう。このことはさらに、同作戦は天候上の理由から一〇月以降には決行不可能であるとのそこでの指摘も、後の段階で撤回され、冬期間の実行も可能であるとの改訂がなされるに至る事実を考慮に入れるなら、より一層明白であろう。このように、ピルグリム作戦はその実施の緊迫性が絶えず強調されつつも延期され、最終的には実施されないことになる。しかし、軍事スタッフはこれを通じて対ソ援助の不履行をかちえたのであり、その意味では効果的な政治作戦であったと結果的に結論できよう。

　このようにして、ソ連による予想外の善戦に触発された対ソ援助を促す政治的な圧力に軍事スタッフは首尾よく持ちこたえることに成功した。しかし、ソ連の早期陥落を誰もが当然視していた時に彼らが誇っていた強固な地盤は明らかに揺ぎ始めた。ソ連の防衛ラインは時々刻々と後退しつつも、抗戦を続ける。援助履行がソ連の陥落によってイギリスの貴重な軍事力の浪費に導く可能性と、援助不履行が陥落を免れたソ連に抜き難い対英不信の念を抱かせる政治的可能性とは、背中合せに進行していく。このジレンマの中にあって、イギリス政府が唯一行いえた対ソ援助は軍備・軍需品の供給であった。この対ソ援助積極派と軍事スタッフの妥協の産物が結局そのジレンマからイギリスを救い出しえるか否かを説明することは次の課題となろう。

註

(1) Cab69/2, DO (41) 42, 17/6/4
(2) Gwyer and Butler, *Grand Strategy*, Vol III, 8.
(3) Cab 89/58, COS (41) 116 (O).
(4) Cab 79/12, COS (41) 221, 23/6/41.
(5) FO 371/29484, N3154/78/38.
(6) Cab 100/7, No. 663, 27/6/41.
(7) Cab 79/12, COS (41) 222, 24/6/41.
(8) Cab 78/12, JP (41) 478, 23/6/41.
(9) Cab 79/12, COS (41) 224, 25/6/41.
(10) Cab 65/19, WM (41) 65, 4/7/41.
(11) Cab 79/12, COS (41) 225, 26/6/41.
(12) Cab 79/12, COS (41) 225, 26/6/41.
(13) Cab 79/12, COS (41) 230, 1/7/41.

(14) Cab 69/2, DO (41) 45, 3/7/41.
(15) Cab 69/2, DO (41) 46, 4/7/41.
(16) Maisky, *Memoirs*, 160-163.
(17) FO 371/29471, N6654/3/38.
(18) Cab 65/19, WM (41) 64, 30/6/41.
(19) Dilks, *Diaries*, 390-391.
(20) WO 193/666, MOI, 3/7/41.
(21) WO 193/666, 3/7/41.
(22) WO 193/644, 3/7/41.
(23) Cab 65/19, WM (41)65, 4/7/41.
(24) WO 193/644, 10/7/41.
(25) WO 193/644, 11/7/41.
(26) FO 371/29471, N6654/3/38.
(27) Cab 79/12, COS (41) 234, 5/7/41.
(28) FO 3371/29486, N3539/78/38.
(29) Churchill, *Second World War*, Vol. III, 340.
(30) Cab 79/12, COS (41) 237, 8/7/41.
(31) Harvey, John ed. *The War Diaries of Oliver Harvey, 194-1945*, London 1978, 16.
(32) FO 371/29486, N3524/78/38.
(33) Cab 84/32, PM41/61, 8/7/41.
(34) WO193/151, COS (41)238, 9/7/41.
(35) FO 371/29486, N3718/78/38.

(36) Cab 84/32, JP (41) 536.

(37) WO 193/695, JP (41) 523, 6/7/41.

(38) Голиков, Ф.И.,"Советская военная миссия в Англии и США в 1941 году", *Новая и Новейшая История*, 1969 (3), 103.

(39) Голиков "Советская военная миссия", 102.
Cab 80/58, COS (41) 132 (O),9/7/41.

(40) FO 371/29486, N3543/78/38.
Cab 80/58, COS (410133 (O), 9/7/41.

(41) Голиков "Советская военная миссия", 103.

(42) WO 193/666, MOI, BM1133, 10/7/41.

(43) WO 193/666, MOI.

(44) WO 208/1774, "Report on the War on the Eastern Front" Major G. S.

(45) Cab 79/12, COS (41) 239, 10/7/41.

(46) WO 193/644, Private from CIGS to Macfarlane, 10/7/41.

(47) Cab 69/2, DO (41) 50, 10/7/41.

(48) Dilks, *Diaries*, 390.

(49) FO 371/2948, N3718/78/38.

(50) *Dokumenty i Materialy do Historii Stosunków Polsko-Radzieckich*, Vol. III, Warszawa 1973, 221-222.

(51) Woodward, *British Foreign Policy*, Vol. II, 11-12.

(52) Dilks, *Diaries*, 392.

(53) Cab 65/19, WM (41) 67, 10/7/41.

(54) Dilks, *Diaries*, 392.

(55) FO 371/29487, N3138/3170/38.

(56) Cab 66/20, Stalin-Eden Conversation 16/12/41, WP (42) 8, 13.
(57) Cab 79/12, JP (41) 444, 13/7/41.
(58) WO193/644, MOI → BM1147, Colonel G. S., 13/7/41.
(59) Cab 79/12, COS (41) 244, 14/7/41.
(60) FO 371/29487, N3738/3170/38.
(61) FO 371/29487, N3795/78/38.
(62) Cab 80/53, COS (41) 140 (O), 16/7/41.
(63) Harvey, *War Diaries*, 20.
(64) Cab 79/12, JP (41) 478, 23/6/41.
(65) Cab 69/3, DO (41) 2, 6/7/41.
(66) Cab 69/3, DO (41) 2, 15/7/41.
(67) Cab 69/3, DO (41) 2, 19/7/41.
(68) Harvey, *War Diaries*, 21.
(69) FO 371/29615, N3955/3955/38.
(70) Cab 79/13, COS (41) 253, 20/7/41.
(71) Cab 80/58, COS (41) 145 (O), 20/7/41.
(72) FO 371/29615, N3955/3955/38.
(73) Cab 65/19, WM (41) 72, 21/7/41.
(74) FO 371/29615, N3955/3955/38.
(75) FO 371/29471, N6654/3/38.
(76) FO 371/29488, N4025/78/38.
(77) Dilks, *Diaries*, 392.

Harvey, *War Diaries*, 65.

(78) FO 371/26906, C80321/46/41.

(79) FO 371/26906, C80321/46/41.

(80) Cab 66/17, WP (41) 124, 20/7/41.

(81) FO 371/26907, C18937/46/41.

(82) Cab 69/8, DO (41) 52, 21/7/41.

(83) Cab 79/13, COS (41) 255, 22/7/41.

(84) Cab 79/55, COS (41) 255 (O), 22/7/41.

(85) Cab 79/13, Cab 79/86, COS (41) 259, 23/7/41.

(86) WO 193/145, COS (41) 21 (O & S), 24/7/41.

(87) Churchill, *Second World War*, Vol. III, 345.

(88) Churchill, *Second World War*, Vol. III, 346.

(89) Cab 65/19, WM (41) 74, 25/7/41.

(90) Cab 79/13, "General Strategy", 30/7/41.

(91) Cab 79/13, JIC (41)295, 23/7/41.

(92) Cab 79/13, JIC (41) 290 (Final) , 31/7/41.

(93) Cab 79/13, JIC (41) 307 (O), COS (41) 272, 1/8/41.

(94) Cab 79/13, COS (41) 274, 2/8/41.

(95) Cab 65/19, WM (41) 78, 7/8/41.

(96) Cab 69/8, DO (41) 53, 1/8/41.

第三章　陥落寸前の「敵の敵」への物資援助
——モスクワ協定　一九四一年八、九月——

1　独ソ戦直後のソ連の抗戦能力評価

六月二二日の独ソ開戦当日、ドイツ軍は一万人におよぶ赤軍兵士を捕え、約八〇〇の航空機を破壊するという目覚しい戦果をあげた。このような快進撃は以後三週間にわたって続き、何物をもってしてもその進撃を阻止することは不可能であるかの印象を与えた。スターリン・チャーチル間の書簡が交換された七月中旬、いずれ近い期間内にソ連が敗北することは誰の目にも明らかに映った。しかしちょうどこの頃、ある変化が東部戦線において生じ始めていた。赤軍はドイツ軍との正面衝突を回避し、遊撃戦を選択したのである。部隊の分離・統合を巧みに行い、ドイツ軍の背後・側面を効果的に攻撃した。この戦法は自然環境を十分に活用することができた。このためドイツ軍の損害は増大した。同時に、赤軍は自らの損害に対する驚くべき再生能力を発揮し始めていた。

このような状況の変化によって、ドイツ側は今後の作戦方針をめぐる討議を強いられることになる。参謀本部は主要目的をモスクワ攻略に定めるべきであると主張し、ヒトラーはこれに対して、①レニングラード包囲、②ウクライナ、ドネツ盆地の獲得、③コーカサスからの石油供給の分断、を目標に決定した。この意見の対立は純軍事的思考と経済的思考〔ヒトラーはこれによってソ連経済の崩壊が生じることを期待したのである。〕との差に根ざしていた。七月二三日から二六日まで会議を繰り返したあげく、ヒトラーは当面の目標をレニングラードとキエフに絞る決定を下した。このため参謀本部の推す中央方面の進展は遅れ、ティモシェンコ（Timoshenko. S. K.）指揮下のモスクワ防衛軍は補強のための貴重な息継ぎ期間を得ることになる。さて、バルバロッサ作戦自体ソ連のもつ物資を完全掌握することに目標がある以上、経済的観点に支えられたヒトラーがこの選択に進んだのもよく理解しえるところである。しかし、これは戦争開始以来、最初の失敗をドイツ陸軍に与え、ひいては第二次大戦の行方を大きく左右することになる軍事的失敗をひきおこすことになる(1)。

これらの変化にもかかわらず英米政府にとって、七、八月における東部戦線の展開はドイツによる圧倒的勝利以外の何物によっても特徴づけられるものではなかった。八月の初旬に、イギリス側はソ連の抗戦力に関するあまりに悲観的な当初の予測を撤回したものの、依然彼らがソ連から期待しえたものは、ドイツ軍の進撃ペースをいく分低下させることと、ドイツ軍に与える被害を増加させることでしかなかった。ともあれ、英米政府にとってソ連に対する援助は緊急を要する問題であり、とくにソ連軍事使節団の要求する物資供給は彼らが早急になんらかの手段を講じるべきものであった。このことはイギリスが軍事援助行動を控えていただけにより一層クローズアップされることになった。しかし、ソ連の抗戦能力に関する信頼すべき情報を欠いていた状態において、対ソ援助物資供給を実質的な規模で行うことはあまりにも危険であった。

数週間後に予定されていたローズベルト・チャーチル会談の事前調整のためにロンドンを訪れていたホプキンズ（Hopkins, Harry）特使が七月二八日にソ連に向けて急遽出発したのは、ソ連の抗戦能力に関する情報を得るためであった。モスクワにてスターリンと二度にわたる会談を行ったホプキンズは、赤軍の能力ならびに東部戦線の今後の展開にかんする包括的な情報を得た。それによれば、スターリンはドイツとの戦争に予想外に楽観的な見通しを持っていた。スターリンは戦線がレニングラード、モスクワ、キエフのラインで安定化するであろうとの予測を明らかにし、具体的なソ連の抗戦能力として、赤軍の規模が二四〇ヶ師団プラス予備軍二〇ヶ師団からなっていること、またソ連は月に戦車一〇〇〇台、航空機八〇〇機を生産できる能力をもっていることを明らかにした。さらにスターリンはホプキンズにもし十分な量のアルミニウムの供給を受ける事が可能ならソ連は三ないし四年の抗戦を継続できるであろうとの見通しを明らかにした。ホプキンズはスターリンとの会見から、彼の戦争指導能力ならびに赤軍の抗戦力を高く評価し、早期のソ連陥落はありえないことを確信した。[2]しかし、スターリンの言葉を確かめるすべはなかった。ただ、スターリンが確約したキエフ防衛の成否は、英米政府による対ソ援助の程度を決定する指標となったのである。

このホプキンズの情報はソ連の抗戦能力に深い疑惑を抱いていた英米の政治・軍事指導層にもたらされたが、彼らに対する影響力は大きくはなかった。それは、八月九日から始まった北大西洋上における英米参謀スタッフによる会合の内容から窺い知ることができる。ローズベルト・チャーチル会談と並行して行われたこの「リビエラ」会談にて、今後の対ドイツ戦争遂行計画を中心とする英米の軍事協力体制が協議された。イギリス側の関心が主にヨーロッパに注がれていたのに対し、合衆国側の関心は日本の脅威が高まる極東に引かれていたという差は存在したものの、存続の可能性が不確かなソ連への武器・物資の供給は得策ではないとする判断において両国スタッフは完全な一致を見た。八月九日彼らは長期戦略についての討議を行ったが、その際、対ソ物資供給問題がとり上げられた。ディル参謀総長は「こと戦車に関する限り、ソ連の生産能力は非常に大きく、これと比較するならば合衆国がソ連に供給しえる量は大海の一滴にすぎない」と口火を切った。ホプキンズの情報は逆に対ソ援助に対するブレーキとなったのである。続いて、フリーマン（Freeman, Sir Wilfred）英空軍大将はソ連への航空機供給に伴う困難――操縦法の教授、機体の保守・交換部品・燃料の供給――に言及し、アーノルド（Arnold, H. H.）米空軍将軍は供給された航空機のうち二五％以下が実際に前線に到着するのみであろうとの悲観的推測を行った。さらにフリーマンは、「若干の航空機の引き渡しが赤軍に与える志気高揚効果は大きいかもしれない。我々がトマホーク戦闘機を彼らに与えるに至った動機はここにある。」と説明を行った。これに対し合衆国スタッフを代表したマーシャル（Marshall, George）将軍は、「ソ連に名目的な規模の航空機を与えることにはそれなりの意味があるかもしれない。だが、もしそれらをフィリッピン防衛のために振り向けることができるなら、それはまさに天与の恵みとなりうるであろうに。」と嘆息したのである。(3) この会話から理解されるように、ようやく開始されたソ連への武器供給は実質的なソ連援助の開始を意味していたのではなく、二二日のチャーチルによる精神的支援と同一線上にあったのである。それは航空機の供給という有形の援助ではあったが、量的には象徴的なものにすぎず、イギリスの対ソ援助軍事行動の不作為に対する不承不承の代償でしかなかった。

英米参謀スタッフは八月一一日の「リビエラ」第七回会合にて、「将来の戦略」についての討議を行った。そこでの主要な問題は軍事生産品の配分であった。マーシャル将軍は次のように述べて会合を締めくくった。

「もしソ連が冬期到来まで首尾よく抗戦を継続した場合、大規模の武器・物資援助をソ連に与えるべきであるとする非常に強力な圧力が我々に加えられるであろう。航空機の小規模な対ソ供給は名目的であるが、フィリッピンの補強のためには実質的な意味を持ちえるのだが。」[4]

このように、イギリス側は中東軍補強に要しない航空機をソ連に回すことを最終的には決意した訳であるが、マーシャルの言葉は合衆国側の対ソ援助へのプライオリティーはイギリス側のそれ以上にさらに低かったことを物語っている。「リビエラ」会談中、英米は無論対ソ援助軍事行動についての協議を行わず、イギリス側はノルウェー襲撃案の概略を合衆国側に示したのみであった。[5] 合衆国側との最初の正式な会合が、対ソ援助に一貫して消極的姿勢を崩さなかったイギリス側軍事スタッフの既定路線を強化する方向への影響を及ぼしたであろうことは留意されるべきである。

イギリス参謀スタッフの対ソ消極路線は、前回のチャーチル書簡がソ連側からの対英援助要求を中止させる効果をもったことによってさらに安定したものとなっていた。しかし、チャーチル書簡はソ連側からの対英要求の声を抑えることはできても、彼らの間に起こっていた対英不信の念を除去することはできなかった。八月一四日イギリス軍事使節団団長メイソン・マクファーレンは、「イギリスは対ソ援助を実行していないというソ連側の感情を和らげるために我々は努力を行っているが、これはまったく不成功に終わっている。私は陸軍省が一体何を考えているのか理解できない。我々の立場はしたがって非常に困難なものとなっている。一九三九年にソ連がとった行動のはねかえりを今彼らが受けているのは確かである。しかしこのメッセージを彼らに伝えることはクリップスによって阻止されている。」との電報を陸軍省に送った。[6] しかし、メイソン・マクファーレンの訴えは本省からのなんらの反応をも引き出させなかった。八月一六日陸軍省は各方面司令官に打電して、ソ連の抗戦能力がいまだ疑わしいため、これまでの基本戦略の変更はなしえないものの、攻勢の準備にエネルギーを注ぎこむことのできる可能性が生起し始めたことを伝えた。[7] ここから分かるようにイギリスの戦略プランにおいて、対ソ援助と対ドイツ攻勢とが組みあわされる可能性は依然排除されていた。

しかし、六、七月を通じてヨーロッパ大陸西方ならびに北方における襲撃敢行を求める圧力に対する最大の防波堤の役割を果した「ピルグリム」作戦が延期されたことにともなって、七月二二日の第二五五回参謀長委員会の決定――大規模襲撃の否定――は見直されるべきであるとする見解が表面化した。[8] しかしこれにかんする軍事プランナーの検討は、刻一刻とソ連が陥落の危機を深めていくなかで、遅々としたペースで進行していった。八月一六日の第二八九回参謀長委員会にて、ソ連援助を目的とする大規模の北フランス上陸襲撃作戦を「ピルグリム」作戦用部隊の利用を前提として再検討されるべきことが提起された。同委員会はJPSに、ドイツ空軍を、可能な場合には陸軍をも東部戦線から引き離すことのできる規模の作戦を立案するように指令した。[9] イーデンはこれにかんする結論を予想してか、一七日ハーヴィーに再び不満を漏して、「ソビエト・ロシアのために我々が何事をもなしえていないのはひとえにチャーチルのせいである。チャーチルと参謀長委員会スタッフはこれにかんして全く否定的であり、ロシアを助けようとする努力はそれがいかなる地点であれ、なされずじまいに終るであろう。」と語っている。[10] 赤軍の予想外の善戦にもかかわらず、ドイツ軍の進撃は勢いを増しキエフ陥落の危機は迫っていった。このような軍事展開の中で、イーデンの予想が外れる可能性はほとんど存在していなかったといえよう。参謀長委員会が一六日の北フランス襲撃を話題にしたのは一週間後の八月二一日に開催された第二九二回会合においてであった。同委員会は翌二二日に予定されていた第二九三回参謀長委員会にJPSスタッフを招き、この問題を討議する決定を下した。[11] 第二九三回委員会はJPSとの協議に基づき、シェルブール半島を目標に定める襲撃プランを防衛委員会（O）に提出することを確定し、そのプラン作りをJPSに指令した。[12] JPSは二四日この草案JP（四一）六九一を作成した。これは翌二五日の参謀長委員会にて検討される予定であったが、二七日に延期された。陸軍省のＭＯＩは参謀長委員会に宛て、この草案にかんする覚え書きを提出した。ＭＯＩはＪＰ（四一）六九一の内容を要約した上で、「参謀長委員会はこの報告を承認し、防衛委員会（Ｏ）への提出を認めるよう」指示した。[13]この草案の結論は、いかなる作戦をもってしても東部戦線からドイツ軍を西側へ引き離すことはできないこと、このような作戦行動からイギリス軍が蒙る被害は将来のイギリスの戦略プランに悪影響を与えるであろうことの二点にあった。ここから引きだされる今後の方策として、ＪＰＳは①イギリスの立場はソ連側に率直に伝えられるべきこと、②イギリス国内の世論操作を通して親ソ的運動を抑制することの二項目を推している。①にかんしてＪＰＳが用意した大筋は、「イギリスは一四ヵ月にわたり独力の対ドイツ戦争を継続した。フランスにおいて我々は多大の損害を受けた。そのため現在までのところ我々は自らを防衛するために必要な軍事力の強化に全エネルギーを注いでおり、大陸における攻勢のための準備を行うことはできない。イギリスはこの長期的戦略ならびに産業計画に基づいて努力を継続しており、したがって本年度中に効果的な大陸侵攻を行うことは我々の能力を越えている。」というものであった。これがソ連側に伝えられるはずの内容であった。②にかんしては、イギリスの対ソ援助となりうる類いの攻勢を求める世論を生み出すような報道の検閲を徹底的に行うことが要請されていた。[14]このように、ＪＰＳのプランは非常に時間をかけて作成され、検討されただけでなく、内容的にも対ソ援助案ではなく、完全な対ソ援助否定案であった。とくに①にかんする内容のソ連側への通知は、ソ連にとっての「死亡通告」に等しかった。当時赤軍の死傷者はすでに七〇万を数え、四〇〇〇ないし五〇〇〇の航空機、一〇〇〇におよぶ戦車が破壊され、領土的にはウクライナの半分は占領され、レニングラードにはドイツ軍、フィンランド軍による包囲網がまさに降りかかるところであった。[15]またキエフの陥落は目前に迫っていた。ホプキンズに語ったスターリンの言葉の信憑性は失われつつあった。

ソ連が危機的状況下に入った八月の末、マイスキーは独自の判断に基づいて対英要求を再開した。八月二六日ソ連大使はイーデンを外務省に訪れ、イギリス政府はごく僅かな援助のみしかソ連に与えていず、事実スターリンによる第二戦線形成を求める提案も拒否されたとの不満を述べた。イーデンは、スターリンはこの問題にかんして完全な了解に達している旨考えていると返答すると、マイスキーは軍事援助行動を行わない代償としてイギリスは武器供給を行うべきであると強く主張した。[16] マイスキーは、自分の言葉がイーデンの感情を害すどころか、逆に窮地に置かれた者に特有の反応をイーデンに引き起こさせたことを目ざとく見抜き、本省へこの日の会談の内容を伝え、ソ連政府は直ちに対英軍事要求を再開すべきであると訴えた。[17] 一方、イーデンは、イギリスは第二戦線を形成するか武器をソ連に与えるかのいずれかを選択すべきであるとのマイスキーの主張に内心同調し、その旨をチャーチルに伝えた。[18] イーデンは対ソ援助を促す自らの勢力に拍車をかける。しかし、チャーチルならびに参謀長委員会は逆の方向へと動いていた。

翌八月二七日、参謀長委員会は第二九九回目の会合を持ち、JP（四一）六一九メモランダムを検討した。結局同委員会はMOIの指示どおり、この草案を承認した。同委員会はJPSに、防衛委員会（O）に提出するための短縮版を作成するように指令した。[19] JPSはこれに基づいてメモランダムCOS（四一）一八三（O）を作成し、これを翌二八日の第三〇一回参謀長委員会に提出した。しかし、草案中の「死亡通告」部は除外されていた。[20] これは防衛委員会（O）のメンバーであるイーデン、ビーヴァーブルックからの反対が予想されたためと考えられる。なぜなら、草案が完全に承認された以上、草案の中心部であった「死亡通告」が単に短縮のためにカットされることは極めて不自然であり、むしろ参謀長委員会が短縮版を作成させた理由はこの部分を両政治家の目から隠そうとするところにあったと思われる。このCOS（四一）一八三（O）はただちにチャーチルの許へ届けられた。こうして「ピルグリム」作戦用部隊を利用する形での大規模襲撃案は事実上否定された。これまで参謀長委員会スタッフは「ピルグリム」作戦用部隊を対ソ援助目的に利用することに反対したが、その理由は同作戦実施の緊急性、ならびに同作戦は天候上の困難から秋段階以降においては不可能となることの二点に求められていた。しかし、この段階で彼らは上記の理由に基づくことなく、同作戦用部隊を対ソ援助目的に流用するプランそのものを否定するに至ったのである。このように対ソ軍事援助行動の可能性を否定すると同時に、参謀長委員会は明らかに実施の緊急性が失われた「ピルグリム」作戦の無期延期を提案する。二七日の第二九九回参謀長委員会は、「ピルグリム」作戦は当初の予測とは逆に冬期間においてもその実施が可能であるとの報告を検討した。そして、二八日の第三〇一回委員会はこれにかんするメモランダムCOS（四一）一八二（O）の草案を承認した。二九日開催の第三〇二回、三〇日開催の第三〇四回参謀長委員会にて討議が続けられ、最終的に「ピルグリム」作戦は無期限に延期され決定を見たのである。[21]

このようにイギリス参謀スタッフは対ソ軍事援助行動に対してより消極的姿勢を強めていったが、マイスキーが八月二六日に約一ヶ月におよぶ沈黙を破って援助を訴えたことの影響は大きかった。ソ連が絶望的危機を続けたこの一ヶ月間、イギリスは空爆以外の何らの対ドイツ軍事行動をも行わなかった。マイスキーが再び口を開いた時、それはイギリスに対する援助要請ではなく、明白に援助要求へと変化していた。イギリスの援助は時間的・地理的制約を越えて具体的な形で実行に移されているはずの時期に入っていたのである。チャーチルはこのソ連側からの新たな動きに対処するためにスターリンへの親書を再び送る決意を固める。第三〇一回参謀長委員会で北フランス襲撃プランが否定されていた以上、彼にとってスターリンを激励するために行いえたのは武器の供給のみであった。はたして、マイスキーは二六日に軍事行動不作為の代償として武器供給を行うべきことを主張していた。防衛委員会（O）にてCOS（四一）一八三（O）にかんする討議を行う前にチャーチルは、スターリンへの親書を発送し、その中でスピットファイヤー（Spitefire）とならぶイギリスの主力戦闘機ハリケーン（Hurricane）二〇〇機、ならびにムルマンスクへ二飛行機中隊（ハリケーン四〇機からなる）を送ることを約した。[22]チャーチルがなぜこの段階でこれらを決定したかを、マイスキーの抗議のみから説明することはできない。真の理由が奈辺にあるかは明らかではないものの、一つその決定を促したと考えられる事情が存在している。

八月中旬のローズベルト・チャーチル会談にて対ソ供給問題が討議された際、近い将来に供給にかんする英米ソの会談をモスクワで開催するようスターリンに提案することが決められ、八月一二日両首脳は連名にてこの旨を伝えるメッセージをモスクワへ送った。[23]その後英米はこの会談の下準備のために必要とされる情報の供与をソ連側に求めていたが、ソ連側は積極的にこの要請に応じなかった。合衆国側はこのソ連側の対応に不信を抱き、また自らの側の準備不足もあって、一〇月中旬までこの会談の開催を見合せることを望んだ。しかし一方、東部戦線がソ連側に著しく悪化した状況を察知したイギリス外務省は、可能な限り早期の会談の開催が重要であると判断した。イーデンは八月二二日チャーチルに覚え書きを送り、会談の早期開催に対する合衆国側の同意を引き出す圧力を行使するよう促した。[24]八月二五日の第八六回閣議はこの問題を討議し、会談を九月一五日に開催したい旨のイギリス側の意向を合衆国政府に通知する決定を下した。[25]イーデンはワイナント大使にその決定を知らせた。しかし、合衆国側は一〇月一五日以前の開催に難色を示した。チャーチルは合衆国側の希望する期日があまりにも遅いと考え、九月三〇日という妥協案を翌二六日の第八七回閣議にて提起した。[26]結局合衆国政府は妥協案に同意した。しかし、モスクワ会談の開催日が九月三〇日まで引き延ばされたとの通告を、どの瞬間にも陥落する可能性に見舞れていたソ連に行わざるをえなくなった経緯はチャーチルがかくも早急にハリケーン戦闘機の対ソ供給に踏み切った背後の事情として見逃すことはできない。

2　対フィンランド宣戦布告問題の浮上

八月中旬、ドイツ軍は新たな攻勢に備えての小休止を置いた。モスクワを主要攻撃の目標にすべきことを主張した参謀本部を、「わが将軍連中は戦争の経済的側面にかんするなんらの理解をも持ってはいない」と押しのけたヒトラーは八月二一日、「クリミア地方ならびにドネツ盆地の工業・炭鉱地域の占領、コーカサスからの石油の供給ルートの分断」を主要目標と定める指令を発し、それに基づいて二日後の八月二三日、ドイツ軍の進撃は開始された。二六日、ドネツ地方の中心都市ドネプロペトロフスク（Dnepropetrovsk）はドイツ軍の手に落ちた。これにより、キエフに対する直接の脅威が高まった。スターリンはキエフの死守を命じたが、時々刻々と軍事的展開はソ連に不利な形で動いていった。(27)

実は、このような軍事展開の悪化こそがマイスキーの八月末日における行動を引き起こしたのであった。さて、そのマイスキーはイーデンとの会談の後、本省に宛てて報告を行った。マイスキーの報告は、スターリンはチャーチルに対する第二の親書を送るべきであり、その中で①第二戦線の開設、②武器・物資の供給、が要求されるべきであると主張した。マイスキーはその際、①については肯定的結果をもたらさないであろうが、イギリス政府にこの必要性を絶えず喚起することが重要であること、そして②についてはなんらかの成果を得る見込みが存在することについて言及した。(28)マイスキーは明確には述べていないが、二六日においてマイスキー自身イーデンが軍事援助行動に否定的に答えたのに対して、間を置かず武器供給を要求していることから判断して、マイスキーがモスクワへ伝えたより具体的な内容は、①にかんする強硬な要求は②を容易に引き出すことができるというものであったと思われる。このように考えるなら、ハリケーン供給を告げたチャーチルの書簡に対するスターリンのメッセージがイギリスに対する友好と感謝の言葉に満ちたものでありえる可能性は存在していなかったと言えよう。はたして九月四日マイスキーはスターリンからのメッセージを手渡した。

その内容はチャーチルにとって予想外に厳しいものであった。まずスターリンはハリケーンの供給を「売却」と解釈し、それに対するビジネスライクな感謝の念を表明した。これは明らかにチャーチルの期待した反応ではなかった。書簡の後半部においてスターリンは、ドイツ軍三〇ないし四〇ヶ師団が新たに東部戦線に投入され、これはイギリス軍が西方ヨーロッパで対ドイツ攻勢を行わないがために可能となったのであるから、イギリスはこれらの軍隊を再び西方へ引き離すに足る規模の第二戦線を北フランスもしくはバルカンに開設すべきであるとの見解を示した。さらにスターリンは、一〇月初旬までに三万トンのアルミニウムを、さらに毎月四〇〇の航空機・小中型戦車五〇〇台をイギリス側が供給すべきことを要求した。スターリンはこれらの要求を貫徹させるために、「ソ連は、もしこれらの援助を受けなければ敗北するか、もしくは非常に疲弊してその結果反ヒトラー戦争の中で効果的な軍事行動をとることが不可能となり、同盟国は我々からの軍事的貢献を長期にわたって期待することはできなくなるであろう。」という弱者の脅迫とも形容しえるメッセージをつけ加えたのである。(29)

この日スターリンが明らかにした対英要求は彼の親書に記された第二戦線形成と武器・物資供給の二つにとどまらず、さらにもう一項目が存在していた。この要求はマイスキーによって口頭でなされた。その理由は後に明らかになるように、機密の漏洩を防止しようとする点と文書による記録を残さないという二点への配慮に求められる。スターリンは、ドイツと共同でソ連を侵略中のフィンランドにイギリスが戦争宣言を発することを要求したのである。すでに八月初旬段階で、同国の侵略を阻止するためにソ連政府は合衆国政府を通じてフィンランドとの休戦交渉をすすめていた。ソ連の依頼を受けた合衆国政府は八月一八日、ソ連が一定の領土返還を条件とする休戦協定を欲している旨の情報をフィンランド大使に提供した。だが、ソ連の早期陥落を予期していたフィンランド政府はなんらの具体的な反応を示さなかった[30]。このためソ連はフィンランドの侵略を中止させるための第二の外交手段として、イギリスの戦争宣言に白羽の矢を立てたのである。イギリスの戦争宣言はフィンランドを枢軸国側へ押しやり、したがって終戦時にはイギリスの敵国としてフィンランドを処遇することになる効果をもっており、このためイギリスが同国にこれにかんする最後通告を行う場合、フィンランド側はこのような可能性を回避するために対ソ侵略を中止するやもしれないというのがスターリンの狙いであったと思われる。

チャーチルはスターリンのメッセージとその日のマイスキーの次のような発言とに強い怒りを覚えた。マイスキーは、一一週間にわたって単独でドイツ軍を敵に回しているソ連が陥落した場合、イギリスはどのようにしてこの戦争に勝利を収めることができるのであろうかと述べたのであった。チャーチルは、「四ヶ月前には、ソ連が我々の側につくのかそれともドイツの同盟国となるのか我々は知ることができなかった。我々はソ連がドイツ側につくのではないかと実際に考えていた。しかしそれにもかかわらず、我々はドイツとの戦いにおける勝利をだんじて疑いはしなかった。我々はソ連の出方がいかなるものであるかという点に自らの生存を賭けたことは決してなかった。何事が起ころうが、ソ連が何をなそうが、我々がソ連から非難される筋合いはない。」と怒りをぶちまけた[31]。このチャーチルの怒りの言葉はソ連側の礼を失した対応によって無意識に表出されたものではなかった。チャーチル発言は第二九九回参謀長委員会で承認をうけたＪＰ（四一）六九一メモランダム中の「死亡通告」とほぼ内容を同じくしていた。これはむしろ計算された路線であったとも言える。チャーチルは会談の後半において態度を軟化させた。マイスキーの去った後、チャーチルはスターリン書簡中の「敗北」という言葉がドイツとの単独講和を意味しているのではないかという不安感を抱き、クリップス大使に電報を打ってソ連側にこの点を質させようとした。[32]また、チャーチルは、ソ連が単独講和を考えているのではないかという印象を斥けることができなかった旨をローズベルトにも伝えている。[33]チャーチルの脳裏に浮んだのはブレスト・リトウスク条約の再現であったと思われる。

同九月四日、クリップスは本省にメッセージを送り、その中でスターリン書簡の描写する東部戦線の状況は決して誇張されたものではなく「イギリス側が超人的努力を行わない限り、ロシア戦線の有用性は長きにわたり、いや永遠に失われるであろう」と述べ、イギリスの対ソ援助の重要性を促そうとしたのである。[34]これらの新たな外交的圧力を受けたイギリス政府は、マイスキーを翌九月五日の参謀長委員会に招き、第二戦線形成がイギリスにとっていかに困難なものであるかを説明することに決めた。同日朝、参謀長委員会スタッフは事前に会合を持ち、いかにしてマイスキーに第二戦線の不可能性を納得させるかを討議した。[35]その後、同委員会はイーデンとマイスキーを招き入れ、対ソ援助にかんする討議を開始した。まずマイスキーは、ソ連の軍事的状勢は危機的であり、ソ連の抗戦を継続させるためにイギリスは一定の危険を冒しても軍事援助行動をとるべきであると説いた。具体的に東部戦線からドイツ軍三〇ないし四〇ヶ師団を西側に引き戻すために、一五ないしは二〇ヶ師団をフランスもしくはバルカンに上陸させるよう提案した。これに対して参謀長委員会側は、①フランス駐留のドイツ軍二六ヶ師団中一〇ないし一五ヶ師団は非常に強力である、②ドイツ軍は鉄道を利用して、イギリス軍の上陸地点に作戦の実施以前に到着することができる、③一五ないし二〇ヶ師団を上陸させるための海上輸送は必然的に大西洋シーレーンの無防備状態を招来させる、④西ヨーロッパ地域にて作戦行動をとりうるドイツ空軍は、「イギリスの戦い」においてドイツ空軍を破壊した当時のイギリス空軍とほぼ同程度の規模を有している、⑤イギリス戦闘機の活動範囲に含まれるフランスの海岸は強固に防備されている、⑥上記のポイントはバルカンについても該当する、という理由を示し、さらに同委員会スタッフは以後四ヶ月にイギリスが行いうるせいぜいのことは武器・軍需物資の供給以外にありえないという結論を明らかにした[36]。この参謀長委員会の緻密な議論は、ソ連が軍事的にイギリスから望みうるものはスターリンの二要求のうち後者の武器・物資供給のみであることをマイスキーに納得させた。ところが、参謀長委員会が主張した西ヨーロッパにおけるドイツ軍の強大さにかんする新たな情報が、同日夕刻に開催された第三一三回参謀長委員会に提出され、その報告の中でＪＩＣは、フランス駐留のドイツ歩兵の精鋭部隊の大半が独ソ戦線へ輸送中であり、機甲部隊の規模も一ヶ師団程度であることを伝えていた[37]。このように、マイスキーに与えられた情報は明らかに誇張されていた。だが一方ソ連は当初からイギリスが軍事援助行動を控える判断を固めていることを察知しつつ新たな外交攻勢を行っていたのであり、参謀長委員会から武器・物資の供給にかんする言質を得ることに成功した以上、彼らの当初の目的は達成されたと言うべきであろう。

五日段階でチャーチルならびに参謀長委員会はスターリン書簡への返書を作成していた。同日の第九〇回閣議にて、チャーチルはスターリンから受けたメッセージとそれに対する自らの返書の草案を読み上げ、後者への承認を求めた。ビーヴァーブルックは、その返書の草案のもつトーンがあまりにもソ連側にとって厳しすぎ、彼らを大いに落胆させることになろうと警告した。この草案は記録に残されてはいない。ただそれはＪＰ（四一）六九一中の「死亡通告」、さらに前日のマイスキーに対するチャーチルの怒りの言葉と同一線上にあったことは想像に難くない。ビーヴァーブルックは、親書がソ連側を鼓舞するような調子で書き改められるべきことを主張し、具体的にソ連側の士気を向上させるためにイーデン外相の訪ソをその中で提案すべきであると訴えた。チャーチルは親書の書き換えについて同意し、ビーヴァーブルック、イーデンに第三一三回参謀長委員会に出席し、同委員会スタッフと共同でこの作業にあたるよう依頼した。[38] 同委員会に出席した対ソ援助推進派の旗頭の両者は、ソ連の抗戦がいつの瞬間にも終焉することを示す徴候を考慮に入れるなら、今回のチャーチルのメッセージは非常に重要であり、したがってこれはソ連政府を最大限に勇気づける文面に変更されなければならないと力説した。参謀長委員会はこの意見に同意し、こうして同夜新たなメッセージがスターリンへ送られた。またこの時「超人的努力」を促したクリップスへも返電がなされた。[39] これら二つの電文は同じ問題にとり組んだものではあったが、その調子は極めて異なっていた。クリップスに対するメッセージはよりストレートな調子を帯びていた。さてスターリン宛てのメッセージは、①第二戦線、②武器・物資供給、③対フィンランド戦争宣言という三要求のうち①にかんしては、ドイツ軍を冬期到来以前に東部戦線から引き離しうるイギリスの作戦行動は不可能であり、とくにバルカンにおける上陸にかんしてはトルコの連合国側への参加が実現しなければ不可能であるという参謀長委員会の意見を述べた後、個人的見解として、ドイツの攻勢は最高潮期をすでに経過しており冬将軍の到来はソ連に息継ぎ期間を与えるであろうとの希望的観測を加えている。この楽観的コメントは当時のイギリス軍事スタッフの見解と明らかに食い違っているため、ビーヴァーブルック、イーデンの主張によって新たにつけ加えられた部分と思われる。②にかんしては、前回の書簡でスターリンがハリケーンの供給を「商取引き」ベースと解釈したことに対して、イギリス政府は英米間で採用されている「レンド・リース」ベースを採用すると述べ、「同志的精神」を強調した。さらに航空機・戦車の供給数中イギリスはスターリン要求の五〇％分を実行し、残り五〇％については合衆国がこれを負担するよう外交的努力を行う旨述べた。③の対フィンランド戦争宣言にかんしては、フィンランドが旧国境〔冬戦争以前のソ連・フィンランド国境を意味する。〕を越えてソ連侵略を継続する場合、イギリス政府は戦争宣言を発する準備のあることをフィンランド政府に通告し、また合衆国政府がこの目的に沿う形でフィンランド政府に外交的なあらゆる圧力を行使するよう依頼することを約した。(40) このように最終的に打電されたスターリン宛のメッセージは、スターリンの三要求中の二要求については、これらを満たすことに合意しているのであり、ソ連を勇気づけるべきであるとの政治的努力が確かに反映されていた。

しかし、このメッセージを手渡したクリップスは、その際スターリンが「非常に落胆し憔悴しており」、「不信と疑惑に満ちた以前の態度を見せた」ことを報告した。スターリンは③の対フィンランド戦争宣言という外交的圧力をただちに行使するよう要求した。(41) イーデン、ビーヴァーブルックの恐れた事態は彼らの努力にもかかわらず起こったのである。さて、これとともに送られたクリップス宛のチャーチルのメッセージは、イーデン、ビーヴァーブルックとならぶ対ソ援助推進派の駐ソ大使を激怒させていた。チャーチルはその中で、第二戦線形成にともなう諸困難についてクリップスが理解を行っていないと非難した後、クリップスが述べた「超人的努力」は「空間・時間・地理的な限界を飛び越える努力」を意味しているのであろうかと質し、これを揶揄した。最後にチャーチルは、「ソ連の苦悩を目のあたりにした貴下が抱く感情に対して私は全面的に共感を覚える。だが、同情も感情のほとばしりによっても現在我々が直面している厳然とした事実はなんら克服されないのである。」と諭し、イギリスの政策変更をこれ以上求めないよう圧力を行使したのである。(42) これに対するクリップスの反応は激越であった。彼はただちにチャーチルに返電し、即刻大使職を辞任し帰国する意向を伝えたのである。これを受けたチャーチルは愕然とし、カドガン次官にクリップスの翻心を求める電報を送るように依頼した。カドガンは深夜イーデン名義にてクリップスの動きを阻止するためのメッセージを送った。(43) クリップスの怒りはこれにより一応収められることになる。しかし、クリップスの存在はイギリス政府の対ソ政策決定ならびに遂行上、一種の独立変数としての意味合いをより強く持つに至る。

九月五日のスターリン宛てメッセージならびに同日のマイスキーに対する口頭説明を通じて、参謀長委員会はイギリスによる対ソ援助行為の可能性を非常に明確に否定することができた。そして三ヶ日後の九月八日に開かれた第三一四回委員会にて、以前から検討が続けられていた陽動作戦プラン——イングランド南部の軍港にイギリスのフランス海岸上陸を示すような形での軍事力集結を行い、これを通してドイツ空軍を東部戦線から引き離そうとするもの——の採用を、成功の可能性が乏しいとの判断から最終的に否定した。(44) さらに同委員会は、いかにイギリス軍事スタッフが対ソ援助に否定的であったかを如実に示す決定を下している。九月五日のチャーチル書簡の中で、「イギリスの軍事能力はマイスキーに説明されているが、供給問題にかんして開催が予定されているモスクワ会談時において、イギリス側代表はこの説明を今一度行う用意のある」ことが述べられていたが、同委員会はこれがもたらす否定的可能性について憂慮した。同委員会はモスクワ会談における軍事問題の討議範囲が拡大され、ついにはこれがソ連側からの第二戦線要求の復活を促すことに導くのではないかと恐れたのである。このため同委員会は戦略ならびに協同の作戦行動にかんする議題をモスクワ会談に加えないこと、参謀スタッフをモスクワ会談に派遣しないこと、ただ必要な場合には当初から派遣団に含まれていたイズメイ将軍がその任にあたるべきことを決議したのである。(45)

一方、チャーチルは九月五日に送った自らのメッセージがスターリンに与えたであろう精神的ダメージについて不安感を抱くに至っていた。チャーチルは九月九日の第三一六回参謀長委員会に、ドイツ軍を東部戦線から引き離すためではなく、フランス残留のドイツ軍に打撃を与えるという純軍事的な目的に基づく上陸襲撃作戦をシェルブール地方に敢行するプランを検討するよう指令を行った[46]。続いて、同日に開催された第三一八回参謀長委員会に自ら出席し、五日付けのメッセージに対するスターリンの反応を伝え、これへの返書がまだ彼のもとに届けられていないことを報告した。そして、チャーチルはイーデンに、マイスキーを通じてこの返書をソ連側に催促するよう依頼した[47]。チャーチルは軍事スタッフに対ソ援助行動を強く求めなかったものの、ソ連の抗戦力が低下していることを伝える情報、とくにキエフ陥落を予測させる「エニグマ」情報[48]が蓄積されていくにつれ、イーデン、ビーヴァーブルック、クリップスらからの圧力に敏感になっていた。

しかし、軍事スタッフ側は軍事的合理性に基づいて独ソ戦の終局的事態を眺めていた。九月一一日、イギリスの対ソ援助を対ドイツ戦略の関係を明らかにするうえで興味深い文書が陸軍省スタッフによって作成された。JP（四一）七六一（S）(Draft)「総戦略」に対するコメントである。その中の「赤軍」というパラグラフは、「赤軍が抗戦を継続する限り、そのペースこそ遅々たるものであるとはいえ確実にドイツの戦争遂行能力を削減するであろう。だが、ソ連が独力でドイツに勝利を収めることは不可能と思われる。したがって、今我々に課された任務は、我々イギリスが対ドイツ戦争において勝利を収めるために最も貢献しえるような形でソ連の抗戦を支えることであると結論できる。我々は時節を待って、しかる後に同国を再興させるべきなのである。」と述べている。ここから、イギリス軍事スタッフがドイツの軍事力を消耗させる観点のみからソ連の抗戦を評価しており、同国の存続いかんに対する考慮は全くなされていないこと、しかしながら、ソ連の抗戦を維持させるための手段を講ずることには意義を認め始めたことの二点が明らかであろう。その二点は、モスクワ会談に参加するイズメイ将軍のために同スタッフが同日作成した覚え書きにおいてより明確に述べられている。この中の「対ソ援助政策」と題されたセクションは、「イギリスがヨーロッパ大陸に上陸作戦を成功させたとしても、赤軍がこれことを示す何らの証拠も存在しない。このことはによって東部戦線でドイツ軍を克服しえる見込みを持っていることを示す何らの証拠も存在しない。このことはソ連側に明確に伝えられなければならない。イギリスの成功的な大陸への攻勢はせいぜい東部戦線の安定化をもたらすにすぎないであろう。その後において、我々はこの攻勢で失われるはずの損失をカバーしえない状態で、ドイツの対英本島攻略に対抗せざるをえなくなるのである。」と述べている。ここから理解されるように、同スタッフはイギリスによる攻勢が東部戦線の安定化をもたらしうることを認めているのである。ただ軍事スタッフにとって重要であったのは、対ソ援助と対独戦争に割くべきエネルギーのバランスであった。対ドイツ戦争遂行上でイギリスの対ソ援助軍事行動のもつ費用対効果はあまりにも低く見積られていた。このように対ソ援助軍事行動を否定しておきつつも、一方陸軍省スタッフは対ソ供給の意義を認めている。覚え書きの「攻勢」というタイトルのセクションは、「イギリスは対ドイツ攻勢を通してソ連を直接に援助することはできない。しかし、ソ連の抗戦が我々にとって最大級の重要性を持っている以上、我々は今や自らの軍事力拡張ペースに幾分遅れをきたそうとも、なしうる限界内で武器の対ソ供給を実行しなければならない。」と結論している。[49] このように、イギリス側の軍事スタッフは「リビエラ」会談当時とは異なり、ソ連は依然その陥落を運命づけられていたにもかかわらず、独ソ間の消耗戦の極大化を図るためのトルーマン流の援助に価する能力を持っていることだけは認めるに至ったのである。

スターリンの軍事的要求のうち、供給問題はこのように肯定的に前進してゆく見通しとなった。一方、対フィンランド戦争宣言要求にかんして検討を行うのは外務省の任務であった。スターリンはチャーチルの書簡中のこれにかんする肯定的言辞に対し、「是非これを実行するように」との希望をクリップスに表明したため、外務省は本腰を入れてイギリスの方針を検討し始めた。九月一三日に「フィンランド・ルーマニア・ハンガリー三国に対する宣戦布告」と題されるメモランダムが作成された。これによると外務省は、フィンランドに対しては、ソ連政府が再び強く要求しないかぎり、戦争宣言を発するべきではないこと、当時同じくソ連を侵略中であったルーマニア、ハンガリーに対しては、たとえ対フィンランド戦争宣言を余儀なくされる事態を迎えても、イギリスは一貫性を保持すべきであるという理由から両国と法的な戦争状態に突入することは得策ではないことを主張している。まず、スターリンの要求するような即座の戦争宣言をフィンランドに対して発することは控えるべきだとする根拠として外務省は、①イギリスが享受しているフィンランド船舶による輸送力を失うこと、②合衆国の圧倒的な親フィンランド的世論のイギリスに対する反発、③フィンランド国内の親英グループの立場を弱め、同国を決定的にドイツ側に追いやる危険性、を挙げている。イギリス外務省にもっとも慎重な態度を強いたのはハンガリーに対する戦争宣言であった。メモランダムは、「現在チェコスロバキア、ポーランド両亡命政府間にて交渉が進展を見せている連邦プランにハンガリーを加えることが考慮されている。このハンガリーを含める方針は支持されるべきものである。しかし我々が同国に宣戦を発することは、この構想の実現に対する大きなダメージとなるであろう。」と述べている。[50] このメモランダムは九月一五日の第九三回閣議に提出され、まずルーマニア、ハンガリーに戦争宣言を行わないこと、ついでフィンランドに対しては「もし同国がソ連侵略を中止しない場合、イギリスは戦中のみならず戦後においてもフィンランドを公敵として処遇せざるをえなくなるであろう」との警告をノルウェー政府を通じて行うことをそれぞれ決定した。[51] この決定から理解されるように、イギリス政府はフィンランドによるソ連侵略を阻止するための外交手段の行使に踏み切ったのである。しかしソ連側の要求は単なる警告ではなく戦争宣言そのものであり、後にこの問題はソ連によって英ソ関係の試金石として見なされることになる。

3　キエフ陥落　一九四一年九月

九月一五日、チャーチルが待ちこがれたスターリンの親書が届けられた。このメッセージはドイツによるキエフ包囲がほぼ完了しつつあった九月一三日に書かれたものであり、スターリンがホプキンズに約したキエフ防衛の望みは消え去る直前であった。このスターリン親書とチャーチルのそれへの対応を理解するために、キエフ攻防戦とその意義についての若干の説明は有益であろう。

ジューコフ将軍（Zhukov, G. K.）をはじめとする赤軍参謀部は、七月下旬からスターリンにキエフ陥落の危険性が迫っていることを具申していた。八月初旬、ドイツ軍はキエフ戦線に二〇ヶ師団以上を投入した。その後ドイツ軍はキエフの北方ならびに南方で東進し、包囲の環を形成しつつあった。日ごとにその環は締められていき、九月一一日キエフ方面司令官キルポノフ（Kirponov, M. P.）将軍はスターリンに退却命令を求めた。これに対してスターリンは激越な命令を下した。「キエフはソビエトであったし、今もソビエトであり、ソビエトであり続けるだろう。撤退は許さない。」とスターリンは宣し、最後に「防衛線を後に築くことを考えるな、……ただ敵を阻止する方法を求めよ。繰り返す、敵の進撃をいかに停止するかに専念せよ。」とつけ加えている。翌九月一二日キエフ南東に位置する道路ならびに鉄道網の要所クレメンチューグ（Kremenchug）はドイツ軍の手に落ち、キエフは完全に孤立した。一四日、キエフと外部との連絡は分断された。九月一六、一七日ついにキエフを放棄せよとの命令がモスクワから飛行機により包囲下のキエフに届けられ、一七日夜撤退作戦が開始された。この作戦は失敗に帰し、ソ連はキエフとともに死者ならびに捕虜を含め六〇万（ドイツ側の主張によれば）の赤軍兵士を失った。一方ドイツはキエフを陥落させたことにより、全ウクライナとクリミアの大半を一九四一年度内に手中に収める次の仕事に着手し、またモスクワに進撃するための足場を得たのである。[52] スターリンにとって、キエフの陥落は多大の軍事的損害を意味しただけでなく、赤軍の戦闘能力ならびにスターリンの戦争指導力に対する国際的な評価の決定的な失墜をも意味したのである。ヒトラー自身キエフの戦いから、冬期到来前における対ソ戦争の全面的勝利への確信を深めた。しかしその華々しさにもかかわらずキエフ攻防戦の勝利は八月二一日の指令によって決着を見たヒトラーの戦略方針が正しいものであったことを示していたわけではなかった。キエフ陥落にかけた約二ヶ月と赤軍に与えた打撃とのバランスシートはあまりにも微妙であった。

さてキエフ陥落の可能性が極めて高まった一三日の時点で書かれたスターリン書簡は、チャーチルが前回のスターリンの第二戦線要求に否定的回答をよせたメッセージに対する返答であった。第二戦線の開設が不可能であるとする主な根拠をチャーチルは敵占領下の海岸に上陸作戦を敢行することに従う困難に求めていたため、今回スターリンは「イギリス軍二五ないし三〇ヶ師団をアルヘンゲリスク（Archangel）へ、もしくはイラン経由で南ロシア地方へ送り込み、英ソ共同の反ドイツ戦線を形成する」ことを提案した。[53] イギリス軍が送られるべき地点に南ロシアを指定したことは、キエフ陥落を前にスターリンが南部方面におけるドイツの脅威をいかに鋭く認識していたかを物語っている。

チャーチルはスターリンのメッセージを含む覚え書きを参謀長委員会に送った。九月一六日に開催された第三二四回の同委員会会合はこれについて興味深い討議を行った。これは一九四一年末にかけて引き起こされる英ソ関係悪化の原因をなすことになる。参謀長委員会はまず、英国および中東のイギリス軍をロシア戦線に派遣するのはイギリスの能力をこえていること、たとえそれがもし可能であるとしても輸送能力上の限界から極めて限られた規模の援軍派遣のみがなされうることの二点を確認し、スターリンの要求する大規模派遣に反対した。しかし彼らは、南ウクライナに小規模軍を送り込むことには積極性を示した。同委員会は、この派遣は同地方の赤軍の抵抗力を高め、ひいては中東に対するドイツの脅威の接近を引き延ばすことができ、さらに「これを通じて我々はあのバイタルな意味を持つバクー油田を破壊できるより多くのチャンスを手中に収めるであろう」可能性を見出したのである。結論として同委員会は、スターリンの要求を満たすことは不可能であるが、トランス・コーカサスに小規模軍を派遣するプランの検討はなされるべきであるとし、これをJPSに委ねた。[54] この結論はただちにチャーチルに送られた。この報告をうけたイギリス首相は九月一八日、まさにキエフの悲劇の日、「我々の共通の敵に対し最大の打撃を与えるために有益ないかなる援助方法についても、私は貴殿と協議を続けたい」とだけ述べ、スターリンの行った南ロシア共同戦線のための援軍派遣要求には明確な回答を与えなかった。翌九月一九日のイーデンとの会談にて、マイスキー大使はチャーチル書簡の内容がスターリンの南ロシアへの援軍派遣要求に対する回答となっていない旨の不満を表明した。イーデンはこのマイスキーの指摘をチャーチルに伝えると約束したが、イラン経由で軍隊・武器・物資をソ連側へ輸送するに際して生ずる困難について語気を強めて語り、間接的にイギリス政府の回答が消極的なものであることを仄めかした。[55]

この書簡について、チャーチルは回顧録の中で「私は可能な限り最善の返事を行った」と書いており、[56] 彼がスターリンの要求に対する回答の回避を意図的に行ったことは述べていない。ところが、イギリス側のある公式的な軍事史書によれば、マイスキーを通じてイギリスの軍事的能力にかんする知識を得ているはずのスターリンに、チャーチルが再度説明を与えることは無意味であるという判断に基づき、意図的に曖昧な返答がなされたのであった。[57] また一九六七年に発刊されたチャーチルの『第二次大戦抄』の中では、「このような現実感覚でものを考える男と議論をすることは全く望みのない作業であるように思われたため、できるだけさしさわりのない返事を送った」、と意図的に明確な回答を行わなかったことを認めている。[58] さてチャーチルが明確な形で返事を行わなかった実際の理由はスターリンの無理解に帰すことはできない。むしろまず第一に、スターリンの要求が上陸時にドイツ軍の攻撃を受ける危険性のない地点を経由してのイギリス軍の派遣であり、第二戦線要求に対してとは異なり、沿岸をかためるドイツ軍の強力さを前面に出して説得的に説明することが困難であったことに求められるべきである。第二には、ソ連を援助するための大規模軍ではなく、バクー油田破壊を確保するための大規模軍の派遣をトランス・コーカサス地方に行うことがイギリスの戦略上非常に重要な利益となるはずであったが、ソ連側からこれへの合意をとりつけることが困難なものであろうことは予測されており、このためチャーチルはモスクワで近く開催される予定の会談で、イギリス代表団の口から直接スターリンに伝えさせるのが得策であると判断した点に求められるべきであろう。

九月一九日の第六二回防衛委員会（O）は対ソ援助問題を討議した。モスクワ会談におけるイギリス側の方針を中心に議論が続けられた。そこではまず、合衆国側がソ連への戦車供給を行う前提としてイギリス向けの戦車供給削減を求めてきたが、これをめぐる議論が行われた。これは以後半年間の合衆国製戦車の供給削減が一〇〇〇台におよぶことを意味しており、イギリス参謀スタッフはこれに強い不満を表明したが、モスクワ会談の早期開催を主張したイギリス側はこれを拒むことはできず、合衆国側に肯定的な回答を行うことを了承した。またソ連に供給される合衆国製航空機の機種選定は、イギリスの中東軍増強計画に対する悪影響が最小にとどまるような形でなされるべきことを合衆国側に強く要望することが決定された。次いで、同委員会はイギリスの持つ軍事力にかんする情報をどの程度モスクワ会談にてソ連側へ供与すべきかをめぐって討論に入った。これはスターリンの南ロシア援軍要求と深い関連を持っていた。というのは、イギリス国内ならびに中東におけるイギリス軍の規模の大小はスターリン要求を満たすことの物理的条件が存在しているかいなかの判断にとって決定的であったからである。チャーチルはまず、イギリス側代表は南ロシア援軍問題にかんする討議の中で、ソ連側にこれにかんするなんらかの情報を与えざるをえなくなるであろうと述べた。チャーチルは中東における英連邦軍の規模が三五〇万に達していることを明らかにした。イーデンは同日のマイスキーとの会談から、ソ連大使はその規模を六〇万と推定しており、これに基づいてマイスキーは中東軍がソ連を援助する能力を有していないという判断を形成しているとの印象を引き出したことを報告した。マイスキーのこの誤算はイギリス側にとって利用すべき好都合なものであった。こうして同委員会はモスクワ会談でのイギリス側代表ビーヴァーブルック供給大臣に次の四点を説明する権限を与えた。

①イギリスがソ連に送ることのできるのは軍隊ではなく武器・物資である

②イギリス中東軍によるソ連南西地域への援軍を検討する

③しかし②以上にトルコを連合国側に参加させる努力の方が価値がある

④ソ連を南西から援助できることを希望するが、冬期到来以前における実施は不可能である

同委員会は最後の議題で紛糾を見た。モスクワ会談は一九四一年一〇月から翌年六月までの半年間における対ソ援助を扱うことが最初から決められていたが、それを越える時期について英米代表団はいかなる姿勢を示すべきかをめぐって意見の対立が生じた。この紛糾は、対ソ援助に対する積極派——イーデン、ビーヴァーブルック——と消極派——チャーチルと参謀スタッフ——との正面衝突であった。前者はモスクワ会談開催のそもそもの目的が供給を通じてソ連の抗戦力を高めることにあるのであるから、当然イギリスは一九四二年六月以降につい

ても、より大幅な供給援助の増加を具体的に公約すべきであると主張した。一方後者は、ソ連が一九四二年六月以降も予想外に存続した場合、このような提案はイギリスの軍事的立場を悪化させるのではないかと憂慮し、これに強く反対した。ビーヴァーブルックは、「我々が取り決めどおりの実質的供給をソ連に与えなければソ連の抗戦は停止するであろう。戦争の展開や輸送等の要因の有する限界から、これらの公約は完全に履行されないかもしれない。しかし、彼らを魅了することのできるような規模の供給援助を約束する権限なしに、私が代表としてソ連に何らかの手助けを行いうるとは思われない。さらにもし我々が本腰を入れるなら、現在の生産計画を大幅に上回る成果を挙げることも可能なはずである。もしそれを通してソ連の抗戦を維持することができるなら、たとえイギリス軍の増強計画に多少の悪影響を与えることになろうとも、それは十分になされる価値をもっている」と主張した。ビーヴァーブルックの言葉はモスクワ会談の目的が、供給を通じてではなく、むしろ供給の公約を通じてソ連側の抗戦力、より正確に言えば抗戦士気を高めることにあったことを示している。これに対して、チャーチルはビーヴァーブルックへ立場が困難なものであることを認めつつも、「一九四二年六月以降における供給については、供給量を増加させることができるかもしれないという観測を述べるにとどめるべきである」と反論した。シンクレア（Sinclair, Sir. Archibald）空軍相は、航空機の対ソ供給量増加に厳しい慎重論を吐いた。その後同委員会は具体的な供給量の確定作業に取り組んだが、これは両派の対立により困難を極めた。チャーチルはイギリスの供給能力はソ連の生産力に比較してまさに「大海の一滴」にすぎず、合衆国こそが対ソ供給源たるべきことを宣し、一時的に休会とすることを言い渡した。[59] ただちにチャーチル、ビーヴァーブルックの両派首脳は会食を持ち、両者の意見の調整を行った。そこでビーヴァーブルックはチャーチルを自らの側に引きつけることに成功した。[60] 午後一〇時に再開された同委員会にて、チャーチルは自ら作成した供給プランを読み上げた。そこには一九四二年六月以降の具体的な供給プランも含まれていた。これらのプランに対する若干の修正がなされた後、最終的なイギリス側の供給計画案が練り上げられ、承認された。これはビーヴァーブルックの手に託され、モスクワへ伝えられることになる[61]。

九月二二日、モスクワ会談時に予想される軍事討議用のメモランダムDO（四一）一二がチャーチルからビーヴァーブルックに手渡された。この中に、南ロシア援軍にかんするスターリン要求への否定的回答が、スターリンに伝えるべき内容として含まれていた。それは、まず第一に対ソ援助軍事行動は当分の間ほとんど不可能であること、第二にイギリスは長期持久戦略を採用しており、この戦略を通してドイツの国内状況が不安定なものとなるか、もしくは合衆国が参戦するかというどちらかの条件が整わない限り、攻勢を行う用意はないことを説明していた[62]。しかし、このようなイギリス戦略の開陳は当然ソ連側の抗戦意欲を著しく低下させる危険性を持っており、ソ連政府に対する「カンフル剤」としてのモスクワ会談の意義自体を掘り崩すことは明らかであった。対ソ援助推進を力説するビーヴァーブルックにこの責務が与えられたことは皮肉であった。南ロシア援軍要求に対する回答提示——誰もが回避しようとする任務であった——はこうしてビーヴァーブルックの手中に託されたのである。

4　武器供給をめぐる英ソ交渉

ビーヴァーブルックの率いるイギリス代表団とハリマン（Harriman, Aravel）を長とする合衆国代表団とが海路モスクワへ向かった九月下旬、軍事援助のこれまでの不作為がソ連側政府高官の対英不信を増大させつつあることを伝えるクリップスの電報が届けられた。[63] これによりビーヴァーブルックの任務が困難なものであろうことが予想された。一方、参謀長委員会は二六、二九の両日、対ソ援助と対ドイツ戦略についての検討を行い、経済封鎖と空軍爆撃とを中心とする従来の対ドイツ持久戦略を保持すること、トルコを連合国陣営に引き入れるための武器供給援助を万難を排して行うべきことの二点を確認した。今や彼らの対ソ援助不履行政策を側面から支えるのは、スペインではなくてトルコであった。この参謀長委員会はさらに、バクー油田破壊を目的とする小規模のイギリス陸・空軍部隊をソ連西南部に派遣する案の検討を進めた。[64] 軍事スタッフの対ソ消極姿勢はソ連側の対英疑惑にもかかわらずさらに強まっていったのである。

これとは正反対にビーヴァーブルックは、イギリスがなすべきことはソ連をいかに勇気づけるかという任務に専念することであると考え、これを阻害しうるあらゆる可能性を排除する決意を固めていた。九月二一日ソ連へ向かう艦艇の中で、ビーヴァーブルックは代表団に対して「交渉が六日間以上に長びいたなら我々の権威は失落することを胆に銘ずるよう」要望した。代表団の任務を「交渉するのではなく与えること」と規定し、「いやそれだけではない。我々はソ連のリーダーを満足させ、勇気づけるような形で供給を公約しなければならない。」と彼は主張したのである。ビーヴァーブルックはこの任務と矛盾するような英米ソ間のあらゆる討議、とくにソ連側を必ずや失望に導くことになる軍事問題の討議を最小限にするように命じた。[65] 軍事スタッフを代表したイズメイ将軍はこの方針に疑問を抱いたものの、結局ビーヴァーブルックの命令にしたがった。同様に、アメリカ側代表ハリマンの努力もソ連の抗戦をいかに支えるかに向けられた。ハリマンの言葉は「与え、与え、そして与えよ。一切の見返りをも考えず、一切の代償をも考えず。」であった。両代表団がモスクワに着いた後、ただちにビーヴァーブルックとハリマンはそれぞれクリップス・イギリス大使、スティンハート（Steinhardt, Laurence）・

合衆国大使と会談した。そこで両大使はそれぞれ、ソ連との交渉は「強者の立場」から行われなければならず、また彼らに与えた譲歩に対する見返りは必ず要求されるべきであると主張した。これは具体的には、武器の供給を通じてソ連の鉱・工業生産能力にかんする情報を引き出すべきことを意味していた。しかし、ビーヴァーブルックとハリマンは両大使の一致した忠告を一切受け容れず、その後開始された交渉からも彼らを完全に排除することを決意する。両大使はスターリンから好意を抱れていず、したがって「白紙」の状態から全てをスタートさせることが得策であろうという彼らの判断がそこにあった。とくに、イギリス大使館からはただ一人の通訳官の派遣さえ認められなかった。(66)〔一方の側の通訳官のみで外交交渉を行うことは異例である。この措置は英米側のソ連に対する信頼と譲歩を象徴しており、いかに彼らがソ連側との交渉の成功に稀なまでの努力を払ったかをよく示している。〕

こうしてモスクワ会談は開始された。六つの委員会が形成され、供給の個別的な問題を討議した。しかしソ連側の代表は討議・決定にあずかる権限を与えられていなかったためか、彼らはほとんど意見を提出せず、したがって委員会はなんらかの決定に到達することは不可能であった。したがって、全ては英米代表とスターリンとの会談にて決定されざるをえなかった。このトップ会談は合計で三回開催された。第一回の会合にて、スターリンは以前ホプキンズに語った線を越える内容を語らず、ソ連の軍事生産能力ならびに軍事力についての情報を与えようとしなかった。スターリンはこの第一回会合を除いて軍事問題の討議に積極的姿勢を示さなかった。イズメイは結局ソ連側の軍事スタッフと約一〇分間の討議を許されたにとどまった。さてこの第一回会合で、ビーヴァーブルックはペルシャ駐留のイギリス軍若干をコーカサスへ派遣するプランをさりげない形で示した。これに対してスターリンはただ、「戦線はコーカサスではなくウクライナに存在する」と返答した。イギリス軍事スタッフの希望にもかかわらず、バクー油田破壊のための小規模軍派遣プランはビーヴァーブルックによってそれ以上とり上げられることはなく終った。ビーヴァーブルックはイギリスによる第二戦線形成否定にかんしてスターリンが抱いている感情を探るために、イギリス軍がフランスに上陸することが可能であると考えているか否かを彼に質した。スターリンは「それにかんする状況を良く把握していないが」とことわりをおいた後、「チャーチルの判断に疑いをはさんではいない」と述べた。スターリンはしかしながらここで、イギリスはアルハンゲリスクもしくはウクライナへ軍隊を送るべきであるとの前回の書簡で示された主張を繰り返した。[67] ビーヴァーブルックは、「チャーチルは以前アルハンゲリスクに軍隊を送ることに賛成した。たぶん彼はまたそれに賛成するだろう。」と述べた。これは一座の笑いを呼んだ。[68] ビーヴァーブルックの述べた「以前」とは「干渉戦争」の時期のことを意味していたからである。ところで第二次大戦中のソ連の外交交渉は、前半を友好的に、中間を敵対的に、そして後半を再び友好的にという独特のパターンを有していたが、ビーヴァーブルックによって引き起こされた笑いは前半における友好性を象徴的に示していた。

外交交渉の中間に相当する九月二九日の第二回会合は前日の友好的ムードとはうって変ってとげとげしいものであった。ビーヴァーブルックはチャーチルから託された親書をスターリンに手渡した。しかしスターリンはこれに目を通すことさえ拒否した。スターリンは英米側からの供給計画案に強い不満を示し、さらに英米はソ連体制の没落を受け容れる用意ができているのであろうという彼の疑心を披瀝したほどであった。[69] さらにこの日スターリンは当時ソ連を侵略中であったフィンランドにかんする英米の協力を強く求めた。彼はまず、イギリスは同国に対して効果的な経済封鎖を実行すべきであると主張した。続けてスターリンは、イギリスは同国に対して戦争宣言を行う旨の外交的脅しを通じてフィンランドの対ソ戦争努力に水をさすべきであり、また合衆国は国交断絶をもって同様の外交圧力を加えるべきであると主張した。ハリマンはスターリンの要求が外交的な「脅し」にとどまるのか否かについて質したところ、スターリンは肯定的回答を行った。[70] この日の会談の終りに、スターリンはモロトフから読まずに放置したチャーチル書簡の存在を思い起された。しかしスターリンはたんにこれを秘書官に手渡しただけであった。スターリンの態度はビーヴァーブルック、ハリマンを大いに落胆させた。

しかし翌九月三〇日の第三回会合にて、スターリンは例のパターン通り前半の友好的態度を取り戻し、ここで英米ソの供給にかんする協定が成立した。ビーヴァーブルックは本来はイギリスに供給される予定であった合衆国生産品の割合を削減してまで、ソ連側の要求を満たそうと努力した。この結果成立した協定内容はソ連にとって満足すべきものとなった。この日通訳を務めたリトヴィノフは、ビーヴァーブルックの読み上げる最終プランを聞き思わず席から飛び上って、「これで我々は戦争に勝利することができる」と叫んだ。第二回会合のスターリンの態度から協定締結の困難さを感得したビーヴァーブルックは第三回会合の成果を、「雨の後の晴れ」にたとえている。[71] 協定が成立した後、スターリン、モロトフ、リトヴィノフ、ビーヴァーブルック、ハリマンの五者のみからなる英米ソ会談は供給問題を越えた内容のトピックスをも取り扱った。その中で注目すべきは、スターリンが七月の英ソ合意宣言を戦後構想をもカバーする二国間条約へと進展させるよう提案したことであろう。スターリンは、彼だけでなくソ連政府高官の全員がこの英ソ条約締結に好意的見解を抱いている旨をつけ加えた。[72] 後に明らかになるように、この英ソ政治条約締結要求は対フィンランド戦争宣言要求と分ち難く結びついて、結局ソ連の戦争目的としての東欧における領土要求——独ソ戦開始前国境の回復に対する法的承認——の貫徹をサポートすることになるのである。事実スターリンは会談中の一時点で、バルト諸国ならびに一九三九年に占領したポーランド東方領土をソ連に併合したい旨の希望を英米両政府は認めるべきであると述べ、ビーヴァーブルックはそれに好意的な反応を見せた。[73]

モスクワ会談終了後、供給協定成立を祝う宴会が催された。スターリンの代表団に対する取り扱いは二年前にリッペントロップが受けたそれをはるかに上回るものだった。スターリンはこれまで決して外国のゲストと食事を共にしなかった。しかし今回スターリンは長時間にわたった会のホストを最後まで務めた。テーブルには陥落寸前と思われた国の首都にはふさわしくない豪華な料理が並べられ、果実はわざわざこのためにクリミア地方から空輸された。ハリマンはチャーチルが当時取っていた質素な食事を思い浮べ一種の嫌悪を感じた。[74]しかし、その豪華さは実はソ連の潜在力を象徴していたのかもしれなかった。

さてモスクワ会談はビーヴァーブルックの個人的努力を通して大成功を収めた。「ビーヴァーブルックは偉大なセールスマンであった。……彼の天才ぶりがこれ以上にいかんなく発揮されたことはなかった。」とハリマンは述懐している。[75]会談終了後の記者会見でビーヴァーブルックは膝をたたきながら、「俺はソ連側を喜ばせたたし、又合衆国側をも満足させた。なあそうだろう、アベレル。」と自慢し、ハリマンは「確かにその通りだ、俺がそれを受け合うよ。」と答えた。[76]一〇月三日ビーヴァーブルックは本国に次のように打電した。「供給協定の成立はモスクワの士気向上に絶大な効果をもたらした。[77]」クリップス大使は完全に交渉の極外に置かれ少なからぬ不満をビーヴァーブルックに抱いていたにもかかわらず、「交渉の進展の早さはソ連政府に強い好印象を与え、そして交渉の成果は彼らを真に狂喜させた」ことを本省に伝えた。[78]チャーチルはビーヴァーブルックに祝福のメッセージを送り、その中でイギリス政府がモスクワ会談の成功に大いに安堵していることを伝えた。[79]チャーチルはしかしこの時、明らかな誤りをおかしていた。モスクワ会談の成功は、ソ連側を必ずや失望させることにつながる軍事問題の討議――スターリンの要求する対ソ援助行動の否定、ならびにコーカサスへの小規模派遣提案――を十分に行った後にもたらされたと判断したのであった。ビーヴァーブルックはこの任務を回避したのであった。

モスクワ会談でこの軍事問題の討議を行わなかったことは、後に大きな意味を持ってくることになる。九月二九日にマイスキーが外務省にイーデンを訪れ、南ロシアへのイギリス援軍の派遣について、「たとえこれが小規模のものであっても、イギリスの正規軍の存在が赤軍に与える士気向上効果には絶大なものがあろう」と述べた時、[80]ロンドンの首脳はちょうどその頃モスクワにてイズメイやビーヴァーブルックが先日の防衛委員会（O）で彼らに託された任務の遂行に全力を投入し、首尾よくバクー油田破壊の足場を——コーカサスへの軍隊派遣——確保しているだろうことを疑ってはいなかったと思われる。

5　モスクワ協定の意味

イーデン、ビーヴァーブルックらの援助派は、イギリスの華々しい対ソ援助公約が時間的・空間的な制約を越えてなんらかの形で実行に移されていなければならない時期がすでに到来したことを感じていただけに、ソ連側の対英不信の高まりに対して敏感にならざるをえなかった。そこで彼らは軍事援助不作為の代償として武器供給を大幅にスケール・アップし、ここにおける譲歩を通じてソ連側を勇気づける方針を採用した。一方ソ連もビーヴァーブルックらと同様の戦術を八月末から開始していた。七月末にチャーチルが第二戦線形成は物理的に不可能である旨を伝えた際、スターリンはこれにかんする「提案」を以後蒸し返さないと約したにもかかわらず、それから一ヶ月後第二戦線形成を「要求」し、チャーチルが再びこれに否定的回答を行うや、大規模のイギリス援軍をソ連領内へ派遣するよう「要求」したのであった。しかしスターリンの真意は軍事援助行動をそれに渋るイギリスから引きだすことにはなく、この要求は多少ともイギリス側が実行することに意義を見出していた対ソ武器供給を最大限に引きだすためのテコにすぎなかった。この軍事援助要求はチャーチルならびに参謀長委員会スタッフを大いに悩ませ、軍事援助を実行できない以上イギリスは対ソ武器供給の寛大な公約を行うべきであることを主張した援助積極派の立場を強めたのである。こうしてビーヴァーブルックはモスクワ会談を成功に導く条件を出発前に作りだすことに成功した。ただ軍事スタッフならびにチャーチルはビーヴァーブルックに対ソ譲歩の権限を無条件に与えたのではなく、彼らは武器供与の公約を通じて次の二点を確保しようと考えたのであった。第一はイギリスの軍事能力を控え目にソ連側に提示し、スターリンの望む規模の対ソ援助軍事作戦は近い将来に実行しえないことを納得させることであり、第二は第一を踏まえた上でバクー油田破壊をその隠れた目的とする小規模軍をコーカサスへ派遣するプランをイギリスのなしうる最大の貢献であるとして提案し、ソ連側からの同意をとりつけることであった。

さて、モスクワ会談は前述のとおり大成功のうちに終り、ソ連の士気を高めると同時に彼らの対英不信を緩和させようとする対ソ援助積極派の目的は達成された。しかしビーヴァーブルックは対ソ援助消極派から託された二点を確保するために絶対必要なソ連側との軍事討議を回避することによってこの成功をかちえたのである。しかし軍事討議を回避しようとしたのは英米側だけではなかった。ソ連側は英ソの軍事協議のためにイスメイ将軍がイギリス代表団に加えられていたにもかかわらず、武器供給以外のトピックスにほとんど興味を示さなかった。第一〇六回閣議にてビーヴァーブルックはこれにかんして「モスクワ会談におけるスターリンの最大の目的は航空機・戦車・原料の確保以外にはなかった」と言明している(81)。供給問題がスターリンにとっての唯一の関心事であったことは、協定成立の見通しが立った後にもビーヴァーブルック、ハリマンに援軍要求や対フィンランド宣戦を強く押さなかったこと、さらにモスクワ会談終了後二週間以上にわたってほとんど一切の対英要求を行わなかった事実から説明されよう。スターリンはモスクワ会談でイギリスから事実上引きだしえる全てを手に入れたと考えたのであろう。

ともあれ、イーデンとともに対ソ援助を推進してきたビーヴァーブルックは、モスクワ会談を通して予想外の成功を収めた。しかし東部戦線はそのころ著しくソ連側に不利に展開し始めた。キエフ陥落後モスクワに目標を定めたドイツ軍の進撃は猛烈であった。ついに一〇月九日のプラウダ紙は戦局がいかに危機的なものになっているかを初めて報じた。「新たなファシスト軍による攻撃の結果、危急の事態が生じている。これを過小評価することは許されがたい愚行である。」同紙は「しかし」と述べ、「事態はこのように重大であるが、我々は絶望しない。なぜなら、ソ連邦が困難な事態に陥るたびごとに、わが労働者は英雄的な行為を発揮して、いつも奇跡をなすからである。」という悲痛な訴えを行った。(82) 一〇月一五日ドイツ軍は一気にモスクワを陥落させうる地点にまで進み、この日ソ連政府は官公庁関係を中心とする首都疎開を始めた。これは残されたモスクワ市民の士気に大きな攻撃を与えた。一六日から一八日にかけ、ドイツ軍は幾度かモスクワ防衛線を突破し、モスクワにまで四〇マイルの地点に達した。首都は一種のパニック状態に襲われた。(83)

ここに至り、ソ連がこの先、実質的な抗戦主体として存続する可能性はこの上なく薄れたように思われた。しかし、イギリスにとってこれまでの独ソ戦の展開は当初の予想をはるかに越えて有益なものであった。実質的にイギリスの対ソ援助は実行されなかった。モスクワ会談で供給が決定されたものの、ソ連体制の陥落後はこの供給を実行する必要さえ消滅するはずであった。ふりかえってみれば、イギリスは独ソ戦の長期化により、一九四一年度中のドイツによる英本島の侵攻を免れただけでなく、中東軍の補強さえ遂行することができたのである。チャーチルが六月二二日から採用した対ソ方針は、公式の援助声明にもかかわらずイギリス政府の目的は結局独ソ間の消耗戦の極大化以外にはないのではないかという対英疑惑をたしかにソ連側に引き起したが、この疑惑もソ連体制の消滅とともに重要な意味を持たなくなるはずであり、その意味でチャーチルの対ソ方針は結局大いに正しかったかに思われた。しかしプラウダの呼びかけた「奇跡」は、労働者の手によってではなかったものの、秋期の長雨によって引き起されることになる。モスクワはドイツの攻撃によって深く傷つきながらも一向に陥落することなく、ソ連はイギリスに対する根深い不信の念を増大させていく。やがて秋の長雨は雪に変わってゆくのである。

註

（1）Gwyer and Butler, *Grand Strategy*, Vol. III, 93-105.
（2）Sherwood, *White House*, Vol. I, 317-342.
（3）Cab99/18, COS (41) 504, 20/8/41 (Riviera, 9/8/41).
（4）Cab99/18, COS (41) 504, 20/8/41, COS (R) 7, 11/8/41.
（5）Cab99/18, COS (41) 504, 20/8/41, COS (R) 2, 8/8/41.
（6）WO193/645A, 14/8/41.
（7）WO193/134, 16/8/41.
（8）WO193/151, "Raiding Policy", Position on 10th August 1941.
（9）Cab79/13, COS (41) 289, 16/8/41.
（10）Harvey, *War Diaries*, 33.
（11）Cab79/13, COS (41) 292, 22/8/41.
（12）Cab79/13, COS (41) 293, 23/8/41.

(13) WO193/666, Note on JP (41) 691.
(14) Cab79/13, JP (41) 691.
(15) Avon, Earl of (Anthony Eden). *The Reckoning*, London 1971, 274.
(16) FO371/29489, N4840/78/38.
(17) Maisky, *Memoirs*, 184-187.
(18) FO371/29489, N4840/78/38.
(19) Cab79/13, COS (41) 299, 27/8/41.
(20) Cab79/14, COS (41) 301, 28/8/41.
(21) Cab79/13, COS (41) 299, 27/8/41.
Cab79/14, COS (41) 302, 28/8/41.
Cab79/14, COS (41) 304, 30/8/41.
(22) Churchill, *Second World War*, Vol. III, 407-408.
(23) Cab80/30, COS (41) 504, 12/8/41.
(24) FO371/29571, N4781/3084/38.
(25) Cab65/19, WM (41) 86, 25/8/41.
(26) Cab65/19, WM (41) 87, 26/8/41.
(27) Hart, *History*, 174.
Calvocoressi, Peter and Wint, Guy. *Total War*, New York 1979, 177.
(28) Maisky, *Memoirs*, 188.
(29) FO371/29490, N5096/78/38.
(30) FO371/29302, N6717/201/56.
(31) Churchill, *Second World War*, Vol. III, 402-406.

（32）Cab65/23, WM (41) 90,5/9/41.
（33）Cab65/23, WM (41) 90,5/9/41.
（34）FO371/29490, N5105/78/38.
（35）Cab79/14, COS (41) 312, 5/9/41.
（36）WO193/644, COS (41) 312, Director of Military Operation to Mason-Macfarlance, 7/9/41.
（37）Cab79/14, COS (41) 313, 5/9/41, JIC (41) 345 (final).
（38）Cab65/23, WM (41) 90,5/9/41.
（39）WO193/666, COS (41) 313, 5/9/41.
（40）Churchill, *Second World War*, Vol. III, 408.
（41）FO371/29490, N5105/78/38.
（42）FO371/29490, N5105/78/38.
WO193/666, 5/9/41.
（43）Dilks, *Diaries*, 405.
（44）Cab79/14, COS (41) 314, 8/9/41.
（45）WO193/644, COS (41) 314, 8/9/41.
（46）Cab79/14, COS (41) 316, 9/9/41.
（47）WO193/644, COS (41) 318, 9/9/41.
（48）Hinsley, F. L. *Britich Intelligence in the Second World War Its Influence on Strategy and Operations*, Vol. II, London 1981, 72.
（49）WO193/144, "Aide Memoirs for ACIGS at His Discussion in Moscow", 11/9/41.
（50）Cab66/18, Wp (41) 219, 13/9/41.
（51）Cab65/19, WM (41) 93,15/9/41.

(52) Seaton, Albert. *Stalin as Warlord*, London 1976, 113-114.
Lucas, James. *War on the Eastern Front 1941-1945, The German Soldier in Russia*, London 1979, 132-136, 183-195.
Calovocoressi and Wint, *Total War*, 177.
Salisbury, H. E. *The Unknown War*, New York 1978, 邦訳『独ソ戦——この知られざる戦い』、東京　一九八〇、七七一八九ページ。

(53) FO371/29490, N5421/78/38.

(54) Cab79/14, COS (41) 324, 16/9/41.

(55) FO371/29490, N5501/78/38.

(56) Churchill, *Second World War,* Vol. III, 412.

(57) Gwyer and Butler, *Grand Strategy*, Vol. III, 202-203.

(58) Churchill, Winston. *The Second World War* (abridged edition), London 1967, 邦訳『第二次世界大戦』(佐藤亮一訳) 東京一九七二年、下巻一九ページ。

(59) Cab69/2, DO (41) 62, 19-20/9/41.

(60) Taylor, *Beaverbrook,* 625.

(61) Cab69/2, DO (41) 62, 19-20/9/41.

(62) Cab69/3, DO (41) 12, 22/9/41.

(63) WO193/645A, 20/9/41.

(64) Cab79/84, COS (41) 334, 26/9/41.
Cab79/14, COS (41) 336, 29/9/41.

(65) Balfour Paper, *Moscow Diaries* (unpublished), House of Lords Records Office.
Ismay Paper, II/3/115/20, Liddel Hart Centre for Military Archives, King's College, London.
Ismay, Hastings. *The Memoirs of General the Lord Ismay*, London 1960, 231.

Standley, William H. and Ageton, Arthur A. *Admiral Ambassador to Russia*, Chicago 1955, 63.
(66) Harriman, W. Averell and Abel, Elie. *Special Envoy to Churchill and Stalin, 1941-1946*, London 1976, 84-85.
(67) FO371/29470, N6312/3/38.
(68) Taylor, *Beaverbrook*, 627.
(69) Lash, *Roosevelt*, 444.
(70) Cab66/14, WP (41) 272, 15/11/41.
(71) Lash, *Roosevelt*, 445.
(72) Cab66/19, WP (41) 272, 15/11/41.
FO371/29470, N6312/3/38.
(73) Taylor, *Beaverbrook*, 628.
(74) Lash, *Roosevelt*, 446.
(75) Taylor, *Beaverbrook*, 630.
(76) Werth, *Russia*, 275-276.
(77) Cab70/3, DC (S) 126, 4/10/41.
(78) FO418/87, 3/10/41.
(79) Churchill, *Second World War*, Vol. III, 418.
(80) FO371/29491, N5678/78/38.
(81) Cab65/23, WM (41) 106, 27/10/41.
(82) *Правда*, 9/10/41.
(83) Cab65/19, WM (41) 103, 16/10/41.

第四章　「偽りの同盟」関係の危機へ
――モスクワ陥落の危機と対英不信の高まり　一九四一年一〇月――

1　モスクワ陥落の危機と対ソ援助

一〇月三日スターリンはチャーチルに親書を送り、ソ連への武器・物資の供給状況についての説明を行った。しかし、そこにはチャーチルが首を長くして待ったトピック――（バクー油田破壊をその隠れた目的とする）小規模の援軍をコーカサスへ派遣するイギリス案――にかんするスターリンの回答は示されていなかった[1]。この時チャーチルは、モスクワ会談へのイギリス代表団がその案を、九月一三日のスターリンによるオリジナルな要求――南ロシア戦線へのイギリス援軍派遣――に対するイギリス側の最終的な返答として提示したであろうことを疑っていなかった。ところが前述したとおり、モスクワ会談では実質的な軍事討議はされずじまいであった。そのことはイギリス政府が結果的にスターリンの援軍派遣要求に対して公式の回答を控えたことを意味し、したがっていかにチャーチルがそれを待ち望んだにせよ、スターリンの方からイギリス援軍のコーカサス派遣に触れてくる可能性はまず存在していなかった。しかしこの事情を察知していなかったロンドンはモスクワ会談後、東部戦線において赤軍の形勢が極端に悪化したことに刺激され、バクー油田を徹底的に破壊するためになんらかの早急な手を打たなければならない必要性に迫られ、焦燥の感を強めていった。しかしコーカサス派遣に対してソ連側が反応しなかったため、彼らは具体的な準備に取りかかることもできなかった。

参謀スタッフはコーカサスの山岳地帯に二ないし三ヶ師団を派遣し予想されるドイツ軍の南下にブレーキをかけ、最終的にはバクー油田を破壊するプランに傾いていた。しかし、チャーチルは参謀部の予測するような進撃速度でドイツ軍が南下するかどうか、より具体的にはドイツ軍が冬期間内にコーカサスに突入するかどうかについて疑問を抱き、イギリス軍のコーカサス派遣を早い時期にソ連側に提案すべきであるとの参謀スタッフのプランに賛成しなかった。チャーチルが恐れたのは、イギリス軍をコーカサスへ派遣した時点に同地でドイツ軍との交戦がまだ行われていず、その時に派遣イギリス軍をドイツ軍との戦闘に従事させるために南ウクライナへ北上させるようソ連側が主張することであった。その際にイギリス軍の蒙る被害が莫大なものに及ぶことは必至であった。このためチャーチルは派遣のタイミングを誤ることがないように、あらかじめイギリス軍を北ペルシャに駐留させておく案を提出した(2)。

一〇月一二日チャーチルはスターリンへ親書を送り、その中で「ペルシャに駐留中の赤軍五ないし六ヶ師団を対ドイツ戦線に参加させることが可能となるように、我々は必要な軍隊を同地方に派遣し、それらの赤軍が担っていた対ソ供給南方ルートの維持・改善の任務を肩代りさせる用意があります」と述べた(3)。この提案がスターリンによって受け容れられた場合、イギリスは二つの利益を手にするはずであった。第一は非戦闘任務を滞びていたペルシャ駐留の赤軍を戦闘任務につかせることができ、これを通じてよりドイツ軍を消耗させ、ひいてはその南下の時期を遅らせることができることであり、第二はバクー油田破壊の足場を確保できることであった。クリップスは翌一三日、この提案を含むメッセージをモロトフに手渡した。モロトフはこれを一読した後、「イギリスは対ソ援助をこれまで何ら実行していず、このため東部戦線は非常に危機的な状態になっている」と反発し、「イギリス政府はペルシャを占領するためではなく、ドイツ軍と戦闘を行うための軍隊をコーカサスへ送るべきである」と主張した。会談後クリップスはこのモロトフの反応を伝える本省向けの電報の中で、イギリスはドイツ軍と戦うための軍隊をコーカサスへ派遣すべきであるというモロトフ同様の見解を自らの意見として進言した。(4) 用語上の問題であるが、クリップス、モロトフが「コーカサス」と述べた時、彼らが実際に意味した地域は「ウクライナ」であったことを留意しておく必要がある。若干の間ではあるが、英ソ間での交渉にあって「コーカサス」という言葉によって含蓄される地域の定義は不明確であった。(5) またクリップスはその中で自らの本国召還を再び願い出た。その目的は、イギリス国内でソ連援助キャンペーンの先頭に立つことにあった。しかし、チャーチルはこれを望まず、クリップスを駐ソ大使として本国から遠ざけておくことを決意する。本国召還に反対されたクリップスは、本国政府の対ソ消極策をソ連政府と同調して批判する立場に自らを置くことになる。

同一〇月一三日に開催された第一〇二回閣議は九月三〇日にスターリンが明らかにした英ソ条約締結提案についての討議を行った。この契機となったのは一〇月一〇日のハリマン・イーデン会談であった。この日ハリマンは、スターリンが戦後期をも含む英ソの同盟条約を提案し、さらに、ソ連政府は全員一致してこの提案に賛同の意を持っていると述べたことをイーデンに明らかにし、「イギリス側がこれに対して何ら反応を示さないならば、スターリンの感情は害されることになろう」とコメントしたのである。(6) スターリンの提起したこの問題はイギリス政府にとって微妙な諸要素を含んでいた。一方でイギリス側にとってソ連を条約締結によって反ヒトラー連合側に引きつけておくことは重要であったが、他方一九三九年ならびに一九四〇年の英ソ外交の経緯から見て、ソ連側が東欧領土をめぐる彼らの戦争目的の承認を条約交渉の中で求めてくることは十分予想されたからである。これは当時イギリスが慎重に検討を進めていた戦後ヨーロッパ構想の実現に複雑な問題を引き起すことが憂慮された。[7] このため同閣議はソ連崩壊の可能性をも考慮して、時間稼ぎを行うべきことを決定したのである。具体的に同閣議は「スターリンのアイデアのより明確な内容がいかなるものであるか」をマイスキーに質すようイーデンに求めた。[8] この決議に従ってイーデンがマイスキーにこの旨を伝えたのは四日後の一〇月一七日のことであった。

一〇月一五日、モスクワからクイビシェフ (Kuibyshev) への首都疎開が開始された。これは諸外国大使館を含む官庁レベルでの半疎開であり、一般市民はモスクワに留められた。このため、モスクワ市民は自らが置きざりにされたとの心象を抱き、彼らの士気は著しい打撃を受けた。のみならず、西から東へ向かう疎開の流れは幹線道路を充満させ、このためモスクワ防衛の援軍到着は遅滞した。一〇月一六日メイソン・マクファーレンのモスクワからの最後の報告がロンドンに届けられた。それによるとドイツ軍はモスクワの北西一〇〇マイルの地点で同市攻略のための準備を完了していた。[9] モスクワ陥落は誰れの目にも時間の問題と映った。

ビーヴァーブルックは東部戦線がこのような重大な段階を迎えた一五日、参謀スタッフならびにチャーチル批判を開始する。この批判はそれによってソ連援助を引き出すためのものというよりはむしろ、極端なまでの消極策を推進してきた彼らに対する憤懣の噴出といった色彩を帯びていた。同日開催の第六四回防衛委員会 (O) にてビーヴァーブルックは、「ソ連が絶望的な戦いを継続している間中、我々は大いなる遅延と怠慢とを積み重ねただけである。ノルウェーからリビアまでの膨大な戦線を維持しているドイツが東部戦線に専念している間、彼らが全戦線において強力でないことは自明である。にもかかわらず、我々はこれまでただの一撃さえ彼らに加えてはいない。……これまでに提起されたあらゆる攻勢案は参謀長委員会によってことごとく否定された。事態の緊急性ならびに重大性にかんする認識は三軍スタッフにそもそも存在しているのであろうか。」と手厳しい攻撃を行い、直ちになんらかの対独軍事攻勢を行うよう要請した。同委員会はビーヴァーブルックの批判を受け、ソ連の陥落前にいかなる対ドイツ軍事攻勢をどの地域で行うべきかを討議した。その結果、四一年暮れに予定されていた中東での攻勢開始前に、シシリー島を攻略するという形で独ソ戦開始後初めての攻勢軍事行動を行うことで意見の一致を見た。イーデンによって提起されたこの作戦はアトリーの支持を受け、ウィップコード（Wipcord）の暗号名の下で参謀長委員会による検討を受けることに決定された。[10] しかしチャーチルは参謀長委員会のウィップコード作戦にかんする最終的結論が再び否定的なものになることを予測した。この頃からチャーチルは、対ソ援助にかかわらない対独攻勢一般に対しても参謀長委員会の姿勢が極端に消極的であることに不満を持った。[11] こうしてチャーチルと参謀スタッフとの間の一枚岩的な団結に亀裂が生じ始める。

続いて同委員会は一二日のスターリンへの提案を今一歩押し進めるための方策を練った。インド方面司令官ウェイベル将軍は近くティフリス（Tiflis）にて赤軍のコスロフ（Koslov）将軍とソ連南方域における対ドイツ軍事行動について協議を行う予定であったが、同委員会はこの機会をバクー油田破壊準備のために利用することに決め、ウェイベル将軍に指令を電送した。その指令は、一二日のチャーチル提案——イギリス軍を北ペルシャ防衛の任につかせること——の他にイギリス政府はコーカサスへ象徴的規模の軍隊を派遣する用意のあることをコスロフ将軍を通じてソ連側に伝えるようウェイベルに命じている。[12] さて、この日の防衛委員会（O）における決定から理解されるのは、まず第一にウィップコード作戦の実施が一応この段階で是認されたが、しかしこれはあくまでソ連援助行動として考案されたのではなく、ソ連の陥落前にイギリスは対ドイツ攻勢を行っておかなければならないとする政治的必要性から引きだされたこと、第二に「現実的」レベルでの対ソ援助はコーカサスへの援軍派遣という形でソ連側に具体的に提案される運びとなったが、その隠れた目的は赤軍の対ドイツ軍消耗能力を最大限利用し、最終的にはバクー油田破壊を確保しようとする点にあったことである。

翌一〇月一六日南ロシア戦線問題を巡ってマイスキー・イーデン会談が行われた。イーデンは前日の防衛委員会（O）の討議に沿って、イギリス軍の存在を象徴的に示す規模の部隊をコーカサスに派遣できる旨をマイスキーに述べ、ウェイベル将軍によるティフリス会談のための地ならしに努めようとした。これに対してマイスキーは「その程度の補強軍は十分とはいえない」との意見を明らかにした。さらにマイスキーは、ティフリスにおいてウェイベル将軍はより大規模のイギリス軍派遣にかんする問題を協議する権限を有するかいなかを質した。マイスキーの勢いに押されたイーデンは軍隊派遣や補強に伴う諸困難への留意を求めた。しかしマイスキーはそれにひるむことなく、「コーカサス防衛に供するイギリス軍補強部隊派遣が可能かいなかについて、注意深い検討を行うよう」イーデンを通じてイギリス政府に要請した(13)。

翌一七日再びマイスキー・イーデン会談が行われた。そこでイーデンがまず伝えたのは前述した英ソ条約問題であった。イーデンは第一〇五回閣議の決定に基づき「イギリス政府は、これにかんするソ連政府のいかなる提案をも喜んで聞く用意がある」ことを告げた。マイスキーはこれに対して感謝の念を表明した(14)。さて一方マイスキーがこの日行った要求は三つあった。第一はソ連を北方から攻略しつつあったドイツ軍の補給ライン分断であり、具体的には、イギリス海軍をムルマンスク方面へ派遣することであった。そして第二にマイスキーがとり上げたのはコーカサス問題であった。「もしコーカサスがドイツの手中に落ちた場合ヒトラーは十分な石油を入手しえることになり、一方石油の喪失はソ連による対ドイツ抗戦を困難にさせるであろう」と述べた。そして最後にマイスキーが問題にしたのはフィンランド・ルーマニア・ハンガリー三国に対する戦争宣言であった。マイスキーはモロトフからの指令に基づいて、「三ヶ国に対する宣戦布告はこの期にあってイギリスのソ連に対する連帯声明と（ソ連政府によって）見做されるであろう」とのメッセージをイーデンに伝えた。宣戦はソ連の士気を著しく高揚させるとの示唆がそこに含まれていた。マイスキーはさらにイギリス側の逃げ口上を奪うために、単にこれら三国が同盟国ソ連を侵略中であるという理由だけでイギリス政府は戦争宣言を行うことができるのであり、その他の理由探しに同政府が拘泥する必要のないことを述べた。[15]

同一七日参謀長委員会はメモランダム二三五号を作製し、ウィップコード作戦にかんする彼らの見解をまとめた。その中で彼らは、中東で近く開始されるクルセイダー（Crusader）作戦を勝利に導くための陽動作戦としてウィップコード作戦は有益であるとの判断を下した。[16]つづいて同夜遅く開催された第六五回防衛委員会（O）は、最終的に同作戦の実施を決議した。さらに同委員会はトルコならびにソ連への援助問題を討議した。トルコへの武器供給は、対ソ供給とは対照的に積極的な仕方で扱われた。その場での支配的な見解は、迫りつつあったドイツの脅威に直面したトルコに抵抗力を賦与するためにイギリスはあらゆる困難を排しても武器物資を同国へ供給すべきであるというものであった。ビーヴァーブルックはこれに対し、「トルコに回すことのできる武器が存在するなら、それらはソ連へ送られるべきである」との反論を試みた。これに対しチャーチルは「トルコへの供給は高度な価値を有するが、ソ連への供給はほとんど無意味である（a drop in the ocean）」とビーヴァーブルックの意見を跳ねつけた。ビーヴァーブルックは今一度このチャーチル発言に異を唱えた。しかし、ビーヴァーブルックの意見は顧りみられることなく葬られた。結局、トルコへの供給は万難を排して実行されるべきとの決定が下された。こうしてトルコ援助問題の討議が終えられた後、同委員会はそこでの最後の議題として対ソ援助問題を協議した。イーデンは当日マイスキーから出されたムルマンスク海域における海軍行動要求を軍事政策最高決定メンバーに紹介した。そしてビーヴァーブルックはこのマイスキーの要求を満たすよう主張した。しかし、再度ビーヴァーブルックは反対に遭遇した。チャーチルは、この行動を通じてイギリス海軍にもたらされるであろう損失が一九四二年春期に予測されるドイツ英本島侵攻に対抗するイギリスの軍事能力を減退させる可能性を指摘したのである。結局同委員会はこのマイスキー要求の検討を参謀長委員会に命じ、一〇月二〇日開催予定の防衛委員会（O）にその検討の結果を報告するよう指令して散会となった。[17]

三ヶ国への戦争宣言はイギリスのソ連に対する連帯の証しと見做す旨の外交的圧力を一七日にソ連政府から受けたイーデンは、イギリス政府はせめて三ヶ国に対して宣戦を布告し、当時絶望的な戦いを継続していたソ連へ「連帯」のメッセージを送るべきであり、宣戦によってイギリスにもたらされるであろう政治的な不利益はこの際度外視されるべきであるとの結論を固め、二〇日の第一〇四回閣議にて対三ヶ国戦争宣言を行うべきである旨の主張を展開した。イーデンは一七日にマイスキーを通じて伝えられたモロトフのメッセージを紹介し、「戦争宣言はイギリスを不利な立場に導くであろうが、今や状況は変化した」のであるからイギリス政府は「ソ連に対する我々の団結の意思を象徴する」戦争宣言を行うべきであると述べた。その際イーデンはフィンランドにかんしてはこれまでの交渉経緯から合衆国政府との協議が必要であるとの条件をつけた。結局閣議はこの問題にかんするメモランダムを作成するようイーデンに依頼し、翌一〇五回閣議にてこれについての最終的討議を行うことに決定した。[18]

同一〇月二〇日に開催された第六七回防衛委員会（O）にビーヴァーブルックは「対ソ援助」と提されるメモランダムを提出し、チャーチル・参謀スタッフへの最大の攻撃をかけた。彼はその中で次のように主張した。

「独ソ戦開始以来わが軍事スタッフはいかなる攻勢にも一貫した反対を行ってきている。……空爆以外のなんらの方策もとられていない。我々はいまだ旧態依然とした持久戦法に拘泥しており、ロシアの抗戦がもたらした新しい要素は無視されている。今日たった一つの軍事問題しか存在しない。すなわちいかにロシアを援助するかということである。それにもかかわらず、参謀長委員会スタッフはソ連に対するあらゆる軍事行動は不可能であるという枠組にとじこもっている。彼らはただ困難を指摘するのみで、それをいかにして克服すべきかにかんするただ一つの提案をも行っていない。……もし我々が今援助を行わなければロシアは陥落するかもしれない。その場合ヒトラーは東からの脅威なしに全ての軍事力を西側へ集中することができるであろう。ドイツは我々が準備を完了するまで待ってくれはしない。我々が現時点で待機するのは馬鹿げた行為である。我々は手おくれにならぬうちに攻撃を行わなければならないのである。[19]」

このビーヴァーブルックの意見はイギリス参謀長委員会スタッフの対ソ方針の内実を的確に描写していると言える。たしかに軍事スタッフは予想外の長期化をもたらした独ソ戦の意義を当時次のように理解していた。全般的対独戦略を討議した九月二六日開催の第三三四回参謀長委員会の議事録によると、参謀スタッフはソ連の抗戦の長期化に伴って「長期戦略」を変更する理由を認めず、依然として主要戦略を経済封鎖と空爆とに求めていた。ただ独ソ戦によって第二次大戦自体のテンポが早められたとの見解を出してはいた。[20] さて第六七回防衛委員会（O）はビーヴァーブルックのメモランダムをめぐって討論を開始した。

口火を切ったのはチャーチルであった。この覚え書きは衝動的な内容を有しているが、詳細な返答を要求するような類いのものではあるまいとの意見を述べた。これに対してビーヴァーブルックは「まさにこれは詳細な返答を求める意図に基づいた攻撃なのである。私は対ソ援助をめぐって同僚と意見を異にしている。」と前置きし「私は対ソ援助を求める国民の要望に答えたいと思っているが、他の者はそうではない。ロシアを援助するために全力を尽して生産を上げようと欲しているが、他の者はそうではない。モスクワ会談の決定事項を履行したいと欲しているが、他の者はそうではない。対ソ軍事作戦行動を実施すべきであると考えているが、参謀スタッフは反対である。」と述べた。チャーチルはこのビーヴァーブルック発言が彼個人に対する攻撃であると見做さざるをえないと述べ、遺憾の意を表明した。続いて、同委員会はビーヴァーブルックが不満を表明した対ソ援助政策を、軍事作戦および武器供給の二つに分け具体的な論戦に入った。軍事作戦面にかんしてビーヴァーブルックが実施すべきと主張したのはノルウェー・ムルマンスクを中心とする北方海域における対ソ援助行動であった。これは独ソ戦開始直後にビーヴァーブルック自身がマイスキーにこの可能性を仄かしていただけに、彼の取り組み方には並々ならぬものがあった。これに対してチャーチルは現段階にて東部戦線に影響を与えうるいかなる作戦行動も可能ではないと述べ、さらに彼は続けてたとえ独ソ戦開始当日から対ソ援助行動を実行していたとしても事態はさして変っていなかった筈であると主張した。結局軍事行動については、ビーヴァーブルックが納得のいくまで彼の具体的な案を参謀長委員会で検討することで一応の論議が打ち切られることになった。

続いて同委員会は問題を対ソ武器・軍需物資供給に移行した。九月のモスクワ協定は対ソ供給の対象となる機種としてハリケーン、トマホーク（もしくはキティーホーク）を選定し、これら二種の航空機生産が十分でない場合はスピットファイアーを供給することを決定していた。ところが空軍省はこのスピットファイアーを米製のエアーコブラ（Air cobra）に替える計画を打ちだした。実は当時、運悪く早くもイギリスの主力戦闘機ハリケーンをソ連に供給せざるをえない事態が生じつつあったが、これに対する空軍省の解決策はエアーコブラを利用して切り抜けることであった。この計画にビーヴァーブルックは反対を行ったのである。討論の結果イーデンの賛成を受けたビーヴァーブルックの主張が通り、モスクワ協定どおりハリケーン二〇〇機を九月分としてとりあえず供給する決定が下された。その後の対策については、空軍省とビーヴァーブルックとの間の協議に俟つことになった。最後にビーヴァーブルックは、戦車をソ連に供給する際、交換部品を付属品として加えない旨の参謀総長による決定を取り消すよう主張した。チャーチルはビーヴァーブルックに賛成し、結局同委員会は「いかなる困難が伴ってもこれからソ連側に引き渡される戦車は三ヶ月間の維持に必要なスペアー部品をつけて供給されるべきことを承認した」。[21]

この日の防衛委員会（O）においてビーヴァーブルックが問題とした参謀スタッフ側の動きは、彼らの許容範囲を越えて締結されたモスクワ協定に基づく対ソ供給を実質的に削減しようとするものであった。しかし彼らの努力は他ならぬモスクワ協定を妥結させたビーヴァーブルックによって阻止され、ビーヴァーブルックはモスクワ会談の成果を守った。しかし、参謀スタッフから対ソ援助行動を引き出そうとした彼の攻撃的行動もなんらかの成果を収める可能性を有してはいなかった。したがって、一〇月中旬の段階においてもイギリスの対ソ方針は、軍事スタッフと対ソ援助派との間の妥協——武器供給の実行と軍事行動の不作為——にとどまったと結論できよう。ただ、対ソ援助軍事行動を求めたビーヴァーブルック、イーデンの強い圧力は結局のところ、ソ連陥落前にイギリスは同国を完全に見殺しにした訳ではないことを証明する免罪符を獲得するためのシシリー攻略、ウィップコード作戦に対する同意を参謀スタッフから引きだしはした。しかし、この作戦は全く対ソ援助行動とは言い難いものであり、また参謀スタッフの同意はプーマ作戦の場合に見られるように非常に容易に撤回されえたのであった。さてこの日の防衛委員会（O）でまず注意しなければならないのはチャーチルの姿勢であるが、彼は国防大臣として軍事作戦面では参謀スタッフを介護し、供給問題にかんしては首相としてビーヴァーブルックの主張を支持したのである。ビーヴァーブルックやイーデンは対ソ援助公約不履行の責任を軍事スタッフとともにチャーチルに帰していたが、チャーチルは夏段階で確立した対ソ方針にかんする軍事スタッフとの一枚岩的な協力体制から徐々に距離を置き始めるのである。

次に留意しなければならないのは他ならぬビーヴァーブルックの対ソ消極派批判の視点である。彼はチャーチルや参謀スタッフの対ソ援助に対する「意思」の欠如を問題にしているのである。ビーヴァーブルックは供給大臣になる以前、航空機生産大臣としてスピットファイアーの生産を奇跡的と形容される規模にまでに引き上げたのであり、彼こそは一九四〇年のイギリスの戦いを勝利に導いた陰の立役者であった。メモランダム中のビーヴァーブルックの軍事スタッフ批判——「彼らはただ困難を指摘するのみで、それをいかにして克服すべきかにかんするただ一つの提案をも行っていない」——は、不可能を意思の力によって可能にさせた前年の彼の業績によって支えられていた。第二次大戦中に培われ冷戦への発展の不可欠の要素となったソ連の対英不信は、対ソ援助を要求される度に「物理的不可能」を前面に押しだしてこれを回避しようと努めたイギリス側の「意思」に対する疑惑——対ソ援助は物理的に不可能ではないとした場合イギリスは果してこれを行う意思を持っているのか——を抜きに考えることはできない。援助が「物理的不可能」の状況下にあっては少なくとも論理的には「意思」の有無の問題は、あらかじめ排除されるのである。しかしそれは所詮イギリスの論理にすぎなかった。

2 スターリンの外交攻勢

一〇月二〇日前後からソ連の対英外交に大きな変化が生じることになるが、これは東部戦線における流れの変化を抜きに考えることはできない。ここではまず東部戦線がこの時期にいかなる展開を遂げたかについて説明する。独ソ戦はドイツ側が当初に想定した以上に長期化したものの、赤軍は一貫して後退し続けたため、ドイツ側にとって計画のずれは時間的なレベルにとどまるかに思われた。九月二一日キエフはドイツ軍に包囲され、赤軍の多大な犠牲とともに陥落した。一〇月初旬ドイツの進撃は各所で続けられた。当時カリーニン（Kalinin）がすでに攻略されたことにより、モスクワとレニングラードとを結ぶ鉄道ならびに道路はモスクワの北西部にて切断されていた。ヒトラーはキエフにおける勝利を独ソ戦における決定的な転換点と考え、バルバロッサ作戦の峠は越えたとの楽観的な観測にひたった[22]。一〇月中旬モスクワ近郊で首都防衛網の一部がドイツ軍によって突破され、モスクワは一時パニック状態に陥った[23]。しかしソ連にとって幸運なことに、ドイツ軍がいまやモスクワを陥落させるという時点で、天候は悪化した。一〇月六日には初雪が見られ、例年より早い冬の到来を告げた[24]。ドイツ軍の進撃を阻んだのは雨であった。このため戦場は深い泥沼と化し、戦車や他の車輌はそのなかで虚しくもがくのみであった。ドイツ軍は防寒準備を有していなかったにもかかわらず、むしろ厳寒の到来による地面の凍結を望んだ程であった。しかし、彼らの望みは叶えられはしなかった。このためドイツ軍の誇る機甲部隊はその威力を発揮できなかった。そうするうちに赤軍の抗戦は目に見えて強まった。こうしてドイツ軍はモスクワの西方数十マイルの地点で釘づけにされた。天候条件が厳しく、補給ルートの脆弱なソ連中央部にて、一進一退の戦いを継続することのもたらす結果は、ドイツ軍にとって時の経過とともに想像を絶する悲惨なものになりえることが予想された。ドイツ軍は冬将軍がその白い肢体を時折見せながら、徐々にしかし着実に向かって来るのを膚で感じつつ、一世紀前にナポレオン軍のたどった運命を思いださざるをえなかった。進撃に進撃を重ねている間、彼らはバルバロッサ作戦開始がナポレオンのロシア遠征出発とほぼ同じ時期であったことを意に介してはいなかった。しかし、今や事情は大きく変化した。ドイツ軍が戦っている軍隊は、ナポレオン軍が対峙した軍隊以上に大規模でよく訓練されたものであることが次第に判明してきた。スターリンは、赤軍のもつ予備兵力の規模にかんしてヒトラーを完全に欺くことに成功した。これにかんしてはイギリスの軍事スタッフも同様に欺かれたのである。(25)

ロンドンがモスクワ陥落のニュースをいつの瞬間にも受けとる覚悟を固めていた一〇月一七日、駐モスクワ・チェコスロバキア大使館付武官ピカ大佐はロンドンのベネシュ大統領に次のような内容の報告を送った。この報告は直ちに、イギリスの政治戦略局のロックハートに伝えられた。モスクワからの遷都に伴い外部世界が東部戦線にかんする一切の情報から絶縁された当時、ピカ大佐は戦線訪問を許された唯一の外部の軍事専門家であった。彼によれば、ドイツ軍の死傷者数はイギリスの予想以上に多大であった。ピカはソ連の死傷者数を二〇〇万、ドイツ軍のそれを一二〇万から一四〇万と推定した。彼の報告の中でより重要と見られた内容は、「ソ連は当初から計画的な退却を行ってきており、この計画に沿って予備軍を貯えている」という点であった。「それゆえにソ連はこれまで決して一五〇ヶ師団以上を前線に配したことはなく、この方針はドイツ軍がそれ以上の規模の軍隊を前線に送り込んでも変更されなかった」とピカは続けて報告している。(26) 外務省スタッフはピカの測定するドイツ軍の死傷者数が誇張されているのではないかとの疑いをもち、彼の報告する赤軍の予備兵力にかんしても十分な注意を払わなかった。しかし、この報告の正しさはのちに証明されることになる。この頃ピカ報告ほどの衝撃的な内容ではなかったものの、東部戦線の各地で赤軍の抗戦が強化され、とくにモスクワを目指すドイツ軍の進撃ペースが低下させられていることを伝える情報がソ連における出先機関からロンドンに送られ、二〇日の第一〇四回閣議に報告された[27]。しかし、これらの情報の示すものはイギリスの軍事スタッフによって大きな意義を見出されるところとはならなかった。

ドイツ軍はモスクワ方面で一〇月中旬の地点からの進撃を阻れただけではなく、さらに二五日頃から東部戦線の形勢自体は徐々に変化していった。一〇月末、ソ連は冬期戦闘のためのフル装備をした予想外の規模の非常に強力な予備軍を前線に配備した。彼らの士気は極めて高く、また彼らの体軀はドイツ兵をふるえ上らせるに十分偉大であった。しかし、イギリス側の情報部はこれらの事態を正確にはキャッチしていなかった。この情報不足はイギリス政府にソ連外交の転換を認識させることに失敗する。以下、ソ連の対英外交における攻勢の開始とイギリス政府のそれへの対応を眺める。

モスクワ会談で武器供給を最大限英米側から引きだした後、ソ連はやや時間を置いて対英要求――イギリス援軍派遣要求と対フィンランド宣戦要求――を再開した。これらは生存を賭して戦っているソ連を政治的に援助するためのものであった。モスクワがパニック状態に陥った一〇月中旬にソ連側は宣戦要求を行ったが、その際ソ連側外交官は「イギリスのソ連への連帯のあかし」としてイギリスの宣戦を定義し、ソ連市民・兵士に対する勇気づけ効果を強調した。フィンランドの侵略にブレーキをかけるという宣戦に本来期待された軍事的効果は取り上げられなかったのである。ところが、ドイツ軍の敗北という形で第一次モスクワ攻防戦の見通しが事実上ついた一〇月後半以降、イギリスの対フィンランド戦争宣言が有する「政治的」意味は、単にソ連の士気を高めるための政治的連帯表明以上のものへと変化することになる。後に明らかにするように、スターリンはそれが客観的であるといなとを問わず、第二次大戦が比較的短期間内に連合国側の勝利に終るとの判断を一〇月末に生じた軍事的展開の変化から引きだした（二〇七頁参照）。スターリンの関心がいかに軍事的敗北を免れるかに注がれていた間、彼がイギリスに発した要求は全て軍事的観点からなされていた。しかし今やスターリンの関心は、一九四一年内ではなく翌年春における対ドイツ軍事行動――第二戦線の開設――に、そしてソ連の戦後安全保障の確保を中心とする戦争目的に対するイギリスの承認に向けられるに至ったのである。独ソ戦から蒙った膨大な被害を考えるなら、ソ連が英米の援助なしに単独でドイツに勝利することは不可能であり、英米の戦争努力はヒトラー打倒に不可欠であることは明らかであったが、独ソ開戦以来、実質的な援助を受けることのなかったソ連は戦争目的ならびに第二戦線交渉において強者の立場を得るに至る。逆に援助を与える側のイギリス政府は、増大しつつあったソ連の対英不信を和らげなければならない必要性から、譲歩に譲歩を重ねざるをえなくなる。東部戦線の形勢変化はこのように英ソ間交渉における力関係を逆転させるのである。

一〇月二一日マイスキーは外務省にイーデンを訪れ、前日の閣議が対三ヶ国戦争宣言問題にかんしてどのような決定を下したかを質し、イギリス政府はいまだこれにかんする最終的決定に達していないとの返答をイーデンからえた。この返答に対して示したマイスキーの反応は外交官として異例のものであった。マイスキーは、ソ連政府がこの問題に大きな重要性を賦与していると述べた後、「イギリス政府が広汎な規模で実質的な援助を行っていない今日、ソ連政府の要求に政治的な面で、できる限り答えることはますますもって重要となってきているのである。であるからこそ、フィンランドに対する戦争宣言を行って戴きたい。どうか。」との発言を行った。この種の発言は、外交官として最も緊急な場合にのみ許されるものであった。[28] イーデン自身、このマイスキーの行動を「外交的交渉において可能な最大限の圧力」と形容している。実際これは外交的懇願といったものであったと言えよう。

対三ヶ国戦争宣言に伴う政治的不利益を越えてソ連政府の要求は満たされるべきであることを痛感したイーデンは、これに向けての努力を継続し、またビーヴァーブルックは武器供給につづき南ロシア戦線問題を通じてソ連政府を勇気づける必要性を力説した。しかし、両者はともに軍事スタッフならびにチャーチルからの強い抵抗に遭遇し、対ソ援助は遅々として実行されなかった。

対フィンランド戦争宣言要求に対してイギリス政府が迅速な反応を示さなかった一〇月後半、ソ連政府はイギリス援軍派遣問題を正式にとり上げるに至る。一〇月二二日クイビシェフにて、モロトフ・クリップス会談が持たれた。これまでマイスキーやクリップスはコーカサスと南ロシア（ウクライナ）とを厳密に区別することなく使用していたが、席上モロトフはコーカサスに独ソ間の戦線は存在していず、イギリス軍は南ロシアに派遣されるべきであることを述べた。これに対し、イギリス大使は北方もしくは南方ルートによりフル装備の一ないし二ヶ師団を南ロシアへ派遣することを提案した(29)。翌二三日、訪ソ中のイギリス労働組合会議（Trades Union Congress）のシトリーン（Citrine, Sir Walter）とクリップスはモロトフとの会合を持った。席上モロトフは、九月一三日付けのスターリン書簡に盛り込まれた、アルハンゲリスクもしくは南ロシアへイギリス軍二五ないし三〇ヶ師団を派遣する提案が、未回答のまま放置されていることを明らかにした。ソ連側はこの問題を取り上げるべき時期を待っていたのであった。会談の内容はイギリス側がこの時点で強者の立場をすでに失いつつあったことを示している。

モロトフ：……同志スターリンも私も我々の提案に対する回答がなされていないと考えている。もし、イギリス側の回答が否定的と見做さざるをえないものであるなら、私は同志スターリンにその旨を伝える。そしてその後この問題はソ連政府によって二度と提起されないであろうことを請け負おう。

クリップス：ここには明らかな誤解が存在している。

モロトフ：とにかくわが政府の提案は未回答のままである。[30]

クリップスは英ソ関係がこの問題によって決定的に悪化することを恐れ、直ちに対ソ援助を行うべきだとする彼自身の判断を含む報告電報を本省に送った。その中で彼は、「この心理的混乱の雰囲気にあって、この問題が将来における英ソ共同の反ドイツ闘争の存在ならびにその成功にあって有する重要性が死活的なものであることは明らかである。現時点でソ連政府を落胆させるやもしれない何物も避けられるべきである。」と主張し、前日彼がモロトフに伝えたプラン――一ないし二ヶ師団の南ロシア戦線への派遣――を実行に移すよう要請した。[31]

一方同日第一〇五閣議にて、イーデンは戦争宣言要求にかんするメモランダムを提出し、その中でイギリス政府は戦争宣言を行うべきであるとの意見を示した。イーデンはフィンランド・ハンガリー・ルーマニア各国に対してイギリスが宣戦を行った場合に生ずると予想される不利益な点を列挙した上で、結論として「この重大な時期にあって、我々は同盟国ソ連からの要求を拒絶したり、彼らを落胆させるべきではないという一点が有する重要性は、上に述べたイギリスに不利益をもたらす諸点の合計を凌駕していると考えられるので、私個人としては宣戦に賛成である。」と述べた。イーデンは、ことフィンランドにかんしては合衆国政府との事前の協議が必要であることを指摘した。[32]閣議はこのメモランダムを基に協議を行った結果、イギリスはまず合衆国ならびに英連邦諸国政府の見解を求めた後にこの問題にかんする最終的決定を下すべきこと、また各政府の見解を求める際に戦争宣言のもたらす利益、不利益をバランス・シート形式で明らかにするのみで、イギリス政府が戦争宣言を行う方向に傾いている等の価値判断を一切つけ加えるべきではないことが決定された。これに対してビーヴァーブルックは反対を唱え、合衆国・英連邦諸国の肯定的見解を引き出しうるような積極的コメントをつけ加えるべきであると主張した。しかし、労働党系閣僚のアトリー、ベヴィン（Bevin, Ernest）、グリーンウッド（Greenwood, Arther）はビーヴァーブルックらの親ソ政策に組することなく、結局英連邦諸政府ならびに合衆国政府への打診がバランス・シート形式でなされる決定は覆されなかった。(33) 翌一〇月二四日、外務省のサージェント（Sargent, Sir Orme）次官補はマイスキーに、イギリスは対三ヶ国宣戦の是非を英連邦諸政府ならびに合衆国政府に打診中であることを伝えた。(34) こうして、宣戦問題にかんする決定はさらに先に引き延ばされることになった。

モスクワ近郊で起ったドイツ軍による首都防衛網の突破に象徴されるモスクワ陥落の危険性は、こと今回のモスクワ攻勢の第一波にかんするかぎり一〇月二二日までにほとんど消滅した。(35) 同時にソ連政府はイギリスに対する不信の念を新たにし始めていた。一〇月二五日クリップスは、「ソ連政府・赤軍兵士そしておそらく国民一般の中に、一切の軍事援助を控えつづけているイギリスに対する強い反感が存在している。英ソ間の友好的関係を樹立するために、イギリス政府は最低一軍団プラス空軍部隊を直ちに東部戦線北方もしくは南方方面へ派遣すべきである。」との勧告を本省に行った。(36) このクリップスの勧告は、東部戦線における赤軍の著しい抗戦力の回復にともなって、ソ連側がイギリス外交官に政治的圧力を加える余裕を取り戻した事情を反映していた。この頃駐ソ大使館付武官の前線訪問は依然許可されていなかっただけでなく、全外交関係者もモスクワからクイビシェフへ移されたため、イギリス側は赤軍とドイツ軍がいかなる展開――とくにモスクワ戦線において――を遂げていたかにかんする信頼すべき筋からの情報を入手しえなかった。そのため陸軍で用意された地図つきの東部戦線の戦況レポートは九月二七日から一一月二七日まで、作成不可能となっていた。

しかし、カドガン次官は二五日の日記に「東部戦線にかんする良いニュースが信頼すべき筋からもたらされた」と記している。外務省ファイルから判断する限りカドガンが述べているのは前述したチェコスロバキア武官ピカ大佐からのものについてであったと思われる。また一〇月二七日、モスクワ市民の士気が非常に高い状態に維持されていることを間接的に伝えるメイソン・マクファーレンからの情報がロンドンに寄せられた[37]。未確認ではあれ、東部戦線における微妙な流れの変化を示唆するこのような情報に接した対ソ援助派は、ソ連がたんに一九四一年を生き延びるだけではなく、最終的にも陥落を免れた状態でドイツの敗戦という事態を迎える可能性が以前に比して格段に高まったことを認識する。こうして彼らは対ソ援助に向けての努力を倍加させる。

3　ソ連の対英不信の兆し

このような東部戦線にかんする情報をロンドンが入手した頃、ソ連の対英政治要求は急速にエスカレートする。一〇月二七日マイスキーはイーデンを訪れ、対三ヶ国戦争宣言にかんしてイギリスが最終的決定を下したかいなかについて質した。これに対してイーデンが否定的に答えるや、マイスキーは宣戦布告がソ連政府にとって何故それほどまでに重要であるかについて説明した。これは強い説得力を持っていた。マイスキーは次のように説明したのである。

イギリスは東部戦線において赤軍兵士と肩を並べて反ドイツ軍事闘争を行っていないばかりか、他のいかなる戦線においてもドイツ軍と交戦していない。ソ連政府はこの事態を国民に説明するすべを知らない。英ソ間に真の同盟が存在していることを国民に示したいと望んでいるソ連政府はこのため、ソ連への連帯を象徴するイギリスの対三ヶ国戦争宣言発布を希望するのである。

このマイスキー発言は、ソ連市民の士気を低下させるためのドイツ宣伝省のプロパガンダ――イギリスは対ソ援助を実行する意思を有していず、したがって完全に見棄られたソ連の敗北は運命づけられている――が、イギリスが独ソ開戦後数ヶ月に至っても第二戦線を形成していないという厳然とした事実によって非常に効果的なものに保たれていることをイーデンに喚起させた。マイスキーはさらに、ヒトラー連合はフィンランド・ルーマニア・ハンガリーをすでに含んでいるのであり、イギリスの戦争宣言はこの動かし難い事実にいかなる変化をももたらさないのであるとたたみかけ、強く宣戦を要求した。[38]

さらにこの日マイスキーはイーデンに南ロシア戦線問題にかんする要求をも行った。しかし、マイスキーの交渉の仕方は三ヶ国宣戦要求で彼が見せたストレートさを欠いていた。まずソ連大使は、イギリスが対ソ援助のために援軍を派遣する可能性について検討中であることを理解しているとことわった後、「しかし、イギリスは象徴的な規模の軍隊を派遣すべきではなく、可能な限り大規模の兵力を本年度の終りに、そしてしかるべき後の時点にさらに増援軍隊を派遣することを計画し、ソ連政府に提案すべきである」との主張を行った。東部戦線が危機的状況にあった初秋段階でソ連側は迅速な派遣をイギリスに求めたのであったが、このマイスキー発言は一〇月末の時点ですでにソ連が一九四一年中における対ドイツ戦の遂行に自信を得たことを明瞭に示している。さて、マイスキーは「イギリス軍が赤軍とともに肩をならべ戦うことは政治的観点からみてこの上ない重要性を持っている」と述べ、さらに「イギリスは援軍をコーカサスのみに送ると提案することのないようにして戴きたい。もしイギリス政府がコーカサスに固執するならば、それはソ連の対英疑惑を引き起す結果をもたらすからである。」と続けた。[39] この日のマイスキーの発言はソ連の対英外交姿勢の変化を示している。モロトフやマイスキーがこれまで宣戦や南ロシアへの援軍派遣要求に賦与した政治的重要性は、喪失されつつあった赤軍兵士や市民の士気を今一度刺激する点に求められてきたのであった。その意味で、「政治的重要性」は二要求の本来の目的であった軍事援助効果に対する付加であった。しかしこの日マイスキーは、当面の問題となっている二要求（とくに南ロシアへの援軍派遣）に対するイギリス政府の消極的な姿勢の堅持がソ連政府の対英不信を引き起す可能性について仄めかしたのであり、ここでマイスキーが二要求に賦与した政治的意義は従来のような対ソ援助への「プラス・アルファー」としてではなく、英ソ関係の悪化へと導くソ連の対英疑惑の増長を防止するためのものとして考えられるべきものであった。以後イギリス側は援助提供者としての強者の立場を次第に失うことになる。このことはソ連とイギリスの当時の対ドイツ戦争遂行上の貢献度に変化が生じたことのたんなる副産物ではなく、六月二二日以来イギリスがソ連の敗北を前提としてとった対ソ援助不履行政策の支払うべき代価であった。イギリス対ソ外交の中心的課題の一つは、生じつつあったソ連政府内の対英不信を除去することに定められる。しかし、ドイツ軍打倒以外の目的を眼中に置かなかった軍事スタッフは、東部戦線における意義深い流れの変化をイギリスの対ドイツ戦争遂行上好都合な事態の生起とのみ見做し、赤軍が攻勢に転じ始めたいま、以前にもまして英ソ関係の改善、強化が政治的観点から重要であることを説く対ソ援助推進派の努力を、正当に評価しなかった。

一〇月二七日午後五時から開催された第一〇六回閣議に、「総じてここ四日間にわたる東部戦線の展開は好ましいものとなっている。……天候不順により主要幹線道路の通行は非常に困難となっており、また幹線以外での交通は完全に不可能となっている。……補給上の困難とこの悪天候によりドイツ軍の軍事的成功は大いに阻害されている。」との報告がなされた。[40] しかしこの報告も参謀スタッフに近い立場から東部戦線を眺めたチャーチルの全般的な対ソ姿勢に大きな影響を与えなかったことは、同日のイーデン・マイスキー会談において後者からなされた対三ヶ国戦争宣言要求について同閣議が討議を行った際のチャーチルの発言から明らかである。彼は「もし我々がこれらの国に対して宣戦を布告するなら、ヨーロッパ大陸諸国からなる一大連合の総帥としてのヒトラーという像に色どりを与えてしまうことになろう。このことも我々がソ連の要求を満たして宣戦を発すべきではないという主張に、今一つの理由をつけ加えているのである。」と述べたのである。これに対してイーデンはチャーチルに真向うから反対する態度を示した。閣議は協議の結果、「イギリス政府は宣戦布告が同国に著しいマイナス効果をもたらすと考えており、したがって同政府はソ連が強い圧力を我々に加えた場合にのみこの問題の再考を行う用意を有している」こと、さらに「イギリス政府は合衆国政府ならびに英連邦諸国政府にこの問題にかんする見解を打診している」ことの二点を、マイスキーに伝えるようイーデンに指令した。(41) 結局あらゆる不利益にもかかわらず、宣戦布告を三ヶ国に対して行うべきであると主張したイーデンの意見は退けられた。一〇月中旬からマイスキー、モロトフによって「強い圧力を加え」られ続けたにもかかわらず、イーデンは上記のような回答を行わざるをえなくなったのである。九月四日付けのスターリン宛親書でチャーチルはフィンランド宣戦要求に対して前向きの姿勢を示したにもかかわらず、イギリス政府はこれに非常に不承不承であることが正式にソ連側に伝えられることになる。

対ソ援助問題は同一〇月二七日さらに軍事側面における討議を要求した。同夜、第六九回防衛委員会(O)はクリップスの提案するコーカサス(この場合はウクライナを意味)へのイギリス軍派遣問題を討議するために開催された。チャーチルは、約一ヶ月後に第五〇師団を、そして三ヶ月後には第一八師団を中東経由で独ソ戦線へ送り込む能力をイギリスが持っていることを明らかにした上で、これら二ヶ師団を膨大な規模の東部戦線に投入することは有意義ではないと主張した。チャーチルはより具体的に、①これらの部隊の輸送には多大なエネルギーを要すること、②装備が赤軍のそれと異なるため共同の戦闘を行う利点がないこと、③この部隊は結局ドイツ軍によって撃破されるであろうことを指摘した。このように述べて次にチャーチルは、状況に応じて南下させることを前提とする飛行中隊（六ないし七中隊の規模）をソ連北方領域に派遣することを、二ヶ師団の提供にかえてソ連側にもちかけるべきことを主張した。同委員会はそこで、チャーチルの提案をソ連側に伝えるとして、陸軍の派遣が不可能である理由を具体的にどのように説明するかについての討議に入った。一つの可能性として、ローズベルトの仲介の労をえることが提案された。このような方式が考えられたこと自体、イギリスがソ連政府とのこれにかんする交渉にいかに困難を感じていたかを示している。その論議から南ロシア援軍派遣問題へ再び話題を移したのはイーデンであった。彼はペルシャ防衛にとって重要な拠点であるコーカサス保持のためにどの程度の軍事力が必要であるのかを知ることが先決ではないかと述べ、ディル参謀総長はコーカサス防衛の重要性にかんする評価においてイーデンと意見を同じくした。ディルは南方ルートで二ヶ師団を派遣し、これらが北上した時点に赤軍がまだ抗戦を継続していた場合には英ソ共同の戦線を形成して赤軍に援助を与え、逆にロストフが陥落していた場合でも最低限二ヶ師団をコーカサスにまで送り込むことは確保されるであろうと主張した。ディルの主眼はあくまでバクー油田の徹底破壊にあった。しかし、チャーチルは依然、中東経由で二ヶ師団をソ連南方に派遣するプランの妥当性に疑問を呈した。結局同委員会は二ヶ師団の派遣と最大限八飛行中隊（当時ムルマンスク駐留の二中隊をふくめて）をソ連領内に投入する計画を、中東軍司令官と協議の上で防衛委員会（O）に答申するよう参謀長委員会に命じてこの問題の討議を打ち切った。[42] 同委員会の採用した方針を具体的に述べるなら、南ロシア戦線へのイギリス軍派遣問題にかんしてイギリスはさらに沈黙を守るということであった。この決定は東部戦線にかんする信頼すべき情報の不足に起因していた。イギリスにとっての選択肢は、参謀スタッフの推すコーカサスへの二ヶ師団派遣と、より消極的なチャーチルの飛行中隊派遣であった。しかしこの両者間の選択もやはり東部戦線にかんする情報不足のため非常に困難であった。前述したように、チャーチルは早期におけるイギリス軍派遣のもつ危険性――ソ連側からドイツ軍との交戦のために派遣軍を北上させるべきであると要求されること――を考慮し陸軍の派遣に不承不承であった。軍事スタッフはドイツ軍の進撃能力に対する彼らの例によって高い評価に基づいて、派遣軍のソ連領到着時にウクライナ戦線は消滅しているであろうと計算し、直ちにソ連側に対する提案を行うべきであると考えた。両者間の選択を正しく行うには、まずいつの時点でロストフが陥落するかを知ることが必要であった。ロストフ陥落はこうして南ロシア援軍派遣問題のバロメーターとなる。こうして同委員会はロストフ陥落にかんする情報が入るまで決定を引き延ばすことに落ち着いたのである。対ソ援助にかんして上記のような決定を行ったのち、同委員会は一七日参謀長委員会がチャーチル、イーデンらの予想に反し賛成を行ったウィップコード作戦を討議した。しかし、ここで参謀スタッフはイーデンの危惧どおりこの案に反対を唱えた。その理由は海軍の輸送力の限界に求められた。非常に長びいた議論の末、ついに同作戦は葬られた。(43) チャーチルは参謀スタッフの消極性に気を滅入らせざるをえなかった。(44) 独ソ戦開始後初めてのイギリスによる軍事攻勢は一一月中旬のクルセイダー作戦まで延期されることになった。たとえシシリー島攻略作戦が直接・間接にソ連援助としての意味を持つかいなかにかかわりなく、ソ連外交による圧力を受けたイギリス政府が早急になんらかの軍事行動を実行することは政治的な観点から重要であったのであるが。

一〇月二八日、チャーチルは南ロシア英ソ共同戦線を形成するためのイギリス軍派遣要求に積極的対応を示すべきであると主張し続けている駐ソ大使クリップスに対し以下に紹介するメッセージを送った。このメッセージをチャーチルが書いた際の心境を示すエピソードとして、前二七日の夕方、閣議と防衛委員会(O)との間に行われたチャーチル・イーデン会談の内容は興味深い。チャーチルは反ボルシェビキ感情を強く表わし、イーデンの親ソ政策を批判したのである。チャーチルは、「我々は兵士を送ってソ連を助けるなどといった贅沢を行うことはできない。物資補給で十分である。」と主張した。労働党出身の閣僚も国内における共産主義者に対する嫌悪と恐怖により、チャーチルに劣らぬ消極的対ソ援助方針を持っており、イーデン、ビーヴァーブルックの二人は閣議にあって孤立を深めていた。イーデンは、チャーチルが当初見せた対ソ援助にかんする熱意を失い、ソ連が重荷になってきた今、同国に対する厳しい方針を持っていることを見てとった(45)。この感情はチャーチルのクリップス宛てのメッセージの中に噴出している。

「困難な立場にある貴下ならびに苦悩を続けるソ連に対して深い同情の念を禁じえない。しかしソ連政府は我々を非難する権利を有していない。なぜなら彼らが独ソ不可侵条約を締結したことによってヒトラーのポーランド侵略が可能となったのであり、ひいてはそれがこの戦争を引き起すことになったからである。したがってソ連政府は現在彼らにふりかかっている運命を自ら招いたのである。彼らはフランス軍が撃破される時、効果的な第二戦線を形成しなかった。六月二二日に先だって、もし彼らが事前に我々との軍事協議に入っていたなら、我々が今ソ連に送っている武器弾薬をより早く彼らの許へ届けることを可能としたはずの多くの取り決めがなされていたであろう。独ソ戦開始まで我々は、ソ連が独英両陣営のどちら側につくのか判断できなかった。我々はまる一年もの間孤立の対ドイツ抗戦を強いられた。しかしその間イギリスの共産主義者はモスクワからの指令に基づいて、イギリスの戦争努力を妨害するために全力を尽した。もし我々が一九四〇年七月ないしは八月に侵略を受けるが、もしくは大西洋の戦いの結果本年飢餓状態に陥っていたとしても、彼らソ連は全く我々に無関心であったろう。もしソ連がドイツのバルカン侵略に対してなんらかの行動をとっていたなら事態は大いに変っていたであろう。だがソ連は不作為を決めこみ、結局ヒトラーにソ連邦を攻撃する時機を選ばせてしまった。このような前歴を持ついかなる政府が、我々がアフリカを征服しようと企てていると非難したり、ソ連の犠牲の上にペルシャにおける自らのヘゲモニーを獲得しようとしていると邪推したり、さらに我々は「赤軍の全滅」を心待ちにしていると疑ったりしても、我々は一向にそれらを意に介する必要性を見いだしえないのである。もしかりに彼らが我々に対して不信の念を抱いているとしても、これはまったく彼ら自身の心に巣くっている自己有罪意識ないしは自己譴責の賜であるにすぎない。

我々は全く正直に行動している。我々は、イギリス軍の再武装計画の完遂を遅延や来春に予想されるドイツ軍の本島侵略に対する防衛力低下の危険をも省みず、対ソ援助のために全力を尽してきた。我々は有意義と考えられる何事をも能力のおよぶ限り行う用意を持っている。しかし、ロシアの奥地に二ないし三ヶ師団からなるイギリス軍もしくはイギリス・インド混成軍を送ることは完全に馬鹿げた企である。それらは包囲され粉砕されるに違いない。ソ連は決してマンパワーの不足に陥っていず、今や幾百万ものよく訓練された兵士は新式の装備を必要としているのである。我々はこれらの装備を、荷上げ・輸送能力の許す限り送っているし、これからもそうするであろう」。

続けてチャーチルは、①長期にわたって計画された戦略を大きく変えることは不可能である、②ペルシャへ派遣すると彼が提案した部隊はドイツ軍との戦闘に耐えるだけの能力を有していない、③コーカサスへ小規模のイギリス軍を送る提案にモロトフが拒否の態度を明らかにしたことは遺憾である、④ソ連領土の譲渡をテコとしてドイツがトルコを枢軸側に加入させようとしているが、これを阻止するためにイギリスは全力を尽している、の四点をクリップスに説明した。最後にチャーチルは、この電報を送るそもそもの目的を果すために次のように述べた。

「当然のことではあるが、我々はかくも徹底的な打撃に苦しみ、かつかくも勇敢に戦っている者から感謝の表明を得ようと期待してはいない。しかし我々にしても何故彼らの非難によってかき回わされなければならないのか、その理由を見出しえないのである。貴下がこれらの諸点をソ連側に表明することを通じて、彼らの傷に塩を擦りこませる必要がないのは勿論のことであるが、私はただ英国民の忠誠・誠実・勇気をソ連側に認識させるよう貴下が全力を尽すよう期待する[46]」。

このメッセージはその後半部から理解されるようにイギリスの対ソ援助方針をクリップスを通じてソ連側へ明確に説明させ納得させるためのものではなく、ソ連側との接触の度毎にソ連の要求に同調し、ソ連政府の立場を代弁する形で外務省またはチャーチル個人に働きかけたクリップスの行動を抑制しようとする点にあった。スターリン宛てのものとは異なり、クリップスへのメッセージはソ連の抗戦意欲に対する影響を考慮に入れる必要がなかっただけに、よりストレートにチャーチルの対ソ援助観が前面に踊りでていた。ここから理解されるのは、彼の公式方針とは裏腹にその実際上の対ソ援助方針が一九三九年の独ソ不可侵条約からの約二年間におけるソ連の行動に対する憤慨によって大きく左右されていたことである。ソ連の組織的抗戦力を期待しえた限りにおいてこの反ソ感情は抑えられていたにすぎなかったのであり、チャーチルの六月二二日対ソ援助決定の本質はここに明瞭に示されている。

一〇月二八日クイビシェフにてクリップスはヴィシンスキーから東部戦線にかんする情報をえたが、それによるとモスクワ前線においてドイツ軍は九月一五日の地点から一歩も前進できず、モスクワ防衛陣は堅牢と判断され、またウクライナ戦線の焦点であったロストフも陥落の直接的脅威に晒されてはいなかった[47]。同日マイスキーは外務省にイーデンを訪れ、南ロシア戦線への援軍派遣プランにかんする決定についての情報を求めた。これに対して、一〇月二二日モロトフがコーカサスへ小規模軍を送るイギリスの提案を拒否したことにイーデンが遺憾の意を表明すると、マイスキーはコーカサスへ軍隊を派遣できるイギリスがいったいいかなる理由で南ロシア戦線へはこれをできないのかと詰め寄り、ソ連政府はこの理由を全く理解できないと言い放った。[48] イーデンがバクー油田破壊という真の理由について言及しなかったのは当然である。

一〇月の最終週に至りようやく、赤軍が抗戦を強め始めた様子を伝える情報がロンドンに寄せられた。一〇月三〇日の第一〇七回閣議にて、「東部戦線は二七日以来殆ど変化を見せていない。赤軍はレニングラード方面とカリーニンにて反攻を行っている。モスクワ・ウクライナ方面のドイツ軍は悪天候のため非常な困難を蒙っており、ロストフにおける赤軍の抗戦は粘り強く展開されている。」との軍事報告がなされた。[49] 一〇月二五日以降たしかに東部戦線では独ソ間の形勢逆転がその底流にて進行しつつあった。大規模の予備軍の投入がもたらした効果は偉大であった。しかしイギリス政府は間接的に伝えられた軍事的展開の変化における天候上の要因を過大評価し、天候の回復とともにレニングラード、モスクワ、ロストフはドイツの手中に陥る可能性を予測した。この軍事的展開の読み違いはイギリスの対ソ政策上の誤りを引き起すことになるが、そこにあって信頼すべき筋からの軍事情報の欠如は非常に大きな要因となっていた。一〇月三一日コリエール空軍少将（Collier, Air Vice Marshall）とメイソン・マクファーレンは情報供与を完全に拒むソ連側の対応を伝える電報をロンドンに送り、イギリス本国からのソ連当局に対する政治的圧力を求めた。[50] ソ連駐在のイギリス外交官にとって軍事情報を得ることが当時いかに困難であったかは一一月四日のクリップス報告によって良く示されている。クリップスはその中で、「一〇月一六日から一八日にかけて前述したモザイスクにて起ったドイツ軍による首都防衛網の突破は一種のパニック状態を引き起したように思われる」と述べているのである。[51] この情報の遅さ、確度の低さは象徴的と思われる。

イギリス政府がベネシュ経由でピカ大佐からの第二・第三報告を受けとったのは、まさにこのような状況下においてであった。これらの二報告は一一月四日イギリス戦時内閣構成メンバーに配布された。イーデンはピカ大佐について「彼はソ連を熟知しており、今日最も信頼できるソ連観察者の一人である」と紹介している。第二報告によれば、レニングラード陥落の恐れはなく、モスクワ戦線へは大規模の予備軍が投入されソ連政府筋は首都防衛に非常な自信を示していた。一〇月二九日付けの第三報告は「モスクワ疎開のショック以後、事態は次第に正常に向かって進みつつあり、またたとえモスクワが陥落したにせよ、赤軍の組織的抗戦がこれによって影響を受けることはないであろう」との結論を下した。さらにピカ大佐によれば、オイル不足のためにドイツ軍の進撃は滞おり始めており、とくにモスクワ南西部においては、ドイツ軍の進撃は騎兵部隊に頼らざるをえなくなっていた。そしてピカは、ごく近日中に首都攻防の命運を決する戦闘が開始されるであろうが、最悪の場合でも赤軍はかなり長期にわたって防戦を行いうるであろうとの予想を伝えた[52]。ソ連の組織的抗戦が長期化する見通しを明らかにしたこのピカ報告は、ソ連の組織的抗戦の終焉を近い将来に予想してイギリス政府が採用した時間稼ぎ戦術の有効性に疑問を投げかけていた。対ソ援助積極派のイーデンはピカ報告を通じて、従来の対ソ政策を変更させようとしたのであった。しかしピカ報告は、対ドイツ戦略という純軍事的枠組で規定された従来からの対ソ方針が、戦後期をも含めたより長期的な政治的パースペクティブに基づく基本政治戦略としての対ソ政策へと転換されるべきことを説いたイーデン、ビーヴァーブルックらの努力の正しさを即座に理解させるほど強力なインパクトを有してはいなかった。ただ外務省ルートによってもたらされた同報告が軍事スタッフ経由の情報よりはるかにひいでた信頼度と詳細度を有していたため、対ソ援助問題にかんするイーデン、ビーヴァーブルックらの立場は以前以上に強化された。

4　ソ連の反攻と英ソ関係

一〇月末から始まった東部戦線における赤軍の反撃を契機として、ソ連はイギリスに対する外交攻勢を開始する。その重点はまず対三ヶ国宣戦要求に置かれたが、それにかけるソ連側の最終的な狙いは東欧にかんする政治的取り引きのテーブルにイギリス側をつかせようとすることにあった。一〇月二八日モロトフは、もしイギリス政府が三ヶ国に対して宣戦布告を発するなら、ソ連政府はこれに対して感謝するであろうことをクリップスに明らかにした。さらにモロトフは、二一日の彼のメッセージ――宣戦布告は英ソ間の連帯の象徴である――を強調しつつ、イギリス政府がこの要求を満たすよう「非常に切迫した調子」で訴えた。(53) このモロトフの要求を伝える電報をクリップスから受けとった外務省は、駐米大使ハリファックスに次のようなメッセージを送らざるをえなかった。

「我々がこの要求を満たすかいなかに対してソ連政府は非常に大きな重要性を賦与していることは明白である。したがって、危急存亡の状態にあるソ連政府が我々によるこの種のジェスチャーを要求している以上、我々がこれを退りぞけて彼らを落胆させるべきではないのは当然であろう。(54)」

しかし、ソ連はこの時、もはや「危急存亡の状態下」から脱していた。一〇月三一日朝マイスキーはイーデンを外務省に訪ね、ソ連政府から届けられたメッセージとして「フィンランド軍は現在モスクワ戦線に参加中であり、このことはソ連のラジオ放送によって公表されている」ことをイーデンに伝え、さらにマイスキーは「この情報がイギリス政府によるフィンランド・ハンガリー・ルーマニアに対する宣戦布告を導き出すことをソ連政府は切実に希望している」こと、「ソ連に対するイギリスの連帯の象徴となるこの決定にソ連政府が測り知れない程大きな重要性を賦与していることを再度強調した。」[55]同日さらにマイスキーは当時ソ連に大きな期待を抱き外務省に隠然とした影響力を有していたセシル（Lord Cecil, Robert）に会談を求め、独ソ開戦以来の英ソ関係が「防衛的同盟」に留まっていることを嘆いた上で、英ソ間のより積極的な形での同盟がいかに重要であるかを説き、結論として英ソ間のより緊密な同盟を確立させるためにイギリスは第二戦線を形成するかもしくは南ロシアへ援軍を派遣することが重要である旨を力説した。[56]ここでマイスキーが行った軍事援助行動要求は純粋に軍事的利益を求めて行われていず、むしろ英ソ外交関係を強化する上で軍事行動は有益であるという観点からなされているという点から、彼の行動は対ドイツ戦争遂行にかんする楽観的な見通しに支えられていたと言えよう。

さて、一一月一日ハリファックスはイギリス政府が以前に打診した対三ヶ国宣戦にかんする合衆国政府の反応を報告した。それによると、「ハルは明言を避けたため私の判断によるほかないが、合衆国政府はいまだイギリスの宣戦布告に対する賛成・反対のどちらにも強く傾いてはいない。あえて言うならば、彼らは宣戦布告を得策とは考えていないように思われる。」のであった。[57]明らかに合衆国政府は助言を控えたのである。合衆国ならびに英連邦諸国政府の反応が報告された一一月三日の第一〇八回閣議は、この問題を討議した。英連邦諸政府の反応は「イギリス政府の決定を尊重するという」ものであった。〔オーストラリア政府のみが宣戦布告に賛成の意向を示した。南太平洋に迫りつつあった日本の脅威に対するソ連の牽制力を引きだすため、オーストラリア政府はソ連を連合国側により強く引きつける必要性を見出したのであった。FO371／29354, N6369／185／56.〕。結局、イギリス政府がこれらの政府への打診から得たものは「時間」のみであった。ソ連外交の度重なる強硬で粘り強い圧力にもかかわらず、合衆国政府から否定的と受けとられる反応を得たことに支えられて、チャーチルはスターリンに書簡を送り、①イギリス政府は宣戦布告に不利益を見出している、②英連邦諸政府はおしなべてこの措置に賛意を持っていない、③スターリンはそれでもなお宣戦に対して大きな重要性を賦与するかどうかをうかがいたい旨をその中で伝えたいと主張し、閣僚からの賛成を得た(58)。

翌一一月四日チャーチルは、長期間にわたってソ連側への回答を引き延ばしてきた対三ヶ国宣戦要求と南ロシアへの援軍派遣要求に対する回答を含む親書をスターリンに送った。しかし、これは二要求に対する最終的回答とはなっていなかった。前者にかんして、チャーチルはイギリスのその時点における戦争宣言が得策ではないと判断していることを明らかにし、この要求についてスターリンの再考を求めた。チャーチルは、当時すでにイギリスは三国に対して経済封鎖を実施中であり、また宣戦は「形式的な問題にすぎない」のであり、戦争宣言は英ソ両国に利益をもたらさないと率直に述べた。その理由は、まず第一に合衆国の世論が親フィンランド的であること、第二にルーマニア、ハンガリーは本来親英的であり、後の時点で両国を連合国側へ引きよせる可能性が強く存在していること、そして第三にイギリスの宣戦はヒトラーを反英・ヨーロッパ連合の盟主にしたてる効果を有することにもとめられた。そして、チャーチルは第一〇八回閣議の決定に基づきスターリンの再考を次のように求めた。

「願わくば、宣戦のもたらす利益に我々が懐疑的であるその根拠を我々の側に熱意や連帯感が欠如しているという点に求めないで戴きたい。オーストラリアを除いて、英連邦諸国も宣戦に反対しております。しかしながら、もし貴殿がなおイギリスの宣戦の持つ効果が実際的なものであり、真に価値を有するものであると考えられるなら、私は再びこの問題を閣議に諮る用意を持っております」。

この文面でチャーチルが伝えたかったことは、合目的的に判断する限り戦争宣言は連合国側に利益をもたらさず、したがってイギリス政府はこの行動の選択に反対であるが、スターリンがそれにもかかわらずこれを強要した場合にのみ再検討を行うということであった。チャーチルはスターリンの現実的理性に訴えようとしたのであった。しかしスターリンによる宣戦要求は戦争目的承認に狙いを定められていたのであり、したがってそれは十分に「現実的でありまた理性的」であった。

次にチャーチルは宣戦要求とならぶ懸案であった南ロシアへの援軍派遣問題に話題を移した。九月下旬にスターリンが行った二〇ないし三〇ヶ師団の援軍派遣要求に対する正式回答がなされていないとの再三にわたる苦情にもかかわらず、ここでチャーチルはまたしても最終的な回答を与えなかった。彼は「スターリン要求にかんする諸々の事態を明確にし、さらには今後の軍事作戦計画を練るためにウェーベル、パジェット両将軍をソ連へ派遣し、そこでいかなる状況にイギリスが置かれているか、何をイギリスはなしうるか、そしてイギリスは何を得策と考えるか等についての説明を行わせる」用意を有していることを述べた[59]。両将軍は各々の任務分担を持っていた。ロシア語の高い能力を利して説得力が期待されたウェーベル将軍の任務は、バクー油田施設破壊のための小規模軍のコーカサス派遣に対するソ連側の同意をとりつけることにあった。これに対してパジェット将軍〔パジェット将軍は先に国内軍参謀長としての任務を解任され、新たに極東軍司令官として極東に赴く予定であり、イギリス政府はこの機会を利用して彼をソ連へ立ち寄らせる便宜を考えついたのであった。〕は前イギリス国内軍参謀長として、イギリスが第二戦線を形成することが不可能な理由、ならびに大規模な援軍の派遣を行うことができない事情を説明する目的を持っていた。イギリス政府が彼らに期待した交渉のシナリオは、まずパジェット将軍がイギリスの軍事力の限界を理由にスターリンの要求する規模の援軍派遣が不可能であることを説明し、ついでウェーベル将軍がイギリスのなしうる最大の貢献としてコーカサスへの小規模軍派遣を提案し、このようにして巧妙にソ連側の合意をとりつけることであったと思われる。スターリンの要求に対する拒否は当初から決定されていたにもかかわらず、イギリス政府が二ヶ月にもわたってこの決定を明らかにしなかったのは、ひとえにその決定の通知がコーカサスへの小規模軍派遣の可能性を消滅させることを恐れてのことであった。イギリス政府はウェーベル将軍が提案する予定のコーカサスへの援軍派遣にスターリンがどのような反応を行うかを探ろうとした。[60]

チャーチルは同日の親書の中でさらに「私はイギリスの目下の軍事計画案についてなんらの情報をも貴下に与えることはできません。これは貴殿が我々にこの種の情報を与えることができないのと同様です。しかし、我々はとにかく怠惰に時を過すことはありませんので御安心下さい。[61]」と述べた。これはソ連側が一切の軍事情報を提供しようとしないことに対するしっぺ返しを意図したものであった。チャーチルはソ連側に情報の提供を率直に求めず、このような表現を行ったのである。結局九月四日の親書はまず三ヶ国戦争宣言問題にかんしてスターリンの再考を求め、南ロシア援軍派遣問題では再び明確な回答を与えず、そして最後に軍事協力の前提となる情報提供にかんしてはソ連側が従来の態度を崩さない限り、イギリス側もソ連への情報を提供しないということをスターリンに伝えたのである。一一月四日のチャーチルのスターリン宛ての親書はソ連側の期待を再び裏切る性質のものであったといえる。ドイツの攻勢に抑えられていた間ソ連政府は、イギリス政府が公的にうちだした全面的な対ソ援助方針にもかかわらずその実極めて消極的なそして一貫性を欠く政策を貫いたことを眼のあたりにしつつも、それに対して特に強硬な態度を示すことはできず、ただひたすら援助を求めるのみであった。しかし、一一月の初旬の東部戦線の状況は過去四ヶ月のそれから大きく変化していた。これが一〇月下旬から始められていたソ連の対英外交攻勢の背景に存在していたことを十分に認識せず、チャーチルは従来の対ドイツ戦略の一環としての対ソ方針に基づいた内容の書簡を送ったのであった。明らかに事態はより長いパースペクティブに基づく対ソ連政治戦略を採用する必要性をイギリス政府にさし示していたにもかかわらず。

一一月四日に発信されたチャーチルのスターリン宛て親書は、それ自体ソ連政府を勇気づける内容を持ってはいなかった。クリップスが幾度も報告したように、対英不信を高めつつあったソ連の政治リーダーがこれに好意的な反応を示さないであろうことは、同四日このメッセージをイーデンから見せられたマイスキー大使の言動からただちに推察された。マイスキーはまず対三ヶ国宣戦にかんするチャーチルの文面に大きな落胆の色をみせ、この要求を実現させるために彼が以前に用いた論法に基づく主張を繰り返した。これに対し、イギリス政府はソ連政府の要望を十分良く理解しているが、他の同盟国の意向をも尊重しなければならないのであるとイーデンが反論すると、マイスキーはすかさず「もしスターリンが返書にてイギリスの対三ヶ国戦争宣言を（チャーチルのこのメッセージ）にもかかわらず要請した場合、イギリス政府の立場はどのようなものとなるか」と詰め寄った。イーデンは電話連絡を通じてチャーチルと協議した上で、「このメッセージは一同盟国から他の同盟国へ宛てられたものである。我々は率直な意見の交換を行うことが正道であると考えている。もしスターリンが考慮の末にこの問題は最も重要なものであるとの意見を表明するなら、我々は当然彼の要望を満たす方向で全努力を傾けるであろう。問題となっているのは、スターリンがより重大な他の問題との関係をも考量に入れた上でいかほどの重要性と強調を、三ヶ国に対して我々が行う戦争宣言に賦与するかということである。」と返答した。(62)

次に、パジェット将軍とウェーベル将軍の派遣にかんするチャーチルのメッセージに対してマイスキーが示した反応はソ連外交の転換を示す上で興味深いものであった。マイスキーは両将軍が「今後の軍事作戦計画」を討議する権限を与えられているかいなかをまず質したのである。イーデンがそれに対して肯定的な回答を与えると、ソ連大使は「ソ連政府が望むのは来る一九四二年春における軍事攻勢の準備にかんする意見の交換である。なぜならば東部戦線におけるイニシアチブをドイツ軍から奪い取ることが重要であるからである。第二戦線形成の可能性は否定されたものの、我々はどこの地点で最も有効にそのイニシアチブを握ることができるのかを討議すべきであるし、もし可能なら共同のプランを作成し、イギリスはそれにむけて努力を結集し、またそれに応じて対ソ物資供給を行うべきである。」と説明したのである。[63] このマイスキー発言ははからずも、当時ソ連が本当に望んでいた軍事援助はできるだけ早期に大規模のイギリス軍の派遣を受けることではなく、一九四二年春に開始されるはずのドイツ軍との大決戦においてイギリスの力を借りることであったことを明らかにしている。イーデンとのこの会談中ついにマイスキーは南ロシア援軍問題に言及しなかったのである。

ところが同日さらにイーデン・マイスキー会談が持たれたが、後者はその際に南ロシア援軍問題を持ち出したのである。まずマイスキーはパジェット、ウェーベル両将軍がソ連で行う予定の軍事的討議の範囲についてイーデンに質した。マイスキーは九月下旬のスターリンの南ロシア援軍派遣要求にいまだ最終的な回答が与えられていないとの不満をここで改めて表明し、ウェーベル将軍は南ロシアへのイギリス軍派遣を討議する権限が与えられているかを訊ねた。これに対しイーデンは「この問題にかんしてはなんら誤解の余地はない筈である」と述べ、さらに「イギリス首相はイギリスにとってスターリンの希望する規模の援軍を送ることはまずもって不可能である旨を明確にした上で、北ペルシャ駐留の赤軍の肩替わりをさせること、ならびに小規模の部隊をコーカサスへ派遣することを提案した。しかしソ連政府はこの提案に応じなかったではないか。」と語気を強めて述べた。これに対してマイスキーは「もしスターリンがコーカサスへのイギリス軍の到来は歓迎できないが、これらをたとえばロストフに受け入れたい旨の希望をウェーベル、パジェット将軍に申し入れたと仮定して、両将軍はこれを討議する権限を有するのか」と尋ね、問題の核心にふれた。イーデンはそれへの回答を留保せざるをえなかった。[64]

この日のマイスキーの行動からまず第一に当時ソ連政府が最大の重要性を賦与した対英要求は対三ヶ国宣戦であったことが明らかであり、第二に①少なくとも一九四二年春まで東部戦線は赤軍に有利な展開が得られるとの予測、②イギリスの実質的軍事援助を引き出すことはほとんど不可能であるとのこれまでの対英交渉の経緯から得られた判断の二つに基づいて、彼らはもはや軍事援助要求に大きな重要性を与えていなかったことが明らかであろう。これは両将軍の訪ソ提案に対するこの日のマイスキーの最初の反応が、両将軍の派遣目的を一九四二年春における攻勢準備に結びつけたものであったことから理解されよう。マイスキーが南ロシアへの援軍派遣問題に触れたのが後の会談においてであったのは、マイスキーがこの問題でイギリス政府に強い圧力をかけ、それを通じてその内実は戦争目的とからむ政治要求へと変化した対三ヶ国戦争宣言をイギリスから勝ちえようという意図に導かれていたからに他ならない。結局、この時点でスターリンは後に説明するように一九四二年内でのドイツの敗戦を予測し、これに基づいて東欧におけるソ連の政治的利権——独ソ不可侵協定下に獲得した——を確保することを最も重要な問題と考えていたのである。このことは次章で説明するスターリンのチャーチル宛て返書にて明確にされる。

ここでは最後に、三ヶ国戦争宣言にかんするチャーチルの文面に対するスターリンの反応形成に大きな影響を与えた、合衆国の対フィンランド外交について説明を加える。イギリス政府がソ連政府から宣戦要求をつきつけられていることを察知した合衆国国務省は独自の判断に基づいて、ソ連侵略を中止するようフィンランド政府に対して働きかけを始める。本省からの一〇月二五日付け指令[65]に基づき、ヘルシンキ駐在の合衆国公使は一〇月二七日フィンランド大統領リュティ（Risto Ryti）に会談を求め、八月一七日に合衆国政府が仲介した講和提案に対してフィンランド側がいまだ正式な回答を行っていないと詰めより、さらに公使はもしフィンランドがソ連侵略を中止しない場合、合衆国との友好関係を失う恐れが存在する旨を表明した(66)。翌一〇月二九日イギリス大使ハリファックスはハル国務長官（Hull, Cordell）を訪れ、正式に第一〇六回閣議の決定に基づく打診を行った。ハルは合衆国がイギリス政府の希望する外交的圧力を行使している最中であることを告げた(67)。イギリスが真剣に戦争宣言を考慮中であることを知ったハルは翌三〇日ヘルシンキの合衆国公使に打電を行い、その中でリュティ大統領に直ちに接見を求め、新たな圧力を加えるよう公使に指令した(68)。フィンランドに対しこのような外交圧力を加える一方でハルは、イギリスが時期尚早の宣戦布告を行わないよう心を砕いた。ハルは一〇月三一日ハリファックスと会談を行い、イギリスの対フィンランド宣戦問題に関する合衆国政府の見解を示した。ハルの態度は前述のようにこの問題に対するコミットメントを避けようとしつつも、宣戦には反対の意向を仄めかした。ハルはこのようにイギリス側の動きを牽制しつつ、自らは積極的な対フィンランド政策をとる。

しかしフィンランド政府がこのような外交的圧力に屈し、対ソ侵略を中止する見通しは乏しかった。一〇月三一日北アメリカ新聞同盟（North American Newspaper Alliance）のテーラー（Taylor, H. J.）はリュティ大統領との接見をえ、「フィンランド軍はソ連・フィンランド旧国境で進撃を中止するのか」を質した。これに対してリュティは「フィンランドは自らの安全保障の確保という防衛的観点から決定される戦略ラインにまで」進撃を続けるであろうと答え、暗にソ連領内部への侵略を継続する意向を明らかにした。テーラー記者が問題の核心に迫り、「フィンランドはソ連・フィンランド戦争の終了後直ちに全ての戦争行為を停止するか」と質したところ、リュティ大統領は「無論である。我々はボリシェビキ戦争に従事するのみである。」と答えた(69)。このようにフィンランド大統領は、フィンランドはたんにドイツとの対ソ連共同交戦国にすぎず、戦鋒をイギリス中心とする連合国側に向ける意思のないことを仄めかしたのであるが、彼の発言でより重要な点は、フィンランドの戦争目的がボリシェビキ打倒にあることを明らかにしたことである。リュティの強調したかったのは、フィンランドは共産主義ソ連に対して戦争をしているのであり、英米政府は同国を敵扱いすべきではないという点にあった。合衆国の外交的圧力がフィンランドの対ソ行動にブレーキをかけうる可能性は、ほとんど存在していなかったと言えよう。

一一月一日付けのイギリスの各紙はニューヨーク発で、ソ連がイギリスの対フィンランド・ルーマニア・ハンガリー戦争宣言を要求していることを報道した[70]。一一月三日タイムズ紙もこれを報ずるに至り[71]、これにかんするソ連の要求は周知の事実となった〔イギリス外務省は、この情報漏洩ソースは駐米ソ連大使館側にあり、UPのクー（Kuh）記者がこれをキャッチしたものと推定した。FO371／29470, N6422／3／38.〕。このように情報が洩れたことと、並の外交圧力では効果が望めないと判断したことからハル長官は一一月三日記者会見を行い、八月に合衆国政府はソ連の依頼に応じてフィンランド政府に休戦調停を行ったが、フィンランド政府はなんらの回答をも与えていないこと等を明らかにした。一一月四・五日の各有力紙はこのインタビューの内容を報じた。こうしてスターリンが英米に非常に慎重な形で行った宣戦要求の一部始終は公表されるに至った。この事情は一一月四日付けのチャーチル書簡に対するスターリンの回答の内容ならびにトーンを考える際、非常に重要である。

註

（1）FO371/29492, N6026/73/38.
（2）Gwyer and Butler, *Grand Strategy*, Vol. III, 208-209.
（3）Churchill, *Second World War*, Vol. III, 431.

(4) FO371/29492, N6132/78/38.
(5) Woodward, *British Foreign Policy*, Vol. II, 41n.
(6) FO371/29470, N6312/3/38.
(7) Harvey, *War Diaries*, 52.
(8) Cab65/19, WM (41) 105, 13/10/41.
(9) Cab65/19, WM (41) 103, 16/10/41.
(10) Cab69/2, DO (41) 64, 15/10/41.
(11) Harvey, *War Diaries*, 53.
(12) Cab69/2, DO (41) 64, 15/10/41.
(13) FO371/29492, N6029/73/38.
(14) FO371/29469, N6059/3/38.
Avon, Earl of, *The Reckoning*, 278.
(15) FO371/29492, N6060/3/38.
(16) Cab80/60, COS (41) 235 (O), 17/10/41.
(17) Cab69/2, DO (41) 65, 17/10/41.
(18) Cab65/19, WM (41) 104, 20/10/41.
(19) Cab69/3, DO (41) 22.
(20) Cab79/86, COS (41) 334, 26/9/41.
(21) Cab69/2, DO (41) 65, 17/10/41.
(22) WO208/1752.
Michal, Henri. *The Second World War*, London 1975, 222.
(23) FO371/29492, N6102/78/38.

(24) Calvocoressi and Wint, *Total War*, 178.
(25) Hart, *History*, 176.
(26) FO371/29492, N6058/78/38.
(27) Cab65/19, WM (41) 104, 20/10/41.
(28) FO371/29492, N6125/3/38.
(29) FO371/29492, N6103/78/38.
(30) FO954/24, 23/10/41.
(31) FO371/29492, N6135/78/38.
(32) Cab66/19, WP (41) 245, 23/10/41.
(33) Cab65/19, WM (41) 105, 23/10/41.
(34) FO371/29354, N6161/185/56.
(35) Cab65/19, WM (41) 105, 23/10/41.
(36) FO371/29492, N6169/78/38.
(37) WO193/652, 27/10/41.
(38) FO371/29469, N6228/3/38.
(39) FO371/29492, N6230/78/38.
(40) Cab65/19, WM (41) 106, 27/10/41.
(41) Cab65/19, WM (41) 106, 27/10/41.
(42) Cab69/2, DO (41) 69, 27/10/41.
(43) Cab69/2, DO (41) 69, 27/10/41.
(44) Harvey, *War Diaries*, 58.
Dilks, *Diaries*, 410.

(45) Harvey, *War Diaries*, 57.
(46) FO371/29471, N6583/3/38.
(47) WO193/649, 28/10/10.
(48) FO371/29492, N6231/78/38.
(49) Cab65/19, WM (41) 107, 30/10/41.
(50) WO193/645A, COS (41) 374 (O), 3/11/41.
Cab80/31, COS (41) 659, 4/11/41.
(51) WO193/649, 28/10/41.
(52) Cab66/19, WP (41) 256, 4/11/41.
(53) FO371/29354, N6161/185/56.
(54) FO371/29354, N6161/185/56.
(55) FO371/29470, N6288/3/38.
(56) FO371/29470, N6385/3/38.
(57) FO371/29470, N6385/3/38.
(58) Cab65/20, WM (41) 108, 3/11/41.
(59) FO371/29580, N6373/78/38.
(60) Harvey, *War Diaries*, 60-61.
(61) FO371/29580, N6373/78/38.
(62) FO371/29470, N6374/3/38.
(63) FO371/29580, N6373/78/38.
(64) FO371/29580, N6373/78/38.
(65) *FRUS, 1941*, I, 81-82.

(66) *FRUS, 1941*, I, 83–84.

(67) *FRUS, 1941*, I, 85.

(68) *FRUS, 1941*, I, 86.

(69) FO371/29361, N6490/201/56.

(70) *Daily Mail*, *Daily Telegraph*, *Manchester Guardians*, 1/11/41.

(71) *Times*, 3/11/41.

第五章　「敵の敵」同盟政策の終局へ

——東部戦線の流れの転換と英対ソ政策の混乱　一九四一年一一月——

1　英ソ関係の悪化

一〇月中旬レニングラード・モスクワ・ロストフの三拠点は陥落の様相を濃くし、モスクワからクイビシェフへの首都疎開が行われるまでに至った。長びいた独ソ戦の終焉がついに訪れたかに思われた。しかし一〇月後半から一一月初旬にかけてモスクワ攻防戦は予想外の展開を遂げ、それは全体的な軍事的流れの転換をも生じさせつつあった。この変化は直ちにソ連の対英外交に変化を呼び起した。その際、イギリス援軍をソ連領内に派遣させ英ソの反独共同戦線を形成させるべきだとするスターリンの提案に対してイギリス政府が九月中旬以来明確な回答を呈示することなく放置したままである点にソ連政府は目をつけ、この問題で強硬な姿勢をイギリス側に示す。同時にソ連政府は、フィンランド・ハンガリー・ルーマニアに対するイギリス政府の戦争宣言を要求した。

この段階でソ連がとくに確保しようとしたのは後者の宣戦要求であり、これは東欧をめぐる英ソの戦争目的問題の調整としての英ソ条約の提案と強く結びついていた。宣戦を通じて上記三ヶ国をイギリスの法的交戦国にし、言い換えるなら三ヶ国を枢軸陣営と追いやることにより、ソ連政府は初めてイギリス政府をこれら三国にかんする戦争目的交渉に引き入れることができるのであった。

一方、イギリス政府は対ソ援助の不履行がソ連政府内での対英不信を高めていることを察知してはいたが、一〇月下旬からの東部戦線の変化を悪天候による一時的現象と見做してか、ソ連の対英外交攻勢に積極的な反応を行わなかった。とくに問題となったのは対三ヶ国宣戦要求と南ロシア援軍問題であったが、まず前者にかんしてチャーチルは二ヶ月間にわたる引き延ばしを行った上で、一一月四日スターリンに親書を送りこの要求に対する再考を促した。また後者にかんしては、独ソ戦開始前からイギリスが最も懸念を示していたバクー油田問題との関係で、イギリス側は明確な回答を出すことができず苦慮を続けていた。イギリス側はスターリンの要求する二〇ないし三〇ヶ師団ではなく二ないし三ヶ師団を、ドイツとの交戦が続いている南ロシアではなくコーカサスへ派遣し、バクー油田をドイツ軍の到着前に破壊することを秘密裏に計画していた。このためチャーチルは一一月四日の親書の中で、軍事協議のためにウェーベル・パジェット両将軍をモスクワへ派遣したい旨提案したのである。というのは、スターリン要求をイギリスの対ドイツ戦略が強く要請するところのバクー油田施設破壊を確保する目的に利用するためには、まずもって軍事専門家を派遣し、そこで微に入り細にわたる軍事討議を行わせることが絶対に必要であったからである。

イギリスの対ドイツ戦略の観点から重要であった東部戦線上の展開は、いつモスクワが陥落するかではなくドイツ軍のバクー油田への到着時期を占うロストフの陥落であった。一〇月下旬からモスクワ方面における赤軍の奮戦を伝える報告がロンドンに届けられつつあったが、イギリス政府はこれにさしたる関心を示さず、逆に中東戦線の両端――リビアとバクー――における軍事的利益の確保を優先させる方針を増々強化していった。

チャーチル、ビーヴァーブルック、ディル、ブルック（Brook, Alan）四者の特別会合が一一月四日に開催されたが、その目的は攻勢を準備中の中東軍への戦車補給の必要性とソ連への戦車供給に絡む問題を討議することにあった。参謀スタッフは来るべき攻勢の成行き次第では中東軍が更なる戦車の補給を必要とする可能性を考慮し、九月末のモスクワ会談でソ連に供給されることが決定された戦車を一時的にクルセイダー作戦のために流用する権限を獲得しようと考えたのである。具体的に彼らは、北方ルート（ムルマンスク・ルート）で輸送されていた戦車をペルシャ経由で南方から送り込むべきことを提案した。リビアでの攻勢が彼らに不利な展開となった場合、イギリスは公海上をイランに向けて輸送されているはずの戦車の荷上げ地点を急遽中東戦線の東端のイランから西端へと変更することが可能となるはずであった。結局、チャーチル、ビーヴァーブルックらはこの案に賛成の意を示し、参謀スタッフの案は認められた。(1) ドイツ軍の圧倒的な戦車隊に秋段階以前に非常な苦戦を強いられたソ連は、イギリスの中東攻勢の展開次第で最も必要としていた戦車の供給を停止される状態に置かれることになったのである。事実一一月七日、クリップスは「今や全ては戦車にかかっている」というヴィシンスキーのイギリスに対する要請を報告していたのであったが。(2)

ソ連側はちょうどこの頃、対ドイツ戦の遂行にかんする楽観的気運を盛り上げつつあった。モスクワ攻防戦に従事した赤軍の部隊は、一一月七日の第二四回赤軍創設記念パレードの予行訓練に時間を割く余裕さえ得ていた。このため当日のパレードは整然堂々としており、好印象を参加者に与え、またソ連市民・兵士の士気はこれによって非常に高められた。メイソン・マクファーレンは陸軍省に「あらゆる観点でこれは第一級のパレードである。

軍隊は全て十分な衣料と装備とを有していた。」ことを伝えた。[3] スターリンは前日六日の記念式典でソ連市民・兵士を奮い立たせる演説を行った。彼は初めて公開の場で「第二戦線」について言及し、「このような戦線の不存在はドイツの戦争努力を軽減しているのであり、したがって近い将来にこれは形成されなければならない」と述べた。クリップスはスターリンの言葉に対して聴衆が「偉大な熱狂」をもって反応したこと、また英米による援助についてのスターリンの言及はこれまでソ連が味わってきた失望と絶望の感情を露わにしてなされたものであることを報告した。[4] 独ソ戦開始以来初めてスターリンが第二戦線問題に触れたのは、決してイギリスの援助行為を求める最後の叫びではなく、後に説明するようにこれは対ドイツ戦争遂行の見通しに対する自信の表明であった。一一月六日ピカ大佐はロンドンのベネシュ大統領に、①ドイツ軍のモスクワ攻勢がほぼ間違いなく失敗に終るであろうこと、②冬期間中にソ連は態勢を立て直す余裕を得るであろうことを予想するメッセージを送った。[5] さらに一一月八日ピカ大佐は報告を送り、その中で六日の赤軍創設記念演説の基調はソ連当局が自らに対する自信を回復したという点に求められること、首都疎開が部分的なものに終ったためモスクワ防衛の任務遂行は著しく好転したこと、ソ連空軍の奮闘によりドイツ空軍は非常に大きな損害を蒙ったこと、赤軍、モスクワ市民の士気は高まり、彼らはモスクワ戦線の好転を独ソ戦全体の流れを変える決定的事件として受けとっていることの四点を指摘した。[6]

またこの頃、チェコスロバキア・駐ソ大使フィエルリンゲル（Fierlinger, Zdenek）もスターリン演説にかんしてピカ大佐と同様の見解をとりつつ、今や中央ヨーロッパにおけるソ連の権益の放棄を条件とするような独ソ間の単独講和は考えられないこと、ソ連はスラブ主義を強調するとともに地理的・民族的観点に基づくヨーロッパ国境線の再画定を欲しているので、じきに彼らはソ連・ポーランド間の国境問題に取り組むことになろうこと、などの情報をベネシュに送った。[7] しかし、これらの情報が対ソ政策の変更の必要性を認識させる以前に、すでにスターリンは対英外交攻勢の第一弾をロンドンに送っていた。

ところで前述のように一一月四日マイスキーは同日付けでスターリンに送られたチャーチル書簡内で派遣が提案されたウェーベル、パジェット将軍の有する権限についてイーデンに質していたが、一一月八日イーデンは、防衛委員会（O）が「ロストフへのイギリス軍の派遣に代表されるような類いの提案を討議する権限を両将軍に与える」ことを承認した旨をマイスキーに伝えた。[8] この決定は、バクー油田破壊を目的とするイギリス軍をコーカサスへ派遣しようとする計画に対するソ連政府の合意をとりつける任務を帯びたウェーベルらの訪ソ事態をまず確保するために止むなくとられた措置であった。イギリス側はもとよりロストフまで援軍を送り込む意見を有していなかった。しかし、この譲歩は全く無意味なものであったことがスターリンの返書から判明する。

一一月一一日、マイスキーはチャーチルの一一月四日付けの親書に対する返書を彼に渡した。その際ソ連大使は、「これに対する返答は不可能な類いの電文である」と自らこの書簡を評した。[9] 八日付けのこの親書の内容は「第二戦線は近い将来に形成されるべき」ことを主張した二日前の赤軍創設記念演説と明らかに同一線上にあった。スターリンはこの中でまず英ソ関係が不明瞭であることを指摘し、この好ましからざる両国関係の原因を第一に「戦争目的と戦後期に打ちたてられるべき平和機構にかんする計画とについて、英ソ両国が明確な理解にいまだ達していないこと」、そして第二に「欧州レベルにおけるヒトラー打倒を目的とする英ソ間の相互軍事援助協定がいまだ成立していないこと」に求めた。そして次にスターリンはウェーベル、パジェット将軍の訪ソ提案をこの問題に引きつけ、次のように続けた。

「この二つの問題にかんする英ソの一致が得られない限り、さきほど私が指摘した好ましからざる状態の英ソ関係がスムーズな関係へと発展することはありえないでしょう。それだけではなくより率直に言うならば、現在のような状況が続く限り英ソ両国が相互の信頼を確保するのは困難でありましょう。対ソ軍事物資供給にかんする協定が非常に大きな価値を有したものであることは疑いのないところでありますが、これは両国間に横たわる全問題を解決し解消できるほどのものではありますまい。もし貴殿がメッセージの中で言及したウェーベル将軍とパジェット将軍（the General Wavell and the General Paget）〔General につけられた"the"はこの場合 pejorative な含蓄を有しており、これはスターリン書簡の非友好性を際立たせたのである。しかしこれはソ連側の翻訳官の手違いと考えられるべきであろう。〕が、上述の二つの基本的問題にかんする協定を成立させる目的を携えてモスクワへ来られるというのであれば、私は当然のことながら嬉んで両将軍と会合を持ち、その中でこれらの問題を討議致す意思を持っております。しかし、両将軍の使命が諸問題の情報交換ならびに二次的重要性の問題を議論することに限定されているなら、その場合両将軍を煩わせて訪ソさせるだけの価値があるようには思われません。また、私にとっても、その種の話し合いのために両将軍とお会いする時間を見出すことは非常に困難でありましょう」。

これが一一月四日に行ったチャーチルの第一の提案に対するスターリンの返答であった。そして次にチャーチル書簡が再考を促した対三ヶ国宣戦問題にかんして、スターリンは次のような言葉を述べた。その調子は例外的に非友好的であった。「フィンランド、ハンガリー、ルーマニアに対するイギリスの宣戦布告問題にかんして、耐え難い事態が生起したように思われます。ソ連政府はイギリス政府にこの問題を特別に機密を保持するための外交チャンネルを通じて提起しました。我々にとって誠に予期しがたいことに、ソ連政府のイギリス政府への要請から始まり合衆国政府による考慮に至るまで、全ての経過が広く公表されております。敵であると味方であるとを問わずあらゆる報道機関は、この問題にかんするニュースをまき散らしております。それにとどまらず、イギリス政府は我々の提案に結局否定的見解を示したのです。何故このような事態が引き起されたのでしょうか。それは、英ソ間に連帯性が欠如していることを公けにするためになされたのでありましょうか。」とスターリンは怒りをぶちまけ、ニュース漏洩の責めをイギリス側に一方的に帰したのである。最後にスターリンは軍事物資の対ソ供給状況に触れ、英米から引き渡される武器等の劣悪な梱包ならびに輸送上の不備を原因として、供給された武器、物資に損害が生じていることを指摘した。(10)

このようにスターリンは、一一月四日付けの親書にてチャーチルが指摘した三つのポイントの全てに対して反発的な回答を行ったのである。スターリンの目的は、英ソ関係が同盟的な地盤に築かれていないことを再三にわたって批判し、これを通して、彼自身が抱く対英不信・悪感情をチャーチルにできるだけ強烈に伝えることにあったように思われる。さて、四日のメッセージの中でチャーチルがウェーベル、パジェット将軍の訪ソ目的を今後の軍事協力の討議を行うことであると明らかにしたにもかかわらず、スターリンはこれを「情報交換」もしくは「二次的重要性の問題」と規定したのであるが、これは当時ソ連側が実は可能な限り早期の軍事援助行動――南ロシアへの援軍派遣――に興味を有していなかったことをはからずも示している。東部宣戦が有利に動き始めた当時にあって、彼の関心は明らかに英ソ間の政治的取り引き――独ソ戦前におけるソ連西方国境の回復という彼の第一の戦争目的に対するイギリスの法的承認獲得をめざす――へと移行したのである。スターリンは、制服組であるウェーベル、パジェット両将軍がその種の高度に政治的な討議を彼と行うべきであると要求しているのではなく、第一にイギリスにとってソ連を軍事的に援助することがいかに物理的に困難であるかについての説明を両将軍から聞く意思を持っていないこと、第二に南ロシアへの援軍派遣にかんするチャーチルの回答が否定的であることを了解しており強くこれを押す意図をもはや有していないこと、そして第三にイギリス側は戦争目的にかんする政治交渉をソ連側と開始する準備を行うべきことを示唆したのである。対三ヶ国宣戦要求にかんする漏洩についてスターリンが行った非難が不当なものであったことは、前述したとおり漏洩ソースがイギリス側ではなかった事実から明らかであったが、スターリンの怒りは、チャーチルが再三にわたるソ連政府の強い要請にもかかわらず否定的見解を伝えたことによって決定的なレベルまで高められていた。スターリン書簡の内容はこのように非友好的なものであったが、その文面の調子自体も以前とは異なりチャーチルを苛たせるに十分に誹謗的であった。チャーチルはこれまでスターリンからの親書に対して例外なく短期間内に返信を送っていたが、今回のメッセージはマイスキー〔マイスキー自身彼の回想録によれば、スターリンのメッセージの内容がタイミングの悪いものであり、英ソ関係を悪化させる原因となることを憂慮し、一一日当日イーデンとともになんとかチャーチルの怒りを鎮めるよう努力することで、意見の一致を見ていた。Maisky, *Memoirs*, 200-202.〕の言葉どおり、この慣行の破棄をチャーチルに迫るものであった。スターリンの意図的な怒りを込めたこの書簡はチャーチルの猛烈な怒りを引き起した。「どうか出来るだけ冷静にこれを読んで戴きたい」とのマイスキーの訴えにもかかわらず、チャーチルは怒りを抑えることができず、「いったいスターリンが何を望んでいるのか理解できない。英ソ関係を悪化させたいのか。両国関係の断交を望んでいるというのか。……このような事態から誰が利益を得るのか分かっているはずだ。」とソ連大使にぶちまけた。(11)

スターリンが突如このように高飛車な態度に出た背景に、少なくとも東部戦線における形勢逆転をソ連側が決定的なものと判断したことがあったことは疑いない。とくにモスクワ近郊に基地を置くソ連空軍の活躍は目ざましく、性能的に優れたドイツ空軍機と互角の戦闘を展開した。(12)一〇月中旬に始まった秋期の豪雨によるぬかるみはドイツ側の予想を越えて長期間戦場を覆い、一旦彼らの期待どおりそれらが凍結するに至った一一月、温度は急激に下り、冬装備を有していなかったドイツ軍に多大な損害を与えた。[13] 一一月八日付けのピカ報告――六日のスターリン演説の基調はソ連の自信回復にある――の正しさはこの書簡によって実は間接的に証明されていた。一一月一二日にマイスキーがイーデンに明らかにしたところによれば、一一月六日の演説でスターリンが初めて公けの場で第二戦線の形成について触れたことは次のような意味をもっていたのである。「スターリンはこれまでただの一度も第二戦線についての公的言及を行わなかったし、私自身（マイスキー）もこの問題について触れないように注意を払ってきた」が、その理由は、第二戦線の不在をイギリスがそもそもソ連を援助する意思を有していないことの証左として声高に掲げたドイツ宣伝省の対ソ・プロパガンダ――ソ連市民・赤軍兵士にソ連が連合国によって完全に見捨られているという意識を植えつけ、これを通して彼らの対ドイツ抗戦士気を減退させる目的を有した――に手を貸すような言動を慎しむべきだという点にあった。[14] 第二戦線の形成を公式の席上でイギリスに要求することは、まさにこれをめぐって英ソ間に意見の対立が存在することを暗示するに等しく、したがってこれはドイツのプロパガンダに事実上手を貸すことになるはずであった。孤立無縁の赤軍が退却につぐ退却を続けている時に、このプロパガンダはソ連市民の深刻な士気低下をもたらしたのであった。しかし、一一月六日にスターリンがこの禁を破ったことは、一〇月下旬からの赤軍の奮戦に伴う士気の向上はこのプロパガンダを跳ね返すに十分であり、ソ連が自信を完全に回復したことを証明していた。一一月八日付けのスターリン書簡の異例な内容とトーンはこの文脈の中で理解される必要がある。それは長期間にわたって誠意ある回答を与えられなかったことに対する単なる怒りの表明であったわけではなく、英ソ関係が完全に新たな局面に突入したことを物語る一里塚であった。

これに対するチャーチルの激しい反応も、一〇月二八日に彼がクリップスに示した反ソ感情に支えられていたことを見逃すことはできない。チャーチルはマイスキーに一一日、ソ連にイギリス側が有効な援助を与えることができないのは、独ソ戦開始前におけるイギリスの働きかけにもかかわらず、ソ連がイギリスとの軍事協力を怠ったためであると強弁した。チャーチルは依然スターリンがイギリスを批判する資格のないことを確信していた。チャーチルはスターリンからの書簡を無視する意向を固めた(15)。こうして、英ソ間コミュニケーションのメイン・チャンネルは閉ざされ、英ソ関係は急速に冷却化することになった。

2　英の対ソ関係改善の模索

スターリンからの親書が届けられた一一月一一日に第一一一回閣議が開催され、難局を迎えた英ソの政治関係についての討議が行われた。席上イーデンはスターリンがその親書の中で露にした対英疑惑を可能な限り速かに除去する必要性を指摘し、次のように述べた。

「ソ連はイギリスに対して深い不信の念を抱いている。彼らが恐れているのは、イギリスと合衆国とが共謀してソ連を戦後の取り決めを行う講和会議における討議から排除するのではないかという可能性である。この不信は取り除かれるべきであり、そのために我々はあらゆる手段を講じる必要があると私は考える」。

さらにイーデンは、イギリスがフィンランド・ルーマニア・ハンガリーに対する戦争宣言を行っていないことがソ連の不信感をより一層強めており、イギリス政府は早急にこの措置をとるべきであると主張した。イーデンによれば、ソ連側は戦争宣言に対するイギリスの消極的な姿勢の根本的理由を、資本主義体制を採る上記三国に資本主義国イギリスが共感を有していることに求めているとのことであった。イーデンとビーヴァーブルックは、戦争宣言自体がイギリスにもたらしうる不利益は幾つか存在するにもかかわらず、ソ連の対英不信を除去する前提作業として宣戦の即時布告は絶対必要であると他の閣僚に迫った[16]。しかし、反ソ感情に強く縛られたチャーチルならびに労働党系閣僚はソ連の対英悪感情の高まりを重視せず、この問題にかんしてイーデン、ビーヴァーブルックは依然少数派に留まった[17]。

同日、スターリン書簡が言及した軍事的領域についての討議を行うために防衛委員会（O）が開かれたが、結局同委員会はスターリンの手紙を無視し、先方の出方を窺うべきであるとの決定を見た[18]。こうして、当面の方針としてチャーチル・スターリン間のコミュニケーションの断絶が確定されたのである。しかし、スターリン書簡を無視しそれに対する回答を行わないことに決めたものの、チャーチルならびに軍事スタッフの立場はこの措置から想像されるほど強固なものではなかった。なぜならば、チャーチルが一一月四日にスターリン宛ての親書を送ったそもそもの目的は、微妙な問題であるがゆえに二ヶ月余りにわたって慎重を期していたバクー油田破壊のための小規模軍派遣プランを実現させる足場を得ることにあったにもかかわらず、スターリンはその返答においてウェーベル・パジェット両将軍による派遣問題討議を事実上拒否したのであったからである。したがってスターリン書簡に対してチャーチルが返答を控える決定をしたことは、彼が自らこの問題の進展を少なくとも一時的に諦めたことを意味していた。チャーチルのこの表面的には強硬な姿勢とは裏腹に、参謀スタッフはバクー油田破壊工作の準備をますます推進させなければならない必要性に迫られていた。モスクワ、レニングラードの陥落いかんにかかわらず、厳寒期にドイツ軍が東部宣戦において本格的な戦闘を遂行しえるのは南ロシア・コーカサス方面のみにおいてであり、翌春までの期間中ドイツ軍がバクー油田の獲得に主力を集中させることは確実であると予想されていたからである。イギリス側の予測は、もし一一月一五日までにドイツ軍がドン川を渡った場合、彼らはドン川のほとりに位置するロストフからバクー油田までの約一三〇〇マイルにおよぶ行程を二月下旬までに踏破するはずであった。これに対して、イギリス側が第五〇・第一八師団の双方をコーカサスへ到着させるのは三月中旬と計算された。[19] ソ連がいかなる規模の抗戦をこの方面で展開するかは予想しがたく、また一一月一日に開始が予定されていたクルセイダー作戦の延期により、上記の二ヶ師団を含めてイギリスがいかなる規模の軍隊を派遣しえるかについての目算は立っていなかった。しかし、バクー油田の破壊はイギリスの対ドイツ戦略上死活的な意味を有しており、何を措いても実行されなければならなかった。一一月六日の第三七八回参謀長委員会にチャーチルは覚え書きを提出し、その中で「ドイツによるバクー油田占領を阻止すること、ならびにソ連側が自ら効果的にこれを破壊することの二点について私は全く自信を持つことができない。ソ連はこれにかんして一切口を噤んでおり、我々の側からの問い合せは彼らのこの上ない疑惑を引き起すのみであろう。」との悲観的な見解を明らかにしていた。チャーチルは当時イギリスがなしえる唯一のこととして、「北ペルシャに四ないし五重爆撃飛行中隊を駐留させ、これらを利用して可能な場合赤軍によるコーカサス防衛を援助し、最悪の事態が生起した場合バクー油田を爆撃し大火災を起させる」ことを提案した。これに必要な航空機はリビア駐留の中東軍から割かれるはずであった。[20] このチャーチル提案を契機として、軍事スタッフはバクー油田破壊工作の具体的立案に拍車をかける。

ところで対ソ軍事援助を隠れ蓑とするコーカサス派遣軍の規模・性格について、ロンドンの参謀スタッフと出先のスタッフとの間に若干の意見の食い違いが存在していた。オーキンリック・ウェーベル両司令官はコーカサスに貴重な軍事力を送り込むこと自体に消極的であり、むしろバクー油田破壊用の特殊地上部隊を派遣することを得策と考えていた。一方、陸軍省の立案スタッフは二ヶ師団の派遣は最低必要であるとの見解を保持していた。この陸軍省の主張は一一月一一日の第三八三回参謀長委員会に提出されたが、同委員会はこれに難色を示した。[21] このため翌一二日の第三八四回参謀長委員会に陸軍省の立案部長が出席し、参謀長委員会メンバーの説得にあたった。

彼の主張の第一は、ことソ連南方地域にかんして同国政府が唯一同意しうるイギリスの対ソ援助案は南ロシア戦線に参加する用意のある数ヶ師団の申し出のみであって、バクー油田破壊用特殊部隊の供与がソ連側によって受け容れられる可能性は皆無であるということであった。第二に立案部長が主張した点は、特殊部隊の出現は赤軍の士気を高める効果を持ちえないということであった。第三の点は、たとえソ連が陥落したにせよコーカサスに派遣された二ヶ師団はドイツの進撃ペースを効果的に落すことができるはずであり、これを通じて得られた時間を利用してバクー油田を徹底的に破壊することが可能となるはずであり、また逆にバクーにイギリス軍を決定的な瞬間に確保できない場合、破壊成功の可能性はゼロに等しいということであった。最後に第四として立案部長は、イギリスがドイツのバクー油田獲得をただ手を拱いて許した場合に起りうる政治的インパクトは深刻なものにならざるをえないことを指摘した。

この力強い説得の結果、コーカサスへのイギリス軍派遣に対するソ連の同意をとりつけるためには、イギリスの援助は名目的な規模以上の空軍力ならびに陸軍力を南ロシア戦線に提供するという形式を採用しなければならないであろうという点を同委員会は認識した。[22] こうして、スターリンのチャーチル宛ての九月一三日付け親書におけるる提案とはその派遣軍の規模こそ違っていたものの、参謀スタッフはウクライナではなくコーカサスへのイギリス軍派遣に対して初めて肯定的姿勢を示すに至った。しかし、その主たる目的はドイツ軍との戦闘においてソ連を援助することではなく、バクー油田の破壊成功の前提となる同施設へのイギリス軍駐留確保にあったのである。だが、独ソ開戦以来の英ソ関係において極めて重要なコミュニケーション手段となっていたチャーチル・スターリン間の個人的関係が断絶したことにともなって、この参謀長委員会の新たな動きがソ連側に首尾よく伝えられる可能性は閉されていた。この事態を打開するための活動はビーヴァーブルック、クリップス、イーデン、マイスキーらを中心に進められることになる。

まずビーヴァーブルックは一二日マイスキーに会談を申し入れ、英ソ関係の行詰り打開を図るための努力を彼に求めた。ビーヴァーブルックはチャーチルの怒りが収まるまでスターリンへの返書は認められないであろうことをあらかじめ伝え、英ソ関係が更に悪化することを阻止しようとした。ビーヴァーブルックは、親ソ政策を推進するイーデンとビーヴァーブルックの立場がスターリン書簡によって非常に困難なものへ陥った旨の苦情をマイスキーに伝え、さらにこの事態を打開するためにはイーデンのモスクワ訪問が必要であり、この目的に沿ってマイスキーは大いに尽力すべきであると主張した。(23) 同日、マイスキーはさらにイーデンの求めに応じて外務省を訪れた。まずイーデンはイギリス外相として、スターリンの親書はイギリス政府によって検討を受けており、直ちに返答が送られる見込はないこと、次に「イギリス首相と内閣とはスターリン書簡の内容ならびにその調子から驚きと苦痛を受けている」ことの二点をソ連大使に伝えた。マイスキーはスターリン書簡に対するイーデンの冷くつき離した言及を受けた後長い嘆息をつき、現状打開のために何をなすべきかについてイーデンの示唆を求めた。イーデンがマイスキーの求めに否定的な対応を示すや、マイスキーはオフレコによる話し合いを申し入れた。まずマイスキーは、スターリン書簡の調子自体はともかく内容自体は理に合わない類いのものではないことを指摘し、ついでマイスキーは、スターリンが軍事・政治の両領域における最終的政策決定者として極端な緊張下の毎日を送っているその状況にイギリス側は理解を行うべきであること、そして一一月六日の演説から分かるようにスターリンは一九四二年度内に戦争が終結するとの判断を形成しており、これがスターリンをしてイギリス政府との戦争目的調整のための英ソ交渉を求めさせた理由であることを明らかにした。[24]

さてイーデンもオフレコを前提に、イギリス政府はイギリス国内の共産主義者を利用して政治的圧力を加えようとしているソ連政府のやり方に不快を有している旨を表明した。さらに、スターリンが戦後政策の討議を行う権限を明らかに有していない二将軍にまさにその種の話し合いを要求したことに対して苦情を行った。スターリンの主要目標が軍事援助ではなく戦争目的交渉にあることを当然認識していたマイスキーは、このイーデン発言を実は待ちわびていたのであろう。ソ連大使は「オー」と声を発し、すかさず「何故（モスクワにおける）討議は将軍のみに限定されなければならないのか」と迫った。スターリンとの親書交換によって、これまでしばしば彼を長とする外務省を無視したチャーチル、またモスクワ会談の成功によってプレステージを上げたビーヴァーブルックの両者に後れをとっていたイーデンはこの機会をとらえ、「(英ソ間の溝を) 私が橋掛けることを可能とするメッセージが必要とされている。モロトフにこれを伝えて戴きたい。」と述べた。[25] この日、マイスキー、イーデン、ビーヴァーブルック間で暗に了解されたのは、まず第一に英ソ関係の改善のためにはスターリンからの何らかの陳謝を含んだメッセージがチャーチルに送られるべきこと、第二に予定されていたモスクワにおける英ソ間の協議にイーデンが出席すべきことであった。ちなみに、前者の和解メッセージはハーヴィーによって「チャーチルを宥めるためにイーデン、マイスキー間で謀られたもの」として表現されている。[27]

その間ドイツ軍によるロストフへの進撃は続き、すでにロストフへの陸軍師団ならびに空軍爆撃隊の派遣を提供する腹をくくっていたイギリス側は、この英ソ間の沈黙が長期化することに苛立ちを増大させていった。ところでこの間、あたかもソ連政府の立場を代表するかのようにイギリス政治に圧力を加えたものがいた。クリップス大使であった。クリップスはスターリンの書簡が届けられる以前に本省に対して、イギリス政府は戦争目的交渉に積極的な姿勢を示すべきであると主張していた。クリップスとイーデンとの間に行われた意見交換はある意味で英ソ政府間におけるそれのような観を呈していた。

一一月二日、クリップスはイーデンによって九月三〇日におけるビーヴァーブルック、ハリマン、スターリン会談の記録を送付された。[28] クリップスは駐ソ大使である彼がこのような政治的会談から排除されただけでなく、一ヶ月以上にわたってこれにかんする情報供与を得られなかったことに憤慨し、一一月五日、もしイギリス政府が戦争目的の交渉ならびに英ソ条約の締結にかんするソ連側との討議を行う権限を彼クリップスに与えない場合、彼には駐ソ大使としての職を辞する以外に途のないことを伝える電報をイーデンに送った。[29]

これに対してイーデンは一一月一〇日深夜、戦争終了時の状況を全く予想しえない当時にあって大西洋憲章以上に立ち入った戦争目的を確定することは不可能であること、スターリンの提案する「英ソ同盟」が具体的にいかなるものを意味しているかについては今一つ明確でないところが存在することの二つを根拠に、この種の討議は対ドイツ戦争が好転した段階にまで控えられるべきであろうとの返答を行った。イーデンはクリップスの辞任を阻止するために、「たとえ直ちに英ソ間の交渉を開始できないにせよ、そのための地盤を整えるにあたり貴殿の果すべき役割はこの上なく重要である」との言及を行った。[30] イーデンはこれを打電した数時間後に例のスターリン書簡を手にしたのであった。ところが、さらに翌一一月一二日、イーデンは再びクリップスからの強い反発的なメッセージを受け取った。クリップスは、戦争目的・英ソ条約双方に対する消極的な姿勢が何らかの「地盤を整える」とするならば、それは「英ソ関係の悪化・破綻以外の何物でもなく」、「いずれにせよ、なんらの手だてをも持たぬ私があらゆるものをも固く凍てつかせる環境の中でいかにその地盤を整えることができるであろうか。それは私の想像を越えている。」と述べた。[31] クリップスの主張は前日に届けられたスターリン書簡と相俟って力強い響きを有していた。

さらに翌一三日、イーデンは彼自身をより積極的な対ソ政策へと促すことになる重要な会談をベネシュとの間で持った。ところでベネシュ大統領は一一月一〇日スコットランドのアバディーン（Aberdeen）にて、戦後欧州においてなされるべき領土変更、チェコスロバキア・ポーランド間の連邦化構想、この連邦国家とソ連との友好関係樹立の必要性等についての演説を行った。[32] この中の連邦構想は後にイギリスの戦争目的としてソ連側に提示されることになる訳であり、その意味でこの演説はイギリスにとって対ソ戦争目的政策形成のための一種の観測気球の役割を果していた。さて一三日にイーデンがベネシュに会談を申し入れた理由は、アバディーン演説の中でベネシュが植民地問題について触れ、これがイギリスの政治的サークル内に若干の反発的波紋を呼び起したため、ベネシュにこの種の発言を今後控えるよう説得することにあった。だが、スターリン書簡以来極端に悪化した英ソ関係を憂いたイーデンは、特殊な情報源を持ち、また長年にわたってスターリンと直接的な外交接触を保持したベネシュに、対ソ関係改善の方途にかんするアドバイスを求めざるをえなかった。事実イーデンの当初の目的であったベネシュに対する苦情は会談の終了間際に婉曲になされたのみであった。イーデンはまずベネシュに東部戦線の現状ならびに今後の展望にかんする見解を求めた。ベネシュは前述したピカ大佐ならびに駐ソ大使フィエルリンゲルからの報告に基づき、英ソ関係悪化に伴う深刻な情報不足に悩むイギリス外相にまず第一に、冬期間における戦闘用の装備を有していないドイツ軍は現在困難な状況下にあり、以後時の経過とともにその困難さは増大するであろうこと、第二に英米からの軍需物資が東部戦線に相当量到着していることを伝え、結論として東部戦線の展開は主に英米がどの程度の物質的援助をソ連に与えるかにかかっていると述べた。イーデンがソ連政府の対英不信が重大な程度までに高まっていることを伝え話題を政治問題に移すや、チェコスロバキア亡命政府大統領はイーデンの抱く危惧が根拠のないものではないことを告げ、さらにソ連の不信が主に、ドイツ軍部がヒトラーならびにナチズム体制を転覆させるやいなやイギリス政府は彼らと単独休戦条約を締結するのではないかという疑惑に根ざしていると分析した。英ソ関係の手詰り状態に置かれたイーデンは、ミュンヘン協定以来まさに不遇の日々を送っていたベネシュに、イギリスはソ連をさし置いていかなるドイツの勢力とも和平を行う意思のないことを述べ、この旨をチェコスロバキア外交筋からソ連政府に伝えるよう依頼した。英ソ同盟がナチス・ドイツ打倒のみを対象としたものかいなかは確かに重要な問題であった。この観点から厳密に考えるなら七月一二日の英ソ合意宣言は反ドイツ宣言ではなく反ヒトラー・ナチス宣言と規定されるべきものであった。というのは、もしナチズム以外の勢力がドイツの政治的支配権を握った場合、この宣言の原則からすればイギリス政府は対ソ援助ならびに単独講和禁止の義務から解放されえたからである。スターリンが九月三〇日に英ソ同盟をより確固とした基盤の上に築くべきことを提案し、そして改めて一一月八日付けの親書にて英ソ軍事同盟条約の締結を提起したことは、確かにベネシュの指摘した点と無関係ではなかった。次にイーデンがベネシュの見解を求めたのはドイツ問題についてであった。ベネシュはナチス体制が急速に内部崩壊する可能性を排除できないこと、さらに一九四二年秋までに反ヒトラー連合国による最終的な勝利の蓋然性が極めて高いことを予言した。ベネシュ自身この予想にしたがって戦後構想を練りつつあることをつけ加えた。このベネシュ発言の内容は、前日イーデンがマイスキーとのオフレコの会談から引きだしたスターリンの心の動きと軌を同じくしていた。さらにベネシュは、連合国陣営はしたがって戦争目的をより具体的に確定する必要があることを強調した。戦後政策を中心とする戦争目的の具体的な明確化に伴う諸困難に理解を示しつつも、その努力がなされるべき時期はすでに到来していることをベネシュは強く説得した。これに対しイーデンはやや積極性を欠く対応を示したものの、前向きにこの問題を検討する旨答えた。[33] このベネシュとの会談はイーデンに非常に大きな影響を与えた。特に、イギリスはいかなるドイツの支配グループとも単独講和を行わないことを条約ないし協定の形でソ連側に約すべきこと、ソ連との戦争目的調整のための交渉に入るべきことの重要性を認識させ、より積極的な対ソ政策へとイーデンらを誘うことになる。この頃、ノルウェー亡命政府首相リエ（Lie, Trygue）も戦後協力にかんする明確なプランづくりの必要性を公けに訴えていた。[34] これらの圧力を受けた外務省スタッフはソ連との戦争目的交渉を開始する必要性を感じ始める。特にサージェントは大西洋憲章の英ソ版――「ボルガ憲章」――を成立させるべきであるとの観点から、英ソ間で取り決めるべき戦争目的の大枠についての検討をイーデン訪ソに焦点を合わせ始める。[35]

一一月一五日クリップスは二通の長いメッセージを本省に送り、イギリス政府により積極的な対ソ政策を展開するよう圧力をかけた。クリップスによれば、スターリンはソ連との同盟に対するイギリスの姿勢に真剣さが欠如しているのではないかという疑惑を抱いており、独ソ戦が終了した段階でイギリスはソ連との同盟を反古にするのではないかと恐れていた。クリップスは、このような疑惑が早期に解消されなければ、イギリスは「対等の関係」〔この電報が解読された際「対等の関係」（on equal terms）は「スターリンの条件で」（on his terms）と誤読された。FO181/962.〕をもってソ連を誠実に遇する意思を持っていず、またイギリスの唯一の目的は独ソ間の消耗戦を可能な限り局大化させることにあるとスターリンに確信させるのは、火を見るより明らかであると警言した。また対三ヶ国戦争宣言要求に対するイギリス政府の消極的姿勢もその公式的対ソ援助政策の背後に潜む真の動機に対するスターリンの疑惑を強化しているとクリップスは述べた。[36] この電報に続いてクリップスはさらに以下のメッセージを送った。その冒頭でクリップスは、「繰り返しになることを恐れるが従来の対ソ政策に対する再検討が手遅れにならないことを希望するがゆえに、このように長いメッセージでイーデンを煩わせるのである」ということわりを置いた後、「現在英ソ関係は最も危機的な瞬間を迎えており、我々がこれからとる行動に戦中のみならず戦後における両国関係の全将来がかかっている」との印象を吐露し、本国政府に、①ソ連を対等で重要なパートナーとして遇すること、②戦後協力にかんする問題を彼らと討議すること、③今後の対ドイツ戦争遂行上の英ソ協力にかんする協議を立案スタッフ・レベルにおいて行うことを提案した。[37] クリップスは英ソ間の外交関係が実質上中断したこの時点に、ソ連側とほぼ同一線上の要求をイギリス政府につきつけたのであった。以前に述べたように、イギリスの政界で左派勢力の旗頭と目されたクリップスが自らの辞任を仄めかすことを通じてこのような圧力を加えたということは、もしイギリス政府が事実上一体となったソ連・クリップスの推すラインを無視した場合、イギリスはソ連からの圧力を受けることになるだけではなく、当時盛んになりつつあった民間レベルでの対ソ援助運動の指揮を大使を辞したクリップスがとり、チャーチルのリーダーシップに挑戦を開始することをも意味していた。したがって、このクリップスの動きは単なる一大使の辞任要求以上のものであり、イギリス政府はいやが応にも慎重な対応を迫られることになった。

一一月一七日に開催された第一一四回閣議はクリップスに対する返答を検討し、結局以下のようなメッセージがクイビシェフに送られた。それは、まず第一にクリップスが提案するような具体的内容を盛りこんだ英ソ間の協定の実現は不可能であること、第二に大西洋憲章以上に詳細な内容原則を合衆国の合意なしに打ちたてることは非常に困難であり、ちなみに合衆国はそのような企てに反対を表明していること、第三にイーデンはごく近い将来にソ連を訪れる予定を有しており、クリップスはその下準備を行うべきであることを述べている。[38]

一方、マイスキーならびにクリップスから対三ヶ国戦争宣言を早急に行うよう絶え間ない圧力を受けたイーデンは、同閣議にこの問題を再び諮った。イーデンは一一月一四日におけるリエとの会談において、後者が「イギリスはフィンランド兵力を東部戦線から引きあげるようあらゆる手段を講ずるべきであり、そのような努力にもかかわらず一定期間、たとえば二週間を経てもフィンランドがこれに応じなかった場合、イギリスの宣戦はなされるべきである」と述べたことを紹介し、イギリス政府はリエの線に沿って行動を開始すべきであるとの主張を行った。しかし、イーデンの提案はまたしてもビーヴァーブルックの支持を受けたのみで、これにたいする閣議の承認を得ることはできなかった。結局、そこでは二ないし三日もの間事態の進展を待つべきであるとの意見が大勢を占めた。その際、宣戦布告への動きに最も消極的姿勢を示したのはチャーチルであった。[39]

イギリスがソ連に提示すべき戦争目的にかんする重要な情報が同一一月一七日クリップスから寄せられた。それによると、一一月一六日のプラウダはベネシュのアバディーン演説の全文を掲載したのである。一切の論評は加えられていなかったものの、掲載自体はソ連政府によるベネシュ構想に対する肯定的態度の表示と解釈されてよいとの判断をクリップスは伝えた。結論として「これは一見とるにたらぬもののように思われるかもしれない。しかしソ連がドイツを退潮に追い込んでしまっているかもしれない後の段階よりも、彼らが不安と逆境に苦悩する現在の方が、欧州の戦後計画にかんする討議を行うには好都合であるという私の主張をこれはサポートしているように思われる。」とクリップスは述べた。[40] この意見は本省のシニア・スタッフに強い影響を与えた。東欧における連邦構想に対するあいまいながらも肯定的なソ連側の反応は、この構想を一九三九年以来積極的に推進してきたイギリス政府にとって疑いなく好ましいものであった。翌一一月一八日、ハーヴィー、カドガン、サージエント、ストラング（Strang, Sir William. Assitant Undersecretary）次官補らは、「ボルガ憲章」についての具体的検討を初めて行った。九月二四日セント・ジェームズ公園（ロンドンのSt. James's Parkの中にあるSt. James's Palaceで行われたものと思われる。）で行われた連合国会議におけるマイスキーの「ソ連の外交政策の目的の一つは集団的行動を通じて完全にあの侵略者どもを武装解除することである」という発言から、またスターリンがあの一一月六日の演説の中でソ連の戦争目的原則を大西洋憲章に沿う形で明らかにしたことの二点から、彼らはソ連の基本的戦争目的が戦後安全保障の追求にあると推論した。そして彼らは、世界レベルでの安全保障計画を通じて、ポーランドの分割、バルト三国の併合、フィンランドにおける軍事基地の確保等の手段に訴えることが必ずしも安全保障確保というソ連の目的の達成に不可欠でないことを説得できるのではないかと単純に考えた。さらに彼らは、チェコスロバキアとポーランドとの間で、またギリシャとユーゴスラビアとの間で、それぞれある程度の進展を見せていた連邦化構想の実現にイギリス政府が好意的見解を抱いていることを表明する可能性について検討を加えた。彼らは、イギリス政府は戦中、戦後期を通じてソ連との協力を継続する固い意志を有している旨を「ボルガ憲章」のなかで表明し、まずこれにかんする疑心をソ連側に起させないよう確保し、ついで具体的な問題は後の時点における検討に委ねられるべきであると考えたのである。[41] この英ソ間の合意にかんして外務省のシニア・スタッフが最も憂慮したのは合衆国政府が「ボルガ憲章」の採択に干渉することであった。[42] さてイギリス外務省はこのように英ソのラプロシュマン（和解）を「ボルガ憲章」の基礎の上に築き上げるべきことで意見の一致をみた。サージェントは「そのもたらす結果のいかんにかかわらず、我々はイーデンの訪ソまでに遅滞なく英ソ間の誤解を解消できるようさらに努力を行わなければならない」との並々ならぬ決意を示している。[43]

しかし、翌一九日に届けられたクリップスからの電報は外務省シニア・スタッフがソ連の戦争目的にかんして抱いた楽天的なパーセプションと異なり、ソ連政府がすでにかなり具体的で明確な戦争目的を定式化していることを伝えていた。クリップスは、ソ連が最低限バルト地方ならびにその他の地方における西方国境の絶対的安全保障の確保を求めるであろうとの見解を示したのである。「もし貴下が訪ソされる折に、この点にかんしてなんらの実質的保障をも彼らに与え損ったと仮定するなら、このような会談のもたらしうる唯一の結果が、我々の対ソ政策の背後に潜む最終的動機に対するソ連側の不信を増大させることでしかないであろうことはまず間違いありますまい。」と述べ[44]、クリップスはイーデンに圧力を加えた。この電報の内容が正しいとするなら、イーデンはすでに窮地に追い込まれていた。もしソ連側がその西方国境問題の解決に最大の関心を持っているなら、イーデンはモスクワにてこれにかんする協議を避けて通ることはできず、それにもかかわらずイーデンが頑なにこれにかんする協議を拒絶する姿勢を堅持するならそれはソ連側の不信を増大させることであろう。しかし、逆にイーデンが国境問題をモスクワにて協議した場合、イギリスが対ドイツ戦争の勝利を決定的な程度までに依存していた合衆国の政府からの強い反発を招くことは必至であった。それだけではなく、独ソ開戦以来本国の対ソ政策に対する強い不満から二度にわたって辞任を表明してきたクリップス大使自身、もしイーデンが訪ソ中彼の進言を容れずこれにかんしてスターリンを満足させせなかったなら、決定的な行動を起すであろうことは十分に予想された。

近い将来にこのように非常に困難な訪ソという任務を背負ったイーデンにとって、当面できうる限り英ソ関係を改善することが急務であったのは言うまでもない。しかし、英ソ関係で特殊な役割を果してきたチャーチル・スターリン間の交信は絶えたままであった。チャーチルが当初からスターリンとの親書形式を通じての英ソ交渉を望み、実行したことに対するイーデンの懸念は今や現実のものとなった。色濃く英ソ関係に影響を与えた首脳間交信は個人的威信という要素と絡み、この場合、両国関係改善の大きな障害となったのである。その間、モスクワ、レニングラード方面におけるドイツ軍の進撃は赤軍によって完全に阻止され両都市が陥落するきざしは見られなかったが、焦点となっていた南ロシア方面においてドイツ軍は優勢に戦いを進め、その結果ロストフ陥落は時間の問題となった。このためイギリス側は早期にバクー油田破壊用部隊の派遣を行わざるをえない状態に追い込まれた。しかし、一一月一一日以来の英ソ関係の実質的断絶はこれにかんするイギリス側のあらゆる手立てを奪っていた。

イギリス外務省はこの政治的危機を打開するために二つの方途を探った。一つは対フィンランド戦争宣言問題に絡むものであった。一一月一七日の閣議にてイーデン、ビーヴァーブルックは対フィンランド宣戦を引きだしえなかったため、外務省は急遽代案を作りだした。そのプランとは、フィンランド軍による侵略の即時中止を条件に英ソ両国政府が共同で一定の保障をフィンランドに与え、それに基づいて戦後講和時にフィンランド問題を好意的に対処する用意を有している旨を同国政府に通知することであった(45)。このプランの狙いは当然のことながらフィンランド軍の侵略停止にあった。だがソ連側が宣戦を要求した動機はフィンランドの宣戦離脱の確保にではなく、戦争宣言という法的措置それ自体にあったため、ソ連側が外務省代案に興味を示す可能性は現実には存在していなかったと言ってよかった。さて政治的危機打開のための第二の方途は、チャーチル、スターリンのうちいずれかから和解のイニシアチブを引きだすことであった。チャーチルは、返書をしたためないという今回の強硬な姿勢に彼自身満足しており(46)、また一旦このような方針を打ちだした以上彼の側から再び和解を申し入れることは個人的威信の問題もあって困難であったが、一応外務省はバクー油田に対するドイツの脅威接近に伴ってチャーチルがこれを行わざるをえない事態の生起を考慮に入れ、その対策を練った。しかしイーデンが最も期待をかけたのはスターリンからの和解メッセージであったのは言うまでもない。クリップス宛て電文の中で一七日イーデンは「前回の書簡についての何らかの釈明的コメントを引きだすためにマイスキーが働きかけを行っていると信じる」と述べている。(47) 一八日サージェントは、「ソ連側からの同意をとりつけるために」一定規模のイギリス軍を南ロシア戦線へ派遣することをソ連政府に申し入れるべきであると提案した。(48) 翌一九日イーデンはこれに同意を示しつつも、「しかしもしマイスキーが二、三日内にモスクワから何らの反応をも引きだしえない場合、我々は新たな手立てを考えなければならないことになるであろう」とのコメントをサージェントに与えた。(49) 同日サージェントは軍事援助をめぐる英ソ間の全交渉経緯を調査し、チャーチルの側からこれにかんする弁明を行うことのできる可能性を探索した。しかし、チャーチルの個人的威信を損うことなくこれを行いえる根拠は見出されえず、逆に「彼の要求に対する回答が与えられないまま放置されていると主張するだけの論拠をスターリンは有している。このことは遺憾ながら認めざるをえないであろう。」と結論している。(50) 翌一一月二〇日外務省スタッフの一人はサージェントに宛てたメモの中で、参謀長委員会はソ連南方地域への援軍派遣の重要性を認識するに至っており、したがって参謀スタッフからの反応は憂慮の対象ではないが、しかし英ソ政治関係の行き詰まりが解消されない限りこれらの部隊のコーカサス到着が致命的な段階にまで遅延する可能性を否定できないと指摘した。(51) ロストフ陥落が迫るなかで、イギリス側の焦燥は一段と高まった。

3　政治問題浮上の兆し

スターリンからの和解を求めるメッセージがロンドンに届けられたのは、イーデンを中心に外務省スタッフがくなった一一月二〇日のことであった。この伝達はマイスキーを通じて口頭でなされ、しかもメッセージはイーデンが一一月一二日マイスキーに対して暗に要求したとおり、チャーチルにではなく彼に宛てられたものであった。それによれば、前回の書簡を認めるにあたってスターリンは問題をたんにビジネスライクに提起しようとしただけであり、チャーチルならびにイギリス政府のいかなるメンバーの感情を害させる意図を有してはいなかった。またスターリンは戦線指揮に忙殺されていたため、相互軍事援助ならびに戦後平和機構以外にかんする討議をとり行う余裕を見出しえるとは考えていなかった。対フィンランド宣戦要求の漏洩によって引き起された怒りについてスターリンは「わが祖国は屈辱的な立場に貶められたのです。我々の要求は秘密裏に行われたにもかかわらず、これを満たすことができない旨の貴国政府による判断をも含む全経緯が白日のもとに晒されたのです。これによって我国は汚辱を蒙らされ、またそれによってわが同胞の意気は著しく阻喪させられたのです。」と説明した。マイスキーによれば、スターリン彼自身の個人的感情も大いに傷つけられたのであるが彼はそれを克服した上で、両国関係が相互軍事援助、戦後平和機構にかんする英ソ間協定の上に築かれるべきことを前回のメッセージの中で主張したのであった。[52] さてスターリンは今回のメッセージにおいて彼の八日付けの書簡が社交辞礼を欠きそのトーンも粗いものであったことを暗に認め、その点で彼はチャーチルとの和解の契機をたしかに提供したといえよう。しかしスターリンは内容的には依然譲歩の姿勢を示していず、逆に英ソ軍事・政治協定締結の意図を前回以上に明確にしたのである。その意味でこのメッセージは名を捨て実をとるという類いの積極的な性格を有していた。ともあれチャーチルの威信はこれによって確保され、英ソ関係改善の糸口は与えられた。しかし問題はそのような形式的なところにはなかった。スターリンの形式的譲歩に対してイギリス側が行わなければならないのは実質的なものでなければならなかったのである。

イーデンならびに外務省スタッフはチャーチル、スターリン間の頻繁な親書交換によって英ソ交渉がしばしば彼らの頭ごしに行われてきたことに不満を持ち、外務省が本来果すべき役割を回復するチャンスを窺っていた。マイスキーに対してイーデンが、一一月一二日に英ソ交渉における彼自身の交渉力を強化させうるメッセージをソ連政府からもたらすよう暗に要求したのはこのことと無関係ではなかったのである。首を長くして待ったそのメッセージを得たイーデンらは当然それに対する返答を外務省レベルで処理することに決め、そのための手順をすでに踏んでいた。そしてこのメッセージをチャーチルに伝えたイーデンは、スターリンに再び親書を送ることのないようにとの要望を行った。まず今回のメッセージが口頭で大使から外相に伝えられるという通常の外交ルートでなされたこと、次に親書交換が個人的威信の問題と絡み外交交渉を硬直化させることとの具体例を前回の経緯が示していることの二点からして、イーデンの主張が特別の重みを有していたことは疑いない。しかしそれにもかかわらず、チャーチルはこれを聞き容れることなく、必ずや親書が送られねばならないとの主張を貫き通した。[53]しかし、その内容についてはイーデン、ビーヴァーブルックの意見を参考にすることを認めざるをえず、チャーチルは二一日午後三時に三者会談を持ちたい旨希望し、両者に伝えた。[54]親書を認める際の中心的問題はいうまでもなく対三ヶ国宣戦・南ロシア援軍派遣・英ソ戦争目的調整交渉であった。スターリンからのメッセージを受け取った後、チャーチルは参謀スタッフとの会合を持ち、一方イーデンは宣戦問題に対するイギリス側の新たなプランを討議するためマイスキーと会った。これらの二会合はチャーチルのスターリン宛て親書の内容決定に重要な影響を与えることになる。

一一月二一日に参謀長委員会は二度開催された。第三九四回会合は午前中に行われ、午後に第三七回(O)会合がチャーチルの出席を得て開かれたのである。両委員会の議事録・結論の双方には、スターリンへの親書の中でチャーチルが南ロシア戦線援軍投入をどのように取り扱うべきかをめぐる討議がなされたことを示す記録は存在していない。だが、そこでの討議の中心はバクー油田の破壊のためにコーカサスに派遣される可能性を有していた輸送中の第一八師団をどこに上陸させるかを決定することにあり、したがって記録には残されていないものの、このような技術的討議の背後で南ロシア戦線への援軍投入にかんするイギリス側の最終的対応の決定が行われたことは疑いない。より具体的に述べるなら、一一月一二日の第三八四回参謀長委員会は、陸軍省の立案部長の説得をうけ、バクー油田の破壊を遂行するためにはイギリス援軍をソ連の要求する南ウクライナの地へ投入するとの形式的譲歩を行っておく必要のあることをすでに認めていたが、ロストフ陥落がますます確実になった二一日の段階で参謀スタッフがチャーチルの親書の中で南ロシア援軍要求に対する肯定的見解を示すように進言したことは、それにまつわるあらゆる経緯からして明らかである。とくに、それは一二月初旬における軍事討議から極めて明白である。

しかしともかくこれはある意味で既定の方針であったのであり、むしろ同日の参謀長委員会の真の重要性は、彼らが南ロシア戦線への軍隊派遣を決めておきながら第一八師団の上陸地点をイラクのバスラ（Basra）ではなくスエズに変更すべきことを提起したことに求められるべきであろう。一八日に開始されたクルセイダー作戦の成り行きが思わしくない場合、第一八師団を中東戦線に投入すべきであるとの考えに基づき、第三九四回参謀長委員会は同師団をスエズに上陸させるプランに傾いた。(55) しかしこのプランには一つの難点があった。もしクルセイダー作戦が首尾よく展開される一方でロストフが陥落しドイツ軍のコーカサスへの南下が始まった場合、第一八師団を中東に逗留させておくことは無意味であり、その場合同師団をイラクのバスラに上陸させ、直ちにコーカサスに向けて北上させて第五〇師団と合流させるのがイギリスにとってより有用であるのは明白であった。しかし一一月二一日の段階ではそのような事態が起るかいなかについての信頼しうる予測を行うことは不可能であった。チャーチルの出席を得て同日午後に開催された第三七回参謀長委員会(O)はこの問題を再び討議した。そこで第一八師団をスエズからバスラへ鉄道を利用して輸送することが提起され、もしそれが実現不可能なプランでないなら同師団をとりあえずスエズに上陸させるのが最善ではないかという指摘がなされた。同委員会はスエズからバスラへの鉄道輸送状況の調査を早急に行うべしとの決定を見た。(56) ここから分かるとおり、たとえチャーチルが親書の中で南ロシアへの小規模援軍の派遣に肯定的な姿勢を示そうが示すまいが、クルセイダー作戦の展開いかんでは第五〇師団に続いて投入されるはずであった第一八師団のソ連領投入がキャンセルされる可能性は否定されえなかったのである。イギリス参謀スタッフの南ロシア援軍派遣に対する姿勢はこのように徹底的に機会主義的であった。このような態度を考慮に入れるならば、クルセイダー作戦の展開いかんにかかわりなく、もしモスクワ攻防戦で示した善戦を赤軍がロストフ攻防戦でも再現した場合、彼らが対ソ公約の存在を問わずいかなる部隊のソ連領内派遣にも反対を唱えることもまた否定しえなかった。さて、一方英ソ関係の打開をはかるために宣戦問題における早期の譲歩が必要であると考えていたイーデンは、前述のとおり一一月一七日の閣議で宣戦を引きだしえなかったため急遽、イギリスとソ連が共同でフィンランドの独立に対する保障を行い、これを通じてフィンランドの対ソ戦線からの離脱を実現させるプランを考えだしたのであった。(57) イーデンは一一月二一日の第一一四回閣議にてこのプランを紹介し、これにかんするソ連側との交渉開始に対する閣議の了承を求めた。閣議はイーデン案を認可した。しかしその際、英ソによる対フィンランド保障は秘密裏になされるべきことが留意された。フィンランドの戦線離脱に際してドイツが同国を逆に攻撃することをチャーチルは特に懸念し、ソ連・フィンランド戦線は段階的に消滅されるべきことを主張した。[58] チャーチルのフィンランドに対する好意的姿勢は彼の対ソ姿勢と極めて対照的であった。さてイーデンは閣議決定に基づいて同日直ちにマイスキーに会談を申し入れ、そこで彼のプランを明らかにした。しかしこのプランを伝えられた際のマイスキーの反応は非常に冷淡であった。ソ連大使は、ソ連政府がこれに興味を示すことはまずないであろうとの発言を行った。この反応は、当時ソ連の真の狙いがフィンランドの戦線離脱にはなく戦争宣言という法的措置それ自体にあったことからして当然であった。マイスキーは、もしフィンランド政府がこのような提案を受けた場合彼らは交渉を長引かし、その間を利用して軍事作戦を継続させようとするであろうと述べ、イーデン案に鋭く反対した。そしてさらにマイスキーはイギリスが宣戦を手控えていることがソ連政府を大いに悩ましていることを再度主張した。[59] このように強いマイスキーの拒否に遭遇したイーデンはこのプランの実現性のなさを自ら悟り、これを最終的にとり下げた。

それぞれの会合を終えた後、イーデンとチャーチルはビーヴァーブルックの参加をえたうえで、スターリン宛ての親書の内容づくりに取り組んだ。南ロシア戦線問題にかんしては第一八師団をこの目的のために使用しえるかいなかが明確ではなかったため、一応漠然とした表現を用いて肯定的姿勢を表明することが得策であった。また宣戦問題にかんしてはこの日のイーデン工作が失敗に帰したため、宣戦の布告に積極的姿勢を示さざるをえなかった。イーデン訪問についてはソ連の対英疑心を軽減させるためにこれを提案せざるをえなかった。最終的にチャーチルの親書は同夜一一時クリップスに発送された。その中でチャーチルはまずスターリンからのメッセージに感謝した後、「戦争が勃発するやいなや、私はローズベルト大統領との親書交換を開始致しました。それは英米間の確固とした理解の基礎となり、また我々の間での実行・融通性を高めました。私の唯一の希望はこのような同志精神ならびに信頼に支えられる対等な関係の上に貴殿との協力体制を築き上げることであります。」と述べた。宣戦問題にかんしては「もしフィンランド政府が向う二週間に依然戦争行為を中止せず、また貴殿がこれを改めて希望されるなら、我々は宣戦布告を必ずや行う所存であります」との譲歩を行った。さらに戦争目的交渉のためにイーデンを、そして「コーカサスへのイギリス軍派遣のみならずその南ロシア戦線への配備」にかんする交渉のために軍事専門家をモスクワへ派遣する提案を行ったのである。(60)

さてスターリンへの親書が打電された翌日の一一月二二日ついにロストフはドイツ軍の手に落ち、南ロシアへの援軍派遣にかんする英ソ協議開始のタイミングは見事に合わせられた。したがってチャーチルの行った三つの譲歩のうちの少なくとも一つはイギリスにとって有意義なものであったかに思われた。戦争目的交渉のためにモスクワを訪れる予定を得たイーデンは訪ソ前に英ソ間の関係をよりスムーズなものに整えておくことを欲した。なぜなら両国の政治関係が好ましくない状態下に、しかもスターリンの歓心を買いえる具体的な譲歩をも携えずにイーデンがモスクワに訪れるなら、彼の訪ソ自体が失敗に終る可能性が十分に予測されたからであった。このため一一月二四日の第一一六回閣議にてイーデンは、フィンランド・ルーマニア・ハンガリーが近い将来に防共協定に参加するとの情報を明らかにし、もはやイギリス政府にとって対三ヶ国宣戦布告をためらう理由は喪失したと主張した。しかし、「二二日付けのチャーチルの親書に対する返書の中でスターリンが正式に宣戦を要求するまで待つべきである」との意見がその場の大勢を占め、イーデンの希望はまたしても容れられなかった。(61)

一一月二五日マイスキーは二三日付けのスターリンの親書をイギリス政府にもたらした。まずスターリンは、親書交換を通じて英ソ関係をより確固とした友好的基盤の上に築き上げたい旨のチャーチルの希望に全面的な同意を示した。「友情と信頼を基礎とする親書交換を通じて私と協力を行いたいという貴殿の希望を心より歓迎いたしたく思います。私はこれが我々の共通の大義のために大いに貢献することを希っております。」と述べているのである。次にスターリンは宣戦問題に触れ、当面フィンランドに対する戦争宣言を要求した。ハンガリー、ルーマニアについては暫しの間の猶予を与える旨を表明し、一定の譲歩を示した。ともあれスターリンはここで正式にフィンランドへの宣戦要求を行ったのである。そして次にスターリンはドイツ処理問題等の戦後構想を討議するためにイーデンが訪ソすることを歓迎する旨を明らかにした。そしてスターリンは「敵を打倒しようとする我々の意思は不屈であります」と威勢を示してこのメッセージを結んだのである。[62] 明らかにソ連外交は攻勢に転じ、その成果を収めつつあったことがこの書簡から理解されよう。

二四日の閣議でスターリンからの正式な宣戦要求がもたらされるまでイギリスは待機すべきことが決定されたが、早くも翌二五日ついにイギリスがフィンランドに最後通牒を発さなければならない事態を迎えた。一一月二六日ハリファックス大使は、一二月三日までに対ソ侵略を中止しない場合、イギリスは同国に対して戦争宣言を発する旨の最後通牒の伝達を合衆国政府に依頼せよとの指令をロンドンから受けた。翌二七日ハリファックスはこれに基づいて合衆国国務次官ウェルズを訪れ、最後通牒をフィンランド政府に通達するよう依頼した。[63] 翌一一月二八日駐フィンランド・合衆国公使を通じて、フィンランド政府はこの最後通牒を受けとった。[64]

4　モスクワ会談に向けての交渉方針の検討

一一月二六日「来るべきソ連政府との会談」と題されるメモランダムがイーデンから戦時内閣メンバーに配布された。これはイーデン訪ソ時の英ソ会談に臨む英外務省の基本方針を明らかにしたものであった。メモランダムには「ソ連政府に伝達されるべきメモランダム草案」(以下「草案」と略称)が添付されており、メモランダムの大半は「草案」の具体的な内容解説およびその意図を説明することにあてられている。イギリス外務省が英ソ会談で具体的に何を期待したか、また彼らが英ソ関係をいかなる方向へ導いて行こうとしたかはこのメモランダムから明らかとなる。イーデンはその冒頭で英ソ会談の範囲と目的とをあらかじめ設定しておくことが必要であり、「草案」は政治的討議にかんしてその必要性を満たそうとしたものであることを説明している。さてイーデンによれば、会談の主要目的は「スターリンの心に巣食っている対英不信を和らげること」にあり、その対英疑惑の原因を除去するための努力は「草案」の前半部に注ぎこまれていた。外務省の予想する対英不信の根本原因として四点が存在した。第一はイギリス政府ならびに合衆国政府が戦後構想を練り上げる際にソ連を排除した形でこれを行うのではないかということであり、第二は戦争継続中にドイツ軍部がヒトラー・ナチス党を排除した場合イギリス政府は直ちに彼らと単独講和を行う意図を有しているのではないかということであった。第三は講和会議にて英・米政府がソ連の利益を無視するのではないかということであり、第四は戦後長期間にわたってドイツを無力化させるにたる徹底的な反ドイツ政策の採用を、イギリス政府が講和時にためらうのではないかということであった。これら四点にかんするスターリンの疑惑を晴らすことに「草案」の第一の目的が置かれたのであった。「草案」の第一条から第六条までの間に戦中・戦後期における英ソの協力維持、戦後構想確定へのソ連の参加、いかなるドイツ勢力との単独講和の禁止、ドイツ非武装化計画の四点が含まれている。

イーデンがいみじくも述べたように、これらの四条項を討議することを通じてスターリンの厳しい対英姿勢を軟化させることがイーデン訪問の主要目的ではあったが、メモランダム・「草案」の後半部は、イギリス外務省がさらにそれ以外の目的をモスクワ訪問に賦与していたことを明瞭に示している。より具体的に言えば、イーデンの役割はソ連の疑惑を解消しつつ、将来予想される東欧・中欧へのソ連の影響力浸透を防止することにあったのである。「草案」の第七条は、和平構想ならびに戦後再建構想にかんして大西洋憲章が出発点となりうることを指摘し、次いで第八条は例の一一月六日の演説中でスターリンが行った顕教としての戦争目的宣言、「我々は他国領土を奪ったり他国民を隷従させようとする類の戦争目的を有していない……」を引用し、「イギリス政府はこの声明に同調したい」旨を謳っている。そして第九条において外務省は、イギリスの東欧にかんする戦争目的であると定義しうる連邦化計画への支持・推進を次のように提唱している。

「イギリス政府は、ヨーロッパの小国を経済的・戦略的に結びつけることにより将来のドイツの圧力に十分耐えうるようそれらを強化することが、とにもかくにも重要であると認識している。我々は、チェコスロバキアとポーランド政府間で進展を見せている連邦計画がこの目的に沿ったものであると考えており、これを歓迎している。さらにわが政府はこのような連邦システムが中欧の他の諸国をも包含するよう希望している。因にポーランド・チェコスロバキア政府はそのような線に従って事を進展させているように思われる。わが政府はバルカン諸国においても同様の連邦システムが受け容れられるよう希望している」。

この中では、連邦はたんに反ドイツ的性格を有するものとして描かれているが、実質的にはイギリス外務省はドイツのみならずソ連の圧力にも耐えうる連邦を構想していたのである。このように考えるならばイギリス外務省が考えたイーデン訪ソの第二の目的は、まずスターリンから中・東欧諸国の領土保全・内政不干渉に対するコミットメントをとりつけ、次に、再び大国の犠牲となり独立を喪失するやもしれない中・東欧諸国自体を連邦の絆で強化するプランへソ連の同意をとりつけることの二点にあったと言えよう。

メモランダム・「草案」の検討を通じて最後に浮び上ってくるのは、イーデンの訪ソ時にソ連側が望むであろう領土問題の解決をテクニカルに回避しようとする外務省の努力である。メモランダム中には、「草案」には含めることはできないもののソ連政府がもし提起した場合にイギリス政府がその討議に応じなければならないであろう問題が二つ列挙されている。そのうちの第二として「バルト地方ならびに他の地域におけるソ連西方国境の保障」が挙げられている。それにかんしてメモランダムは「この段階でソ連政府の要求を満たすことは困難であろう。多分大西洋憲章の第一条、第二条を越えるコミットメントを行うことは不可能であろう」と記している。これをうけた「草案」の最終条項である第一三条はより婉曲にこれを次のように表現している。

「この他にも英ソ間で討議されなければならない事柄が多数存在するのは当然認識されるところである。その際、それにまつわる諸要素がなんらかの結論を引きだしうるに十分なだけ明確になっていなければならず、またその討議問題が他の同盟国諸政府ならびに合衆国政府との協議を受けていなければならない」[65]。

これが言わんとしているのは結局、英ソ間で大西洋憲章を越える具体性を有した戦争目的交渉を妥結させるのは時期尚早であり、さらに合衆国政府等との協議の存在が、その前提となっていなければならないということであった。とくに「合衆国政府との協議」事項は、ソ連との実際の交渉にあってイーデンにとって伝家の宝刀となるはずであった。ここで、メモランダム・「草案」から明らかとなったイギリスのモスクワ交渉方針を今一度整理すると、第一は実質的な対ソ援助を当初から控えようとしたイギリスに対するソ連側の抜き難い疑惑を前述の四点における対ソ保障を通じて和らげることであり、第二は戦後期にソ連の影響力が中・東欧におよぶ可能性に備えての伏線を用意することであり、第三は「合衆国政府との協議」の必要性を楯にソ連の早急な領土要求承認の圧力を躍ねかえすことであった。

このメモランダムは一一月二七日の第一二〇回閣議の討議を受けたが、そこでの反応は肯定的なものではなく、ソ連政府に予め手渡す内容としてこれは相応しいものではないという判断が大勢を占めた。そこにあって中心的な役割を果したのはチャーチルであった。カドガンの言葉を借りるなら、「彼は一語も読むことなくこれに対して激しい反対を行った」[65]。イーデンとチャーチルが意見を最も鋭く対立させたのは、メモランダムの最初のページで説明されたドイツとの単独講和禁止条項についてであった。イーデンが「ナチス党を征服し国政を掌握したドイツ軍部とも単独講和を行わない旨ソ連側に表明すべきである」と主張したのに対して、チャーチルは「軍部支配下のドイツとも一切の交渉を行わないとの公約を行うのは行き過ぎである。ドイツの軍事的抵抗が弱まり彼らが我々との交渉を望むに至った時に、ドイツの担当政権がいかなる性格を有したものであるかを現時点で見通すことは不可能である。」と論じた。イーデンは「この点にかんしてソ連政府に表明したいと考えているステートメントの文言は、チャーチルが述べたような論拠に基づくいかなるハンターによっても変えられはしない。」と言い放った。結局閣議はイーデンの提出したメモランダムを承認せず、この書き直しが命じられた。改訂版メモランダムは一二月三日に予定された特別閣議にて再び討議に諮られることに決定された。同時に同閣議は「イーデンは訪ソを行う予定を有しているが、そこで立ち入った議論を展開する意図を有していないこと」を合衆国政府に通知しておくようイーデンに命じた[67]。

このようにチャーチルからの予想外に強い反対に遭遇したイーデンが、モスクワ訪ソ時にスターリンを満足させ、彼の対英疑惑・不満を首尾よく解消させるために絶対必要と思われた政治的譲歩を携えてイギリスを発つことができるかいなかについての見通しは険しくなった。イーデンをさらに悩ませたことに、チャーチルは宣戦問題にかんする異常なまでの抵抗を示した。実は、同閣議にてイーデンは、前一一月二六日にフィンランド政府への最後通牒の伝達を合衆国政府に依頼する指令をハリファックスに送ったことを明らかにしたが、これに対してチャーチルは戦争宣言のなされるべき日付けは一二月五日でなければならないとの主張を行ったのである[68]。

翌一一月二八日チャーチルはイーデンにメモランダムを送り、「貴殿は三ヶ国（フィンランド・ルーマニア・ハンガリー）に対する戦争宣言が一二月三日に発されることを当然と考えているように思われる。私としては、フィンランドが我々の最後通牒にどのような対応を示すかが明確になるまでこの措置は留保されるべきと考える。さらに言えば、三日は尚早に過ぎる。五日こそが私がスターリンに親書を送った時点から起算して二週間後にあたる。今夜私はマンネルハイムに親書を送る。我々は彼がこれに対する返答に要する時間を見る必要がある。宣戦布告という措置が賢明なものではないという私の見解は変っていず、私は未だにフィンランドが撤兵するのではないかという希望を捨て切っていない。」と主張した[69]。そして同夜チャーチルはマンネルハイム・フィンランド軍総司令官に「私は今から起りうることに対して深い悲しみを抱いております。すなわち、我々は同盟国ソ連への忠誠心から数日中にフィンランドに対して戦争宣言を行わねばならないということに対してであります。……我々の中のフィンランドを友とする数多くの者にとって、もしフィンランドがあの罪深き敗戦国ナチス・ドイツと同席にて戦争責任を問われることほど悲痛なことはありません。第一次大戦にかんして貴殿と楽しく語り合いまた文通したことを思い浮べましたところ、私は手遅れにならないうちに貴殿にこれについての考慮を促すために純粋に個人的で私的なメッセージを送らざるをえないという気分になってしまったのであります。」という切々とした書簡を送ったのである[70]。

対フィンランド宣戦布告のデッドラインを一二月三日から一二月五日までに引き延ばすべきことを強く主張したチャーチルの意見を容れ、イーデンはこの旨の指令をハリファックスに再び送った。一一月二九日フィンランド政府はまたしても合衆国政府を介して、イギリス政府は一二月五日まで戦争宣言を控える用意があるとの意向を伝えられた[71]。一一月二八日のカドガン外務次官の日記によれば、ビーヴァーブルックは「ソ連が陥落することをいまだにチャーチルが運命視している」とイーデンに語っている。[72]チャーチルの宣戦問題にかんする態度は、マンネルハイムに宛てた手紙に示された彼の親フィンランド的姿勢と、公式の声明とは裏腹に独ソ戦の生起によっても結局越えられることのなかった彼の個人的反ソ感情との産物であったと言えよう。

こうしてデッドラインを強引に引き延ばしただけでは飽き足らず、チャーチルは翌二九日にまたしてもイーデンにメモランダムを送りつけ、対フィンランド宣戦布告をさらに延期しようと努めた。チャーチルは「このような大戦争からフィンランドを離脱させることのできるチャンスがいまだに存在するにもかかわらず、タイムリミットに切迫されるのは実に耐えがたい。御承知のように一一月二一日付けのメッセージの中で私はスターリンに『もしフィンランド政府が向う二週間に依然戦争行為を中止せず、また貴殿がこれを改めて希望されるなら……〔強調はチャーチル〕』と述べている。したがって手順は次のようにならなければならない。すなわち、もし五日までにフィンランド政府から宣戦離脱を行う旨の回答をえないか、もしくは同政府が我々の通牒に反発的返答を与えた場合に、その時点で我々はスターリンに「『貴殿が改めてこれを希望するなら』我々はそれに従って宣戦を発するとの意向を伝えればよいのである。」と主張している。[73]この日になってチャーチルは「改めて」という語句に新たな解釈を加えたのである。このような強弁に代表されるチャーチルの反ソ的姿勢が、ソ連に向けて発つ前に宣戦を確保しておくことを強く希望したイーデンを苛だたせたことは疑いない。

二七日夜カドガンは主にそのチャーチルの否定的反応によって強いられることになったWP（四一）二八八メモランダムの改訂を行ったが、その作業は困難を極めた。大西洋憲章の時のようなスムーズさはここにはなかった。二八日カドガンはイーデンのもとに赴き、そこで英ソ宣言の草案に対する彼の認可をえた。[74]翌二九日その草案を含むメモランダムはWP（四一）二八八（Revise）として閣僚に配布された。全体を通してさほどの改訂は行われていないものの、改訂版メモランダムには英ソ宣言の草案が付されていた。ただカドガンはまたしてもチャーチルが「一語も読むことなく」否定的な反応を示すことを恐れ、前回の閣議でチャーチルの怒りを引き起した単独講話禁止条項をメモランダムからは削除した。しかしあらかじめソ連側に伝えられるべき政治メモランダム（以下「改訂版草案」と略称）の第五条項には以前のメモランダム「草案」と全く同様の文言――「あらゆる侵略的意図を明白に放棄しないいかなるドイツ政府とも講和を行わない」――が残されていた。これはチャーチルの反対をテクニカルに回避しようとした方策とも考えられる。その他カドガンの手になる「改訂版草案」はイギリスの中・東欧連邦化案に対する支持をより明確にするために「そのような諸連邦は大西洋憲章第八条によって予言された恒久的一般安全保障の確立に必ずや寄与することになろう」との文言を加えている。さらに第一二条として「イギリス政府は力の及ぶ限り戦後ソ連の経済復興に力を貸す用意を持つに至るであろう」との条項を新たに加え、続けて第一三条は「これ（対ソ経済援助）にかんして合衆国の協力が必須である」と前置きし、同条項の後半はそれゆえに「英ソ両政府はそれにかんする両国間交渉の内容を合衆国政府に最大漏らさず通知しておく必要がある」と述べている。

「改訂版草案」にこの条項を新たに挿入することによって、カドガンは英ソ間で戦後処理問題を決定するに際して合衆国との事前の協議が必要であるということだけではなく、英ソ間交渉の全経緯を逐一合衆国政府に連絡すべきことをもソ連側に認めさせようとしたのである。このように合衆国政府との緊密な関係の樹立・維持の必要性をより強調した狙いは、イーデンの訪ソ時にソ連政府が具体的な戦争目的要求に対するイギリス政府承認を求めても、イギリス側が独自の判断に基づいてソ連側に回答を即座に与えることは不可能であることを仄めかすことにあった。ソ連政府に手渡されるべき「改訂版草案」の内容は、連邦案支持をより明確にしたことそして合衆国との連携の必要性を一層強調した点で対ソ交渉におけるイギリスの攻守ポジションを強化したものへと変化していた。

さて英ソ宣言草案はまず英ソ同盟が七月一二日の英ソ合意宣言と大西洋憲章の二つに基づくことを謳い、次にその具体的内容として、第一にいかなるドイツ政府との単独講和を禁止すること、第二に英ソは戦後講和時ならびに戦後期においても友好・協力体制を維持すること、そして第三に英ソ両国は中小国の内政干渉を行わないことを明記している。(75) これがカドガンの手になる大西洋憲章の英ソ版・「ボルガ憲章」の内容であった。これは英ソ交渉の成果の表だった部分を構成するはずであり、それゆえに多分に抽象的であったのはいたし方ない所であろう。さて「ボルガ憲章」のより実質的な部分は明らかに「改訂版草案」に存していた。その中でイギリスの立場がより強く表明されているのはWP(四一)二八八に対する一一月二七日の閣議の否定的評決によって強いられたことは疑いない。チャーチルを頭とする対ソ消極派からそれに対する合意を引きだすためにはメモランダムの内容はソ連に対してできるだけ厳格なものでなければならなかった。しかしあまりに対ソ譲歩に欠く方針に基づいた場合イーデンのモスクワ交渉はソ連側からの強い反発を招き、完全な失敗に終る公算も強く存在していた。カドガンが改訂に際して大いに苦しんだ理由がここにあったのである。

このようにイギリス戦時内閣とソ連政府双方を満足させうる「草案」を作成しなければならなかったカドガンが両者の間の妥協点を求めつつ、一応英ソ会談のガイドラインを形成しえた背景には一つの事情が存在していた。実はイーデン訪ソ時の討議範囲についてソ連からそれにかんするなんらの提案ももたらされなかったことがそれである。もしイーデンの出発前にソ連政府が、たとえばその独ソ戦前国境の回復問題を討議範囲に含めたい旨を希望した場合、戦時内閣がこれにかんする具体的な討議の権限をイーデンに与える見込みは存在せず、そうかといって領土問題をソ連政府の満足の行く形で討議する意思のないことをモスクワにあらかじめ通知するならば、イーデンの訪ソ自体が実現しなくなる公算が強かったのである。カドガンがメモランダムを改訂し終え、閣僚に配布した時点では、ソ連側からこのような類いの連絡は届けられてはいなかった。

しかし一二月一日マイスキーはイーデンを外務省に訪れ、一一月二七日付けのモロトフのメッセージを伝えた。これはまさにモスクワ会談における討議範囲にかんするものであった。外務省の記録によれば、モロトフのメッセージはイーデンのモスクワ訪問時に「二協定もしくは二部分からなる一協定」が調印されるべきことを伝えていた。第一の協定もしくは部分は戦時期をカバーするものであり、その具体的内容はドイツとの単独講和禁止と軍事相互援助であった。第二は戦後期にかんするものであり、これこそ外務省が最も神経を尖らせたものであった。それは平和機構ならびに戦後ドイツ構想にかんする諸原則の明確化を目指すものであるはずであった。しかしカドガンの改訂メモランダムから理解されるように、イギリス外務省は協定調印を考慮に入れていず、共同宣言で事を済ます予定であったため、イーデンは英ソ間の具体的合意事項を協定の形で発布することは得策ではないとの意見をマイスキーに述べた。またイーデンが、ソ連政府は戦後処理問題にかんしてどの程度具体的な議論を期待しているかについて探りを入れるや、マイスキーは「ソ連政府は戦後ドイツの政治体制にかんする議論をとり行いたいであろうし、また多分ドイツの国境問題もそれに含まれることを欲するであろう。」と答えた。少なくとも外務省の一般通信ファイル（FO371）から判断する限り、モロトフのメッセージは東欧一般の領土問題の討議を要求してはいない。[76] ところが、イーデン訪ソ中の一二月一六日にソ連側は実際領土問題の討議を要求することになるのであり、それに対してイーデンはこれを全く「新たな問題」であると規定し、ソ連側が事前にこれを討議内容に含めたい旨の意思表示を行っていなかったためイーデン自身イギリス政府代表としてソ連の領土要求を討議する権限を与えられていないと主張して、この問題を回避しようとする。[77] ところが一二月一九日午後五時からクリップス・モロトフ会談が開催され、領土問題がはたしてイーデンのいうように「新しい問題」であるかいなかについての議論が行われた。この会談の記録は新たな事実を提供している。その中でモロトフは次のように主張した。

「今ここに私が一一月二七日にマイスキーに発信した電報がある。それによれば私は、二つの協定を調印できるような討議をイーデンと持ちたい旨希望している。その協定のうちの第一は戦中の軍事協力と単独講和の禁止にかんするものであり、第二のものは戦後期の英ソ関係をカバーするものである。後者の協定にかんしてこの電文は、『この協定は戦後期をもカバーするものであり、それは和平処理と諸国間関係に係わるものである。たとえばヨーロッパ諸国間の国境問題、ドイツの国境問題、ドイツの国家体制の問題等にかんするものである。』このようにイーデンがロンドンを発つ前の段階に我々は国境問題討議の必要性について言及しているのであり、我々はイーデン訪ソ時にヨーロッパの国境問題に触れるべきことを提起していたのである。……国境問題はイーデンがロンドンを発つ前に我々によって持ちだされたのであるから、私はここからこの問題は新たに提出された類いのものではないと結論しなければならない。」

さて、この会談録はイーデン訪ソ時における重要会談録を集合したメモランダムに組み入れられ、一九四二年一月閣僚に配布される予定であったが、実際に配布されたメモランダムWP(四二)八からこれだけが抜き取られている。しかし外務省の秘書官ファイルの中にこの会談録は保存されており、この会談録の第一面の余白にイーデンは「これは他の記録と一緒に配布されるべきではないと思うが、AC〔カドガンのイニシアル〕君はどう思う」と赤インクで走り書きしている。カドガンはその右側に「イエス、一月五日、四二年」とだけ書き記している。[78] ここから判断すると、一一月二七日のメッセージの中でモロトフが領土問題を提起したことはまず間違いあるまい。また、本省からこのようなメッセージを受けたマイスキーが意図的にそれと異なる内容をイーデンに伝えたことは想像しえない。さらにまた一二月一日のマイスキーとの会談でイーデンならびに速記官が「ヨーロッパ諸国間の国境問題」の部分のみを聞き洩したことも同様に想像しえない。したがって、事態の紛糾を避けるためにイーデンがモロトフのメッセージに操作を加えたと考えるのが妥当であろう。当面イーデンにとって重要だったのは、戦時内閣のメンバーから可能なかぎり最大の対ソ譲歩を引きだした上でともかくモスクワを訪れ、領土問題を回避しつつ力の及ぶかぎりスターリンの心に宿っている対英不信を和らげることであったからである。

同一二月一日開催の第一二二回閣議の結論によれば、チャーチルは一一月二九日付けのイーデン宛てメモランダムで彼が主張した手順に従って宣戦を行うことを他の閣僚に呑ませた。[79] すなわちイギリス政府は一二月五日までにフィンランド政府から彼らの最後通牒に対する返答をえることができなかった場合に再びスターリンにメッセージを送り、宣戦要求を改めて行うかいなかを質すことになったのである。こうして一一月二三日付けのスターリン書簡の内容は、こと対フィンランド宣戦問題にかんするかぎり事実上無視されることになったのである。これが不誠実な対応であるのは、一一月二四日の第一一六回閣議にてイーデンが三ヶ国の防共協定参加の情報をたてに即座の宣戦を主張した際に、他ならぬチャーチルが「二一日付けの私への返書でスターリンが正式に宣戦を要求するまで我々は待つべきである」と主張したことを思い起すならば明らかであろう。このような形で閣議が決定した以上、イーデンがモスクワに到着した時点においても宣戦がなされていない可能性は十分にでてきたのである。このようなイギリス政府の対応がスターリンの対英不信をさらに増大させ、イーデン訪ソの成功を著しく阻害することは自明であった。さて同日の閣議の最後に、チャーチルは「このような方針に基づく行動以外の選択肢を見出しえないが、依然私はこのような措置が我々の利益はおろかソ連の利益に叶ったものであるとは信じることができない」とつけ加えた。[80] このようなチャーチルの粘着的抵抗はイーデンの気を大いに滅いらせた。ハーヴィーは「イーデンはチャーチルによってさらに悩まされている。彼はまたしてもうんざりさせるような態度を見せており、独裁者的振舞いを色濃くさせ始めている。大西洋会談前と同様にチャーチルの目はうるんでいる。彼はもう閣議に出席しないと述べている。……イーデンはこのような時節に訪ソのために彼が国を離れるべきではないと述べている。」と記している。[81]

さてイーデン訪ソ成功の前途に立ちはだかったのは対フィンランド宣戦問題と対ソ政治譲歩問題だけではなかった。訪ソ時に大幅な対ソ援助を公約しえるかいなかが英ソ政治交渉成立の見込みに大きな役割を果すであろうことは明らかであったが、参謀スタッフの姿勢は依然対ソ援軍に極めて消極的であり、この点でもイーデンは不安材料を有していた。再びハーヴィーの日記を引用するならば、「参謀スタッフは何事をも行う意志を有していない。私はイーデンに、なにはともあれ彼が『バスケット一杯の贈り物』を手にしない限りモスクワへは行かないよう忠告した。ビーヴァーブルックも同旨のことをイーデンに語り、彼自身もそれをよく理解している。」と書いている。[82] モスクワにてイギリス代表団がソ連側の歓心を買うことのできる最大の譲歩はいうまでもなく南ロシア戦線へのイギリス軍派遣であった。ところがこの可能性の否定に導くような事態が中東戦線で早くも生起しつつあった。

一一月一八日未明中東イギリス軍はリビアにおける大攻勢を開始し、緒戦こそイギリス軍は物量面で劣勢であったロンメル軍を後退させたものの、早くも一一月二三日の段階でクルセイダー作戦の主要攻撃が失敗に帰したことが明らかとなった。二日後の一一月二五日には、オーキンリック中東軍司令官は第八軍司令官カニンガム

(Cunningham, Sir John) 将軍の解任をチャーチルに求めざるをえなくなった。[83] このため一一月二四日開催の第三九六回参謀長委員会は第一八師団を正式にスエズに上陸させる案を採択した。ただその際「もしイラクへ同師団を輸送する必要が生じた場合、陸路にてこれをとり行う」との留保を行っている。[84] 前述のように、一一月二一日段階で急遽第一八師団をスエズに上陸させる可能性が提起されたのは、同師団のクルセイダー作戦への投入が必要となる事態を想定してのことであったが、三日後の第三九六回委員会は逆に南ロシア戦線への投入のために同師団を輸送する可能性に留意するに至ったのである。こうして、第一八師団が投入される戦場の優先順はコーカサスから中東へと移行した。しかしロストフがドイツの手に陥落していたため、イギリス中東軍が態勢を立て直しロンメル・ドイツ軍を撃破した場合、第一八師団が第五〇師団に続いてバクー油田破壊のために投入されるべきことは当然であった。ただ秤にかけた場合、この時点で中東の意味はコーカサス以上に大きくなったことは明らかであろう。ところが、一一月二八日ティモシェンコ将軍の率る赤軍は猛攻撃の末ついにロストフを奪還したのである。これによってコーカサスへのドイツの直接の脅威は消滅した。[85] このような軍事的展開に接したイギリス参謀スタッフが軍事的合理性を追求する立場から、たとえ二一日付けのスターリン宛て親書の中でチャーチルが南ロシア戦線援軍投入問題にかんして前向きの姿勢を明らかにしたにせよ、今やこれを撤回し南ロシアに援軍を派遣すべきではないとの新たな方針を主張することは十分にありえる状況となったのである。

イーデンの訪ソが成功するかいなかは、まず第一に出発前もしくは最低限モスクワ到着時までにフィンランドに対するイギリスの戦争宣言を確保すること、第二には戦争目的交渉においてソ連側を満足させうるだけの政治的譲歩を行いえる権限をどの程度閣僚から獲得できるか、そして最後に第三に参謀スタッフからいかなる規模の対ソ援助を引きだすことができるかにかかっていた。一二月の第一日曜日（七日）にはロンドンを発つことになっていたイーデンにとってこの一週間は大きな試練の時となったのである。

註

（1）Cab78/2, MISC (41) (18), 15/11/41.
（2）WO193/694, 7/11/41.
（3）WO193/694, 7/11/41.
FO371/29580, N6473/78/38.
（4）FO371/29493, N6468/78/38.
（5）BBK/D95, 6/11/41.
（6）BBK/D95, 8/11/41.
（7）BBK/D95.
（8）FO371/29580, N6373/78/38.
（9）Cab65/24, WM (41) 111, 11/11/41.
（10）FO371/29581, N6546/3/38.
（11）Maisky, *Memoirs*, 202.
（12）Michel, Henri. *The Second World War*, London 1975, 222.
（13）Calvocoressi and Wint, *Total War* , 178.
（14）FO371/29475, N6586/3/38, N6288/3/38.
（15）Harvey, *War Diaries*, 62.
（16）Cab65/24, WM (41) 111, 11/11/41,
（17）Harvey, *War Diaries*, 62-63.
（18）Dilks, *Diaries*, 412.

(19) Gwyer and Butler, *Grand Strategy*, Vol. III, 215.
(20) Cab79/13, COS (41) 378, 6/11/41.
(21) Cab79/15, COS (41) 373, 11/11/41.
(22) Cab79/15, COS (41) 374, 12/11/41.
WO193/666, 11/11/41.
(23) Maisky, *Memoirs*, 202-203.
(24) FO371/29475, N6586/3/38.
(25) Rothwell, Victor. *Britain and the Cold War 1941-1947*, London 1982, 85.
(26) FO371/29475, N6586/3/38.
(27) Harvey, *War Diaries*, 65.
(28) Woodward, *British Foreign Policy*, Vol. II, 45.
(29) FO181/962, No. 18, 5/11/41.
(30) FO181/962, No. 121, 10/11/41.
(31) FO181/962, No. 98, 12/11/41.
(32) FO371/26388, C133698/216/12.
(33) FO371/26388, C12636/216/12.
(34) Harvey, *War Diaries*, 63.
Dilks, *Diaries*, 414.
(35) Harvey, *War Diaries*, 63.
Dilks, *Diaries*, 414.
(36) FO181/962, No. 109, 15/11/41.
(37) FO181/962, No. 110, 15/11/41.

(38) Cab65/24, WM (41) 114, 17/11/41.
(39) Harvey, *War Diaries*, 64.
(40) FO181/962, No. 122, 17/11/41.
(41) FO371/29472, N6839/3/38.
(42) Harvey, *War Diaries*, 64.
(43) FO371/29470, N6288/3/38.
(44) FO181/962, No. 12, 19/11/41.
(45) FO371/29354, N6772/185/56.
Dilks, *Diaries*, 413.
(46) Lash, *Roosevelt*, 453.
(47) FO371/29471, N6575/3/38.
(48) FO371/29470, N6288/3/38.
(49) FO371/29470, N6288/3/38.
(50) FO371/29471, N6654/3/38.
(51) FO371/29470, N6288/3/38.
(52) FO371/29477, N6704/3/38.
(53) Harvey, *War Diaries*, 65.
(54) FO371/29472, N6799/3/38.
(55) Cab79/16, COS (41) 394, 21/11/41.
(56) Cab79/55, COS (41) 37 (O), 21/11/41.
(57) FO371/29354, N6772/185/56.
(58) FO371/29354, N6731/185/56, WM (41) 114, 21/11/41.

(59) FO371/29354, N6783/185/56.
(60) FO371/29472, N6799/3/38.
(61) Cab65/24, WM (41)116, 24/11/41.
(62) FO371/29472, N6888/3/38.
(63) *FRUS, 1941*, Vol. I, 108.
(64) *FRUS, 1941*, Vol. I, 109.
(65) Cab66/20, WP (41) 288, 26/11/41.
(66) Dilks, *Diaries*, 414.
(67) Cab65/24, WM (41) 120, 27/11/41.
(68) Cab65/24, WM (41) 120, 27/11/41.
(69) Churchill, *Second World War*, Vol. III, 473.
(70) Churchill, *Second World War*, Vol. III, 474.
(71) *FRUS, 1941*, Vol. I, 109n.
(72) Dilks, *Diaries*, 414.
(73) Churichill, *Second World War*, Vol. III, 473-474.
(74) Dilks, *Diaries*, 414.
(75) FO371/29472, N6835/3/38, WP (41) 288 (Revise).
(76) FO371/29472, N6893/3/38.
(77) Cab66/20, WP (42) 8.
(78) FO800/401.
(79) Cab65/24, WM (41) 122, 1/12/41.
(80) Cab65/24, WM (41) 122, 1/12/41.

(81) Harvey, *War Diaries*, 68.

(82) Harvey, *War Diaries*, 68.

(83) Gwyer and Butler, *Grand Strategy*, Vol. III, 237-241.

(84) Cab79/16, COS (41) 396, 24/11/41.

(85) Gwyer and Butler, *Grand Strategy*, Vol. III, 320-321.

第六章 「敵の敵」同盟政策の政治的代価
——「大同盟」の成立とイーデン訪ソ 一九四一年一二月——

1 イーデン訪ソ直前の軍事援助をめぐる対立

一〇月中旬以降ドイツ軍のモスクワ攻撃は悪天候のため一時停止を余儀なくされた。その間ソ連は極東配備軍を東部戦線に投入し、首都防衛力は高められた。しかし秋雨によるぬかるみが固まることによって機動力戦が再び可能となるであろう一一月中半から一二月中半にかけての一ヶ月間において、モスクワが陥落する恐れは依然強く存在していた。たとえば、一一月一二日ハルダー・ドイツ参謀総長はスタッフ会議にて、ソ連の抵抗が終焉間際であるとの見解を明らかにしている。[1] それから三日後の一一月一五日、ドイツ軍によるモスクワ攻略の第二波が開始され、ドイツ軍はじりじりとモスクワに接近した。一方、一九四一年当時最も信頼できる情報を連合国側に送っていたピカ大佐は、ロンドンのベネシュ大統領に宛てた一一月六日付けの報告の中で次のように述べている。

「要約して述べるなら、まずソ連は徐々にではあるが混沌とした状態から脱するであろうし、事態は全て正常化に向かって動きだすであろう。またドイツ軍によるモスクワ攻勢の結果はすでに凶と確定した。ソ連側がモスクワ攻防戦を勝ち抜き、さらに冬期間中に態勢を立て直すことはまずもって確実と思われる[2]」。

その間ロンドンは情報不足もあってか、ドイツによる第二次モスクワ攻撃の結果をピカ大佐と同様の自信をもって推測することはできなかった。ただ、この時期における参謀スタッフならびにチャーチルの極端に消極的な対ソ姿勢から間接的に判断するかぎり、彼らがピカ大佐とは逆にソ連の敗北を運命視していたことは想像にかたくない。

しかし第二次攻勢が開始されてから二週間を経過した一一月末、ピカ大佐の予想を裏づけるかのようにドイツ軍はモスクワの目前で停止させられた。だが、ドイツ軍はあと一押しでソ連の首都を占領できるとの印象をまだ捨ててはいなかった[3]。そしてドイツ軍は最後の力をふりしぼり、一二月二日最後の第三次攻撃を敢行することになる。ピカ大佐による楽観的な予測の正否の判定はあくまでこの最終攻撃の結果がでるまで控えられねばならなかった。宣戦・戦争目的・軍事援助を中心とする対ソ政策をめぐって嵐のような討議がイギリス政府内で展開されたのは、まさにこのような軍事的状況下においてであった。

一二月一日開催の第四〇四回参謀長委員会は南ロシア戦線へのイギリス援軍派遣問題を新たな角度から検討した。そこには合同立案スタッフの手になるＪＰ（四一）一〇一六メモランダムが提出されており、討議はそれに基づいてなされた。このメモランダムの中で合同立案スタッフは、イギリス軍派遣の北限はコーカサス山脈であらねばならないと主張した。それはとりもなおさず、スターリンの要求した南ロシア戦線へのイギリス軍投入に対してチャーチルが一一月二一日付けの親書で示した肯定的回答を撤回しなければならないことを意味していた。このような方針転換を行うべき理由は、陸軍省のプランナーがこのメモランダムに付して同委員会に提出した覚え書きによって明らかにされる。

それによれば、一一月二一日段階で肯定的回答を余儀なくさせた前提が今やロストフ奪還によって消滅したことがその理由であった。彼は次のように述べている。

「まず第一にスターリンの要求にそもそも肯定的な回答がなされたのは、南ロシアへの派遣を申し込む以外のいかなる提案もソ連側からの同意を得ることができないという事情があったからであり、第二には時間的に計算してわが軍がコーカサス山脈の北側に到着することはありえないように当時考えられたからである」(4)

すなわち、たとえ南ロシアに向けて派遣されたにせよその援軍が同地に到着する以前にドイツ軍はコーカサスに突入しているはずであり、これによって北進を阻止された派遣イギリス軍は本来の目的であるバクー油田の破壊を首尾よく確保できるであろうという計算に基づいてオファーされたものであった。しかしこれを撤回するにあたり、イギリス側がこの真の理由をソ連に伝えることはできようもなかった。メモランダムならびに覚え書きを中心に討議した同委員会では、まず南ロシアへの派遣を取り消すよう進言すべきことが確認された。同委員会は次に南ロシアに代わってコーカサスへ援軍を派遣する提案を行うべきであるとの方針を認めたが、コーカサスへの派遣自体も場合によっては中止されうることをも考慮に入れ、①イギリス派遣軍の規模は明確に伝えられるべきではないこと、②派遣に伴う諸困難は強調されておくべきことの二点が確認された。そして同委員会は、イギリス訪ソ代表団が南ロシア援軍派遣取り止めの代償としてなしえる軍事援助の性格・規模はあらかじめ定められておくべき必要性を確認したが、「彼ら自身が希望しないものを受け入れるようソ連側を説得することは非常に困難と思われる。しかし、南方ルートを通しての補給には限界があることは説明されなければならない。[5]」と述べていることから理解されるように、彼らには依然対ソ援助という観点が完全に欠如していた。中東戦争の成り行き次第ではバクー油田破壊のための特殊工作隊と空軍爆撃隊のみをコーカサスに派遣すべき可能性が否定できなかったため、派遣軍の規模・性格は明言されるべきではなく、さらに二ヶ師団規模の軍隊の輸送・補給上の困難をその場合に備えて強調しておくべきことを同委員会は考慮したのである。

一二月二日、第四一回参謀長委員会（O）は訪ソ団を率いるイーデンの出席を得て開催され、そこには前日の参謀長委員会の討議を取り入れて作成されたメモランダムCOS（四一）一〇二五が提出された。このメモランダムは大きく分けて二部から構成されていた。前半部は第二次大戦開始以来採用されてきたイギリスの軍事力と対独戦略について説明しており、これはモスクワにおける軍事協議の資料としてソ連側に手渡されるべきものであった。そして後半部は、前日の方針どおり援軍を南ロシアではなくコーカサスへ派遣すべきことを提唱している。さてこのメモランダム冒頭のイントロダクションの中で参謀スタッフは「ソ連の不信感を取り除くことは容易ではあるまい。というのはその不信の根は深く、その原因も多岐にわたっている。しかし、こと軍事的側面にかんするかぎり、彼らの不信は現実的とは形容し難い基礎の上に醸成されており、したがって我々の総戦略の説明を通じて彼らの対英不信が減少させることができると期待される。」との楽観的態度を示している。彼らは、イギリスが独ソ戦からドイツ軍を引き離すためのいかなる軍事行動をも採用していない以上、総戦略の説明を通じてソ連側を納得させるのは困難であることを認めたものの、①イギリスの戦略が「たんに利己的な利益の追求に基づいてはいないこと」、②「最低限ドイツによるソ連征服を阻止するために対ソ援助を継続することが至上の重要性を有する旨を我々は十二分に理解していること、の二点をソ連政府に納得させるために、訪ソ代表団は全力を尽くさなければならないと主張している。このイントロダクションに続く前半部はイギリスにとって対ソ援助行動を行うことが物理的にいかに困難であるかを具体的に説明しているが、ここには、ソ連の陥落後に予想されるドイツとの一騎打ちに備えてイギリスは勢力を温存すべきであり、したがって対ソ援助軍事行動が物理的に可能であるかいなかを問わずイギリスはソ連を援助するために軍事的に好ましくない作戦行動をとるべきではないという対ソ援助不履行の真の理由――それこそがソ連の対英不信の根本をなしていたのであるが――を仄めかすような類いの記載が含まれていないのは、けだし当然である。

メモランダムの後半部は前半部とは異なり、ソ連政府へ直接手渡す内容とはなっていなかった。参謀スタッフはまずその中でソ連北方領域における英ソ共同軍事行動の可能性が存在しないことを明らかにした上で、ソ連南方領域におけるそれについてやや入り組んだ形での論議を展開している。次に参謀スタッフは一二月一日の参謀長委員会の方針どおり南ロシアへの派遣に反対し、その理由を、①派遣イギリス軍は小規模にすぎること、②イギリス軍隊・物資の北向け補給とかち合うこと、③もし必要な場合派遣軍は北ペルシャへ撤退しなければならず、その際イギリス軍が赤軍と混じり合っていたなら、その撤退は不可能となるであろうことの三点に求めた。しかし防衛委員会（O）メンバーに配布されるべきこのCOSメモランダムの中には、陸軍省のプランナーが前日の覚え書きで明らかにした南ロシア派遣提案撤回の本来の理由は表明されていない。

ともあれ南ロシア戦線へのイギリス軍投入に反対した後に、参謀スタッフはコーカサスへの小規模軍派遣について切りだした。コーカサス派遣の利点として次の七点、①コーカサス山脈は防御に適した地形となっており、たとえ小規模の軍隊であってもドイツ軍の南下をある程度阻止できること、②ドイツ軍を簡単に南下させるべきではなく、その全行程で戦闘を余儀なくさせるべきこと、③赤軍の抵抗がドン川で粉砕された場合、派遣イギリス軍以外は抗戦の中核になりえないこと、④バクー油田は破壊されるべきであり、同盟国の資産破壊を当該国に委ねるのは危険であるのはこれまでの経験が示していること、⑤イギリス軍がコーカサスの南方へと追いやられたにせよ、ドイツの連絡を分断することは可能であること、⑥ドイツがコーカサスを一気に南下した場合、それがトルコに悪影響を与えるであろうこと、⑦ドイツのコーカサス占領ならびにバクー油田占領を手を拱いて許した場合、イギリス政府は非常に厳しい政治的非難に晒されるであろうこと、を指摘した。そして参謀スタッフはコーカサス派遣にまつわる困難を五点、①クルセイダー作戦は予想以上の予備軍を要求していること、②派遣軍の輸送ならびに補給が困難であること、③派遣軍が個別撃破される可能性があること、④コーカサスへの軍事力投入はそのままトルコへの投入量の減少につながること、⑤派遣イギリス軍の維持・管理が困難であること、を指摘した。このようにコーカサス派遣の是非にかんするバランス・シートを提示した上で、参謀スタッフはこれをソ連側に提案すべきであるとの進言を行った。その兵力は二ヶ師団・一戦車旅団・一〇飛行中隊（うち中型爆撃三中隊）が一応予定されていたが、場合によっては空軍部隊と技術部隊のみの派遣を行わざるをえない事態が生起することへの留意が求められている。そして最後にメモランダムはイギリスが送りうる軍事力の規模をソ連側に明確に伝えないよう要請している。(6) イギリスの戦略は「たんに利己的な利益の追求に基づいてはいない」というメモランダム冒頭の言葉は、この後半部を読んだ後には非常に空ろに響く。

このメモランダムを討議した第四一回参謀長委員会（O）は正確には二度開催された。第一部は訪ソ団を率いるイーデンと参謀スタッフとの間で持たれた。イーデンはソ連政府に手渡されるべきメモランダム前半部の内容の概要を承認した後、後半部について「コーカサス以外の地において対ソ援助を行えないとするなら、むしろ我々は一切の援助を控えるほうが政治的には得策ではあるまいか」と切りだした。さらに彼はイギリス代表団がモスクワにおいて公約しうる軍事援助が小規模にすぎるとの不満を表明した。これに対して、アラン・ブルック新参謀総長は中東戦線の展開が明らかではない以上、実質的規模における援軍の提供は行いえないこと、オーストラリア軍を中東戦線に投入することはしないものの必要な場合これはトルコ援助にふり向けなければならず、したがって対ソ援助には利用できないことの二点を明らかにした。パウンド提督は、イギリス側はソ連のために何をなしうるかで自ら煩わされるべきではなく、正しい手順はソ連側にイギリスの軍事能力を理解させ彼らに何かを提案させることでなければならないと述べた。ポータル空軍大将はパウンドの意見に賛成した上で、中東戦線の展開次第でソ連に送り込む空軍力の規模も大きく変わりうることを指摘した。ここまで討議が進められたところで同委員会は一時中断され、場所を首相官邸に移しチャーチルの議事進行指揮のもとで再開された。

再開後の同委員会の口火を切ったのはまたしてもイーデンであった。彼はまず、チャーチルならびに彼自身がそれぞれスターリンとモロトフとに対して南ロシア援軍派遣に肯定的回答を与え、それに対してソ連側からは派遣問題をモスクワにて詰めたい旨の通知を受けていること、しかるに参謀スタッフによればいかなる対ソ援助を行いえるかはひとえに中東戦争の成り行きに依っていることの二点を指摘し、「モスクワにて対ソ援助について質され、我々がこれに明確な回答を与えることができないならば、それは不首尾というものであろう。より明確な見通しが得られる時点まで私の訪ソを延期すべきかどうかは、ここでの考慮に値するように思われる。」と述べ、参謀スタッフ・チャーチルに対する攻撃を仕掛けた。彼らにとって重要であったのはイーデン訪ソ時における英ソ交渉の妥結如何ではなく、英外相の訪問という象徴的行為ならびにイギリスの軍事力の限界にかんする説明の二つを通してソ連の対英不信と対英軍事要求とを緩和することにあった。イーデン訪ソの延期申し入れがその期待とは逆の効果をもたらすことは必至であった。ハーヴィーによれば、チャーチルはイーデン自ら提案の訪ソ延期に強く反対し、どうしてもそれが聞き容れられない場合はチャーチル自身が彼にとって代わってモスクワを訪れる旨の主張を行った(7)。一方イーデンの狙いはソ連側をある程度満足させうる軍事援助の供与を訪ソの条件にすることであった。そしてイーデンが最低限要求したことは、もしイギリスが本当に当初の予定以下の援助しか与ええない場合、イギリス代表団の出発前にその旨の連絡がソ連政府に対して行わなければならないということであった(8)。同委員会の焦点は第五〇師団と第一八師団とのソ連領内投入如何に当てられた。アラン・ブルック参謀総長はこれらの軍隊が中東に投入されるよう余儀なくされる事態を迎えるのはほぼ確実であるとの意見を表明した。これに対してチャーチルはこれ以上中東戦線に軍事力を投入することに懐疑的見解を示した。ところが対ソ援助推進派のイーデンは逆に「両師団は東部戦線ではなく、むしろ中東戦線に投入された方がより大きな価値をもたらすように思われる」と述べた。ここでイーデンはたしかにアラン・ブルックの意見に同調しており、チャーチルは逆の立場をとっているように見えよう。しかしこのことは必ずしもイーデンが対ソ援助に消極的になったことを意味してはいない。というのは、参謀スタッフは中東戦線の重要性を強調することを通じて二ヶ師団の南ロシア戦線派遣提案の撤回を求める一方で、グローバルな戦況に応じて最も適切な規模と性格の軍事力をコーカサスへ派遣する用意があることをソ連側に提案するよう訪ソ団に希望したのであるが、イーデンは上記のように発言することを通じて参謀スタッフの第二の目的を阻止しようとしたのである。たしかにもしイーデンが規模と性格を明らかにしないまま援軍をコーカサスへのみ送るとモスクワにて提案するならば、ソ連側の対英疑惑はますます強まり、モスクワの政治交渉を失敗に導く可能性が十分に考えられた。イーデンにとってはしたがって、むしろイギリス軍のソ連領内投入を完全に撤回し、それに対する代償をなんらかの形で与える方がはるかに好ましかったのである。たしかに参謀スタッフのアイデアはあまりに反ソ的でありすぎた。このためチャーチルは参謀スタッフに対する次のような反対意見をだした。「ともかく、コーカサスのみに援軍を送ると提案するのは賢明ではない。これはソ連政府にアピールしないであろう。またいずれにせよ、ロストフ奪還によってバクー油田に対する直接的脅威は大いに減少してしまったのである」。この後チャーチルはこの討議を翌三日午後の防衛委員会（O）にて継続すべきであると主張し、同委員会は散会となった。(9)

純軍事的合理性を追求するのみで、ソ連に対する基本的な政治戦略の確立の必要性に一切意を介そうとしない参謀スタッフと、スターリンを満足させうる対ソ譲歩を手にしなければ自らの訪ソは中止されるべきであるとの圧力を行使したイーデンとの間に立たされたチャーチルは苦悩した。一一月二一日のスターリン宛ての書簡の中で南ロシア戦線問題に肯定的回答を与えていたため、その撤回を迫る参謀スタッフの方針はチャーチルを不快な立場に追い込んだ。一方チャーチルとイーデンとの間を険悪にさせたのは、イーデンによる訪問延期の主張であり、また英ソ戦争目的交渉における政治的譲歩をめぐる対立であり、そして最後に対フィンランド宣戦であった。なかでも両者を最も険悪な関係に導いたのは対フィンランド宣戦問題であった。イギリス側の最後通牒どおりに宣戦が一二月五日に布告される予定は、前述のようにチャーチルが強弁を行い手順の変更を求めたため事実上取り消されていた。イギリス政府が宣戦に向かって具体的に動きだすためにはまずフィンランド政府からの回答もしくはマンネルハイムからの返書を必要としていた。ところが一二月二日、チャーチルはマンネルハイムから次のような返書をえた。

「フィンランドが必要としている安全保障を確保できると判断される地点にまでわが軍が前進する以前に現軍事作戦を停止するのは不可能であり、貴殿もこれを十分御承知のことと存じております。祖国を守る目的の軍事行動によってわがフィンランドが英国との紛争に巻き込まれるのは遺憾であり、またこれによって貴殿が対フィンランド戦争宣言の布告を強いられるとするならば、私にとってこれほど深い悲しみはございません。しかしこのような苦難の日々に親書をお送り下さった貴殿の御厚意に深く感謝致したく思う次第であります(10)」。

これによってイギリス政府が合衆国の仲介をえて伝達した最後通牒にフィンランド政府がいかなる類いの回答を行うかは明らかとなり、イギリスの宣戦布告は十中八九回避しえないとの判断が形成された。しかし同時にマンネルハイム書簡はチャーチルの心を強く揺り動かし、心情的には彼を宣戦とは逆の方向へ振り向かせた(11)。このため、フィンランドの戦線離脱が完全に望めない以上できるだけ早期に宣戦を発してソ連政府の不満・不信を和らげるべきであるとイーデンらが主張したにもかかわらず、彼はこれを聞き容れようとはしなかった。だが、引き延しには限度があることを認識していたチャーチルは、翌一二月三日開催の第一二三回閣議において次の言葉を記録に残すよう書記官に命じた。「フィンランド・ハンガリー・ルーマニアに対する戦争宣言は決してイギリスの利益にそったものではなく、またソ連に対してもなんらの貢献をなすものではないという見解を私は抱いている。宣戦布告の唯一の正当化は我々がソ連政府を満足させなければならないという点に求められるべきである(12)」。後世の歴史家の目を意識して、チャーチルは宣戦をだすにあたり少なくともイギリス政府がどのような状況下におかれ、さらに彼自身はどのような態度を有していたかを示しておきたかったのであろう。だが今や歴史家はチャーチルの置かれた状況と彼の判断を正しく認識した上で、粘り強い抵抗をもって戦争宣言を数ヶ月間引き延したことを通してもたらされたものが一体何であったかを考察しなければならぬであろう。親フィンランド的世論の影響下にあると考えられた合衆国政府からの否定的反応はなるほど和らげられたかもしれない。しかしより確かにもたらされたのは、ソ連の対英不信の決定的な深まりであった。因に、チャーチルの回顧録にはこの第一二三回閣議における彼の発言は記載されていない。ともあれ、こうして宣戦は時間の問題となった。しかし訪ソを控えていたイーデンにとって、これにかんする「時間の問題」は南ロシア戦線派遣撤回の通知如何と同様に決定的な重要性を有する問題でもあった。

2 対ソ交渉方針をめぐる妥協成立

一二月初旬ドイツ軍によるモスクワ攻勢の第三波は開始された。また中東戦線においては、キレナイカ(Cyrenica)地方〔キレナイカはリビアの東部地方、中東戦線の西端。〕をめぐって独・伊軍とイギリス軍とは一進一退の戦闘を行っていた。イーデン訪ソ時の英ソ軍事討議においてイギリス代表団が採るべき方針を決定する目的をもって、第七一回防衛委員会(O)が開始されたのは一二月三日夕刻のことであった。同委員会は南ロシア援軍派遣問題についての討議から始まったが、これは中東戦線の展開と切り離して結論を見ることのできる類いのものではなかった。チャーチルは「キレナイカをめぐる戦いでの勝敗は五分五分であろう。しかしわが外相がソ連にてスターリンと会談を持たねばならない時期は刻々と迫ってきた。……ところで今問題としなければならないのは、二ヶ師団と一〇飛行中隊とからなる象徴的規模の援軍をドン川にまで送る提案をモスクワにて明確な形で行うべきかいなかについてである。」と討議の口火を切った。続けて彼は、南ロシアへの援軍派遣要求に一一月二一日の譲歩的な回答を与えるにあたり決定的な役割りを果たしたディル前参謀総長の意中留保をメンバーに紹介した。それは、ドイツ軍の進撃は結局派遣軍の南ロシア到着を不可能とするはずであり、したがってイギリスは少なくともコーカサスへは到着しているはずの小規模軍を利用してバクー油田をタイミングよく破壊できるであろうということであった。チャーチルは「しかるに参謀スタッフは今やリビアの戦いに全精力を投入すべきであるとの意見を堅持するに至っている」と述べ、無責任に方針を変更した参謀スタッフを批判し、続けて「一月に到着予定である第一八師団をもサハラ砂漠に投入すべきであるという点にかんして私は疑義を有している」との反対意見を陳述した。たしかにこの段階で南ロシア戦線問題でチャーチルら非制服派がソ連政府との対応において窮地に追い込まれたそもそもの原因は、参謀スタッフがロストフをめぐる戦いならびに中東戦線の展開を読み違えたことにあった。これに対してパウンド提督は、ソ連政府は絶えず第二戦線の開設を要求してきたのであるが、今やイギリスはリビアにてまさに第二戦線を開いたのであるからしてソ連側の最大の要求は満たされたのであり、したがって訪ソ団は南ロシア戦線問題での譲歩撤回にもなんら憶する必要はないと力説した。次いで、アラン・ブルック参謀総長はリビアでの攻勢継続の重要性を特に強調し、中東への補給は全てに優先されなければならないこと、そしてさらに「たとえロシア戦線が悪化しても、二ヶ師団をそのような疑わしい使命遂行のためにコーカサス以北に投入することは誤りである」ことの二点を明言した。結局、同委員会は中東での攻勢を継続することによって得られる利益、赤軍の善戦によるロストフ奪還の双点を考慮に入れ、南ロシア戦線への援軍派遣を行うべきではないとの最終的決定を見た。(13) 前述のように、イギリス代表団を率いるイーデン自身この軍事方針が正当なものであることを認めた。これを踏まえ、次にここで提起された問題は、まずこれにかんする譲歩撤回の代償としてイーデンは何をソ連側に提示しうるかであり、そして次に同委員会が今決定した方針をスターリンに事前に通知すべきかどうかの二点であった。(14) 同委員会の後半はこれらの問題をめぐって討議を続ける。

さて同委員会は、スターリンが南ロシア戦線へのイギリス軍投入を「頼りにしている」旨を一一月二三日付け親書で明らかにしたことを確認し、「この状況から我々が身を引く最善の方法」を求めて討議を進めた。イーデンはリビア戦線の重要性を強く訴え、東部戦線に振り分ける軍事力をイギリスが有していないことをスターリンに率直に認めるべきことを説いた。そしてイーデンは「この旨の情報を盛りこんだ電報が私の訪ソ前にスターリンの許へ送られる」べきことを主張した。これに対しビーヴァーブルックは「思慮を欠く軍事援助（南ロシアへの派遣）を約束した」参謀スタッフならびにチャーチルの判断を批判した後、「代表団がモスクワに到着する以前にそのようなニュースをスターリンに伝える打電はなされるべきではない」とイーデン案に反対した。ビーヴァーブルックの考える「最善の方法」は、「片手に南ロシア援軍派遣、もう片手に戦車と飛行機を新たにモスクワ協定とは別の枠を設けて供給するとの提案を握り、ソ連側に前者ではなく後者を首尾よく選択させること」であるはずであった。これに対してチャーチルは肯定的姿勢を示し、「私は当初からコーカサス経由にて援軍を送る案に気乗りしていなかった。これは余計なことである（carry coals to Newcastle）。」と述べた。戦車ならびに航空機をソ連に代償として提供すべきであるとのビーヴァーブルックの意見とチャーチルのそれに対する同調に接した三軍首脳は反発的姿勢を露わにした。シンクレア空軍大臣はドイツがすでに東部戦線から空軍力を中東に移しはじめており、「今やドイツは東部戦線に二五〇〇ではなく一〇〇〇の航空機を保持しているのみ」と言明し、ソ連向けの飛行機供給の増加に強い反対を表明した。続いてマージソン陸軍大臣も戦車の対ソ供給にかんして同様に反対した。これに対してビーヴァーブルックは「生産量の引きあげはいまだ可能である」と述べ、再度反撃を試みた。「我々は戦車五〇〇台と航空機五〇〇機の提供を新たに申し入れるべきである。……ソ連の抗戦、とくにロストフ奪回はいわば天与の恵みであり、ソ連を支えるために我々がなしうる全てを行うだけの価値は存在しているのである。」とビーヴァーブルックは主張したのである。これに対して、ポータル空軍大将はソ連向け航空機供給の増大は英本島ならびに中東におけるイギリスの軍事的地歩を極めて危いものにするであろうと警告した。次いでシンクレアはビーヴァーブルックの主張に対して次のような興味深い反論を展開した。

「何故今この時点で我々はソ連に何物かを新たに提供しなければならないのか。ビーヴァーブルック卿がモスクワに赴いた時と今とでは状況があまりにも異なっている。ドイツ軍の攻撃が全幅の規模で継続中であった当時、ソ連の戦線離脱を防止するために大規模の供給はたしかに必要であった。しかるに今、ソ連は首尾よく戦いを展開しており、我々もドイツ軍と肉弾相打つ闘いを行っている。それゆえにお訊ねしたい、一体いかなる理由で我々は我国を窮地に追いやらねばならないのかと。東部戦線は安定し、ソ連が戦線離脱する可能性は消滅したというのに」。

三軍首脳の対ソ援助方針を赤裸々に表現するこのシンクレアの問いに対して、ビーヴァーブルックはすかさず、「東部戦線への援軍派遣を撤回する唯一の方法は軍備を代償として供給することである」との対ソ政治基本戦略の観点から発する自説を繰り返した。ことここに至って、チャーチルはビーヴァーブルックの意見を容れ、南ロシアへは援軍を送らないがその代償として戦車五〇〇台、航空機五〇〇機をさらに別枠で供給する方針を認めるべきである旨示唆した。結局同委員会は最終的結論に達せず、参謀長委員会が上記の方針を検討するよう指令をもって散会となった[15]。南ロシア戦線問題での譲歩的姿勢の撤回という新たな方針を伝達することに関しても最終的決定は下されなかった。しかしイーデンはチャーチルがこれに反対ではない旨の印象を得て安堵の念を持った[16]。

一二月四日午後六時から第一二四回閣議が開催され、イーデン訪ソ時の軍事・政治討議におけるイギリス政府の方針を確定するために熱の入った論議が展開された。軍事的側面についての討議は、前夜の防衛委員会の終了間際におけるチャーチルの提案――南ロシア戦線問題での譲歩撤回の代償として五〇〇の戦車ならびに航空機を別枠供給する――をめぐって開始された。まずアラン・ブルック参謀総長は参謀スタッフ一同がこの提案に反対していることを明らかにした。陸軍ならびに空軍を代表する参謀スタッフは戦車・航空機の対ソ供給増加によって翌年におけるドイツの英本島攻略に対するイギリスの防衛準備が決定的に阻害されるであろうことを強調した。しばしの議論ののち、陸軍側の最大の譲歩は翌六月までの間に戦車三〇〇台を別枠で供給することであり、空軍側は合衆国からイギリスに供給される航空機三〇〇機をソ連に振り向けることであることが明確にされた。ただ後者にかんしては、合衆国側が予定どおりイギリスに供給を行うことがそもそもの前提となっていたが、はたしてその供給実績はこの前提自体が必ずしも確たるものではないことを示していた。このため、ソ連側にある程度自信をもってオファーされえたのは戦車の供給のみであった。このためイーデンは「絶対的必要性が認められる場合スターリンに最大限戦車三〇〇台をオファーするだけの権限を私に与える」よう訴えた。だが結局閣議は具体的結論に達しなかった。対ソ供給増加はそもそも南ロシア問題での譲歩撤回の手段として提起されたものであったにもかかわらず、ここでも明確な方針が決められることなく行き詰りを見せたのである。したがって議論はより根本的なところ、すなわち南ロシア問題自体に立ち戻らざるをえなくなった。イーデンは「私が南ロシア戦線へイギリス軍投入にかんする明確な提案を携えて訪ソするとスターリンが考えている」ことはこれまでの経緯からみて間違いないと断じた。これに対してチャーチルは、そもそも今回のトラブルの責任はロストフの戦いを正しく予測せず、軽率にも南ロシア派遣に肯定的姿勢を示すようアドバイスを行った前参謀総長に帰されるべきであるとの再三にわたる発言を行った。建設的とは言えないこの発言の後に、極東状勢の緊迫化を口実にイーデン訪ソを延期したい旨ソ連側に申し入れるべきであるとの意見がシンクレア空軍大臣からだされた。これに対してチャーチルは「延期は破滅的効果をもたらすであろう」と述べ、強い反対を行った。イーデン自身は訪ソを予定どおり行うことに同意した。イギリスの政治軍事首脳グループはこのように数日間にわたる議論を経た後も、なお対ソ方針を確定できないまま時を浪費したのである。そこでチャーチルは再度妥協案を提示した。それによれば、訪ソ団はイギリスは南ロシアへ二ヶ師団を投入できないことを明らかにする一方、モスクワ戦線へ飛行一〇中隊を派遣できるよう希望している旨をソ連側に伝えることであった。しかし結局この閣議段階でイーデンがスターリンに伝える内容として認められた事項は、①イギリスはリビア攻勢を強力に押し進めること、②ペルシャ以北には軍隊を投入しないこと、③中東で攻勢を継続する一方でソ連に軍備を供給することが最大の対ソ貢献であると判断していること、の三点であった。これ以上の詳細にかんしては、閣議終了後に開催される参謀長委員会（O）第四三回会合にて引き続き討議されることに決定された。(17)

さて一一月二七日の閣議がメモランダムＷＰ（四一）二八八をめぐって紛糾し、また対ソ軍事方針をめぐっても混乱が生じたためモスクワでの英ソ政治討議におけるイギリスの方針は約一週間にわたり棚上げにされたままであったが、今第一二四回閣議はついにこれにかんする合意に達した。閣議はカドガン次官の手になる改訂版メモランダムを基礎に討議を重ねた結果、「改訂版草案」をイギリスの最終方針とすることで意見の一致を見た。前回チャーチルはＷＰ二八八の方針に激しい反対を行い、さらにまた一一月二八日に配布された改訂版メモランダム自体は本質的な改訂を経ていなかったためまたしても紛糾が予定された。しかしこの日チャーチルは何らの反対をも行わなかった。これはけだし不可解であると言わざるをえない。この政治的領域におけるチャーチルの対ソ譲歩の背後には幾つかの理由が存在していた。その第一の理由は、メモランダムが閣議にて認められる際に確認された次の二点から窺い知ることができる。最初の確認点は訪ソ団の到着以前に「改訂版草案」およびいかなるメモランダムの類いをもソ連側に与えないよう手続きを変更することであり、別の確認点は「ソ連政府は領土変更、たとえば戦後ドイツの国境・バルト諸国の将来などにかんする討議を希望する」と予想されるが、このような要求に接した場合イーデンは大西洋憲章第二条の精神――住民の自由な意思を反映しない領土変更を認めない――を楯に、いかなる合意への到達をも回避すべきであるということであった[18]。明らかに、これらの確認がなされたことと一二月一日にもたらされたモロトフのメッセージ――ソ連政府はヨーロッパ諸国間の国境問題を討議したい旨の――との間に重要な関連があった。第二の確認事項の意図は明らかでありなんらの説明も要しないと思われるが、第一の点にかんしては多少の説明を要しよう。すなわちこれは、モロトフ・メッセージにもかかわらずイーデンがソ連の主要目的である領土問題の討議ならびに交渉を行う権限を有していないことを伝えるメモランダムを訪ソ前の段階でソ連政府に手渡した場合、ソ連側が一二月一日のメッセージ以上に明確な形で領土問題の討議を英ソ・モスクワ会談にてとり行うべきことを要求する恐れ、さらにはイギリス側が領土問題を戦争目的交渉に含めない場合イーデン訪ソの必要性を認めないと通告してくる恐れが認識されたがためにとられた措置であると言えよう。この二点から示されるようにイギリス政府の対ソ政治交渉にかんする主要な関心は非ヒトラー・ドイツとの単独講和の可能性をオープンにしておくことではなく、いかにしてソ連の領土要求承認の鋒先をかわすか、より詳細に述べるならいかにそれ以外の政治領域でソ連政府を満足させるかに移行していたのである。チャーチルがドイツとの単独講和禁止条項にかんする反対をとり下げざるをえなかったのは当然であろう。チャーチルが政治方針にかんして対ソ譲歩を推した外務省の方針に妥協を行った第二の理由として指摘しなければならないのは対ソ軍事援助問題での行き詰りであろう。軍事援助供与をテコとしてソ連の領土要求の鋒先をかわすことは、イギリス政府が前述のとおり南ロシア戦線問題での譲歩をまず撤回せざるをえなく、さらにこれに対する代償さえも見出しえずに苦悩していた経緯から理解されるように、まずもって不可能であったと言えよう。

政治的譲歩の必要性をチャーチルに認めさせた第三の要因として、ここで宣戦問題を今一度とり上げなければならない。前一二月三日の第一二三回閣議以降対フィンランド宣戦問題が討議されたことを示す記録は存在しない。しかし前述のように同問題の決着はいまだつけられてはいなかった。一二月四日付けのロックハートの日記によれば、「戦時内閣はもしフィンランド政府が微かでも我々を満足させうるような回答を寄せた場合、再び（宣戦布告の方針から）変節する（rat）」可能性があった。これに対してイーデンは三ヶ国への宣戦布告を見ずして訪ソすることに嫌悪感を示していた。[19] マイスキーの圧力を再び受け、[20] 予定どおり一二月五日に宣戦を布告すべきことを主張したイーデンの強い圧力に対抗するためにも、外務省のメモランダムの方針にここで同意を与えることはチャーチルにとって必要悪と映ったことであろう。ともあれこの閣議の決定により、英ソ・モスクワ戦争目的交渉でのイギリス側の方針は確定された。しかし軍事援助ならびに宣戦問題は依然未解決のまま残された。

閣議終了後、第四三回参謀長委員会（O）は常任メンバーにイーデン、アトリーを加えて開催された。最初に発言をしたのはチャーチルだった。「モスクワにてイーデンがオファーすべき最善の軍事援助は」彼によれば、「リビアでの戦いが終了次第、直ちに一〇飛行中隊をソ連に派遣することであった」。「これは我々の最小の犠牲をもってソ連を援助しうる機会を与えるはずである」とチャーチルはつけ加え、そして彼はこの提案を行う権限をイーデンに賦与すべきことを説いた。これに対して、パウンド提督は「我々はドイツに重大な緊張を強いる第二戦線をリビアにて開設した」以上「軍事討議にかんする限り、我々は強者の立場を占めることになろう」と述べた。彼は、南ロシア援軍問題での譲歩撤回がもたらす政治的インパクトを恐れるあまり対ソ援助に積極的な姿勢をとり始めたチャーチルを暗に批判したのである。パウンドに続いてポータル空軍大将はチャーチルのプランに対して二つの警告を発した。その第一はドイツが東部戦線から空軍を中東・地中海方面に移動させつつあり、チャーチルの提案した飛行一〇中隊はこのドイツ側の新たな動きに備えるために中東に駐留されておくべき事態が起りえるということであり、第二は「我々はリビアの戦いでの成功を踏み台とすべき」ことであった。ポータルによれば「これは就中イギリス地中海艦隊を掩護するために空軍の力が大いに利用されなければならないことを」具体的に意味していた。さらに彼は「東部戦線にわが飛行隊を投入すること以上に、ダーダネルス海峡をコントロールするトルコの対ドイツ抵抗力を強化することは戦略的観点から見て遥かに賢明である」とつけ加え、結論としてポータルは「これら三つの理由から、リビアの戦いが終了する以前に我々はこれにかんするいかなる公約をも行うべきではない」と断じ、チャーチル案に真向うから反対を唱えた。海・空両参謀スタッフからのこのように強い反対に接したチャーチルは「最善の形での対ソ援助を求めて私は努力を行ってきているのであるが、その都度毎に難題をつきつけられる」と述べ、参謀スタッフの一貫して消極的な姿勢に全般的観点からの批判を浴せた。続いてより具体的な角度から、彼は「ロストフ地方へ飛行一〇中隊を投入することはまさにトルコに対する最大の貢献となるであろう。というのは、それはソ連黒海艦隊の基地防衛に一役買うことになるはずであり、そのことはとりもなおさずトルコを支援する効果を発揮することになるからである。」と説明し、自らの提案のもつ積極的な側面を強調した。チャーチルの論調は今や一一月下旬におけるビーヴァーブルックの参謀スタッフ批判に限りなく似たものとなった。チャーチルと参謀スタッフとの間のギャップは明らかとなった。さて、パウンド提督はこの批判に対して、「リビアでの戦闘が終了次第、中東におけるわが空軍力はリビアの西方域、もしくはトルコ、さらにもしくはソ連のいずれかの地点に投入される必要がある。しかし、ソ連への現段階における公約は我々の手をあらかじめ縛ってしまうように思われる。」と消極的に再反論を試みた。チャーチルと参謀スタッフの議論は平行線をたどった。そこでアトリーはパウンド提督の見解に賛意を示した後、「もし飛行中隊のソ連投入が（軍事的に）最大の利益を引きだすことが確認されうるなら、私はこれに異論はない」との橋し渡し的発言を行った。しかしアトリーの仲介もここでは効果を見せることなく、チャーチルと参謀スタッフとの論争は続けられる。

チャーチルは次のように述べて参謀スタッフ攻撃を再開した。

「リビア戦線終了後直ちに一〇飛行中隊を派遣するとの提案に反対する参謀スタッフの態度は私の理解をはるかに越えている。以前我々はペルシャ・イラク・トルコに跨る広大な戦線を開設する準備を行った。しかしそれ以後我々をとりまく軍事状況は大いに好転した。赤軍は屈することなく抵抗を続けたばかりか、ロストフをも奪還した。であるにもかかわらず、この機会を捉えるべきではないとの助言を今私は受けているのである。……私は参謀スタッフの助言に基づいて、二ヶ師団と一〇飛行中隊とからなる援軍をコーカサスへ投入するプランが（モスクワにおける）討議の基礎になりうる旨をスターリンに明らかにした。しかるに参謀スタッフは二ヶ師団の投入に反対を唱え、私はこれに同意した。そして参謀スタッフは一〇飛行中隊の派遣にまでも反対を唱えているのである」

と憤懣を漏らした。ここでイーデンは妥協案を提出した。それによれば英ソ軍事討議におけるイギリス側の方針の柱は、①イギリスの対ソ援助はリビアの戦いの動向次第で流動的であること、②二ヶ師団からなる小規模軍のソ連派遣のみが可能であること、③しかしこれは費用対効果の点から得策ではないと判断されること、④その代りとして飛行一〇中隊を派遣・投入する用意を現在有していること、⑤ただそれらの飛行中隊がどの戦線において最大の貢献をなすかについては現時点では予測できないが、現在ロストフ地方への派遣を予定していること、の五点からなっていた。参謀スタッフはこれに同意し、ついにこのイーデン案が採択された。[21] 結局のところ、イギリス代表団がなしえる最大の軍事援助提供は飛行一〇中隊のロストフ派遣のみであり、しかもそれは留保なしのオファーではなかったのである。たしかにこの方針はスターリンを満足させるには程遠く、その意味ではイーデンを勇気づけるものではなかった。しかしともあれ、訪ソ時の軍事討議におけるイギリスの方針はこうして同委員会で確定された。

翌一二月五日チャーチルは、イーデンがスターリンに伝えるべきイギリスの軍事方針にかんする指令書を第四三回参謀長委員会(O)の決定に沿った形で作成した。彼はその第一パラグラフの中で南ロシア援軍派遣の撤回を次のように申しでている。「リビアの戦いの継続は敵の多くの物的・人的資力を引きつけている。しかしそれがために、当初コーカサスの防衛あるいはロシア戦線への参加のために使用する予定を立てていた第五〇、一八両師団をリビアへ投入しなければならない見通しを得た。したがって、近い将来に両師団を貴殿のもとへ送り届けることは不可能となったわけである。」チャーチルはこれに続けて「リビアの戦いに勝利を収めた後可能な限り速やかに飛行一〇中隊を同地から南ロシアへ移動させる」ことを提案した。そこでは飛行一〇中隊が二ヶ師団の代償として提供された形をとっている。指令書の第二パラグラフの中でチャーチルは、トルコへも飛行中隊を四から一二中隊の範囲で派遣する取り決めが成立しており、ロストフ地方に具体的にいかなる規模と性質の空軍力を派遣しうるかはトルコをめぐる国際政治の展開に依存しているとの留保を付している。「トルコがドイツの攻撃を受けた場合、南ロシア戦線に従事する予定の飛行一〇中隊のうちのある程度は同国の援助に振り向けられることになろう。いずれにせよ、黒海の両岸(ソ連・トルコ)においていかにしてイギリスの空軍力を最大限に活用すべきかはその時の状況に応じ英ソ両政府の協議に基づいて決定される。」とチャーチルは締めくくっている。[22]

この指令書は直ちに参謀スタッフのもとに届けられ、彼らの検討を受けた。そして同日中に参謀スタッフ首脳はチャーチルに覚え書きを送った。その中で彼らは「リビアの戦いに勝利を収めた後可能な限り速やかに」という チャーチルの示した条件に満足の意を表明し、次いで参謀スタッフは「英ソ両政府の協議」という語句に「参謀スタッフ」を挿入するようチャーチルに要求した。[23] 結局チャーチルはこれを容れ、「英ソ両政府ならびに両参謀スタッフの協議に基づいて」という表現が採用された。その他若干の修正加筆を施した後、チャーチルはこれをイーデンに手渡した。[24] 結局、イギリスは海軍をソ連北方域に、陸軍を南方域に派遣しないこと、そしてその代償の形で提供しうるのは戦車・飛行機を別枠で増加供給することではなく、①リビア方面でイギリスが勝利を収めるという条件で、さらに②トルコへの派遣の必要度に応じて規模の増減が起こりうるという留保つきで、飛行一〇中隊をロストフ方面に派遣することでしかないことが最終的な方針として決定されたのである。このような対援助推進派と参謀スタッフの妥協の産物としての軍事方針がソ連側を満足させるようなものではなかったことは自明であった。そして、一二月五日の段階でドイツ軍の第三次モスクワ攻撃は失敗に終り、逆に赤軍は各地で大反撃を開始した。[25] ピカ大佐の一一月六日付け報告の中の予測は誤りなきものであったことがこうして証明された。英ソ軍事討議において「強者の立場」を占めるのはソ連側であるやもしれない可能性が強まった。

3　モスクワ会談　一九四一年一二月

イーデン訪ソのそもそもの目的は、時の経過とともに深刻化していったソ連の対英不信を和らげることにあった。そしてその対英疑惑の主要な原因として挙げられるのは、①対ソ援軍軍事行動の不履行、②対三ヶ国戦争宣言の引き延し、③両国同盟関係を政治的に強化することに対する消極性であった。さて前述のように一二月五日イギリス政府の①にかんする最終方針は決定されたが、南ロシア戦線問題における譲歩撤回の代償として空軍力の派遣では十分でないことは明らかであった。さらに、一二月初旬における参謀長委員会(O)・防衛委員会(O)・閣議の記録からは明らかにできないが、ソ連側を必ずや失望に導く前記のような軍事方針がイーデンのモスクワ到着前にソ連側に通知されないことも決定されたのであり、イーデンはソ連側との討議においてこれを新たに明確にしなければならなくなった。[26] これはイーデンが政治的領域での討議においてソ連側をより満足させなければならないことを意味していた。

次に②にかんしては、イーデン・外務省は一二月五日深夜一二時までに三ヶ国政府からの回答を得られない場合、直ちに戦争宣言を発するよう主張していたが、チャーチルは一二月四日段階に至るまで宣戦の布告に最終的な承認を与えていなかった。しかし一二月五日夕刻、カドガン次官はチャーチルからついに戦争宣言を発する許可を得た。[27] ハーヴィーによれば、それを与える際チャーチルはいかにも不承不承な態度を示した。[28] 同夜一一時三〇分、フィンランド政府からのイギリス政府の最後通牒に対する否定的回答が英外務省に届けられた。[29] この種の回答は当然宣戦を阻止することのできる性質のものではなかった。翌六日イギリス政府は、同国がフィンランド・ハンガリー・ルーマニアに対する宣戦を一二月七日午前一時に発する旨を表明した。同六日ハンガリー政府ならびにルーマニア政府からの否定的反応が諸方面からもたらされた。[30] だが、これらは当然のことながら既定のコースを変えなかった。そしてついに一二月七日定刻宣戦は布告され、スターリンの対英不信をこの問題がさらに強めることだけは最終的に回避された。こうして数ヶ月にわたり英ソ関係に緊張を与え続けた宣戦問題は解消した。ところで、チャーチルのこの譲歩の背後に、イーデンとのなんらかの取り引きが存在していた可能性は否定しえない。イーデンが与えた譲歩は多分、南ロシア戦線援軍派遣撤回の事前通知如何にかんするものであったと考えられる。

さて英ソの同盟関係にかんして、イーデンは一一月末に提出した方針を閣議にて認めさせることに成功した。こうして、いかなるドイツの勢力とも単独講和を行わない旨の誓約がスターリンの対英猜疑心を幾分和らげる見通しをえた。しかし今や、戦争目的交渉におけるより大きな問題が何であるかは、一二月一日のイーデン・マイスキー会談から明らかであった。一二月四日の第一二四回閣議の決定に基づいてイーデンは同日ワイナント大使を招き、訪ソの予定ならびにそこにおけるイギリス側の政治方針を明らかにするメモランダムを手渡した。それは、スターリンがイギリスに対する不信を有していること、そしてそれを解消させるために彼自身訪ソを行わざるをえなくなった経緯を合衆国政府に説明している。次にメモランダムはソ連政府が戦争目的・戦後構想にかんする討議を希望している旨を明らかにし、「私は（イーデン）討議の初めにて、戦争目的と戦後構想にかんして合衆国政府との協力は絶対に確保されなければならないこと、合衆国政府は絶えず十分に（交渉経緯についての）連絡を受けるべきことの二点を当然明白にするつもりでおります」とつけ加えている。最後にメモランダムはWP二八八（Revise）を縮小した形でイギリス政府の方針を紹介している。それによれば、イーデンはモスクワにスターリンの対英猜疑心を和らげ、かつ「（具体的な）コミットメントを行うことなくスターリンを最大限満足させる」よう努めるはずであった。[31] さて、このイーデン・ワイナント会談はなるほど閣議の方針に基づき合衆国政府へイーデン訪ソについての事前通知を行うために行われた。しかし後の発展から考えるに、イーデンはそれ以上のものをここに求めていたように思われる。ワイナント大使はイーデンから手交されたメモランダムを四日深夜ハル長官ならびに大統領に宛て打電したが、彼はその打電の冒頭で次のような個人的見解を示した。

「私は、イーデンがこれ（メモランダム）にかんする貴殿のコメントに必ずや興味を示すことと考えます。彼がなし遂げようとする事柄にかんするかなり詳細な説明を受けました。私は貴殿がそれに対して同意を示されるよう個人的に念じております」[32]。ここから理解されるとおり、イーデンはワイナントにたんにメモランダムを手渡しただけでなく、彼は非常に立ち入った説明を与え終局的にはワイナントをして①合衆国政府はイーデンの訪ソ前にコメントを与えるべきこと、②イーデン案に同意を与えることへの個人的見解を述べさせているのである。イーデンがワイナントにいかなる情報をいかなる意図をもって伝えたかは推測する以外ない。ただイーデンが合衆国政府から何かを求めていたことは留意されなければならない。

翌一二月五日この電報を受けたハルは国務省欧州局長に返電の草案を作成させ、次いでこれに承認を与えた。ローズベルト大統領はワイナントからのメッセージとハルの承認を受けた返電草案とに目を通し、草案に対する承認を与えた[33]。そして同日夕刻差出人ハル長官名のメッセージは打電された。翌一二月六日これはワイナント大使から口頭でイギリス外相に伝えられた[34]。その中でハルは、英米のソ連に対する善意・誠意はハリマン・ビーヴァーブルックらによるモスクワ協定ならびにその履行によって示されていると述べ、ソ連の対英不信の陰にイギリス政府はおびえる必要のないことを暗に仄めかした。このような形でイーデンを勇気づけた後にハルは問題の核心に迫り、戦争目的は大西洋憲章によってすでに言い尽されており、戦後処理問題は講和前の段階に具体的に取り決められるべきではなく、とくに「いかなる秘密協定」も結ばれるべきではないことの三点を疑問の余地なく明らかにした[35]。

このメッセージは、モスクワにてスターリンの圧力に屈したイーデンがソ連の西方国境拡大要求などを承認する秘密協定に調印するのではないかと懸念した合衆国政府が、イーデンの手をあらかじめ縛るために発送されたものと解釈される。[36] 回顧録によれば、ハルはイーデンがモスクワにてソ連の領土要求に直面することを当時すでに予測していた。[37] その意味でこれは一見妥当な解釈に映ろう。しかしこの解釈はこれにかんする英米交渉の全局面を正確に反映しているとは言い難い。たとえばまず第一に、イーデンは合衆国政府宛てのメモランダム中で「(具体的な) コミットメントを行うことなく」スターリンを満足させること、戦争目的ならびに戦後構想にかんし合衆国政府抜きで英ソ間の合意に達しないことを自ら明記しているのであり、したがってハルのメッセージはそのような方針を立てたイーデンの「手を強める」ためのものでこそあれ、「手を縛る」ためのものと解釈されるべきではないと考えられる。第二に訪ソにあたりイーデンが所定の目的を遂行するために必要な自由裁量の余地を確保しようと欲した場合、厳格な反勢力圏主義者として名立たるハルのコメントを希望する旨の印象をわざわざワイナントに与えるのは目的合理的ではないことも指摘されなければならない。そして第三に、ワイナントからの電報を検討したウエルズ次官の回顧録によれば、「来たるべきスターリン・モロトフとの会合においてバルト諸国の将来の地位をめぐる問題が必ずや提起されるであろうことをイーデン自身が我々に通知した」[38] ことを取り上げなければならない。因にイーデン・ワイナント会談が開催された一二月四日の閣議にて、「バルト諸国の将来」にかんする討議要求がソ連側から提起された際のイギリス側の方針は、大西洋憲章第二条を楯に首を縦に振らないことであるべきことが確認されたのは前述のとおりである。モスクワにて領土要求をつきつけられるとの予測を合衆国側に与えたのはイーデン自身であった。ここから、ハルの強硬なコメントは対ソ交渉における重要な武器としてイーデン自身が求めたものであることが理解されよう。南ロシア戦線援軍派遣問題でスターリンを必ずや失望させ、それに代えてソ連側を満足させる軍事援助をオファーする目算も持たず、さらに宣戦の早期実現を通じてソ連側の不信を軽減することにも失敗したイーデンがソ連側から領土要求をまさに一点集中の形で迫られた時、合衆国政府との協議義務原則、ならびにハル・メッセージにおける秘密協定への反対表明はイーデンにとって最後の切り札となるはずであった。ソ連の領土併合要求承認に対抗する手段はこれ以外にありえなかったように思われる。

一二月七日午後、イーデン、カドガン、ハーヴィー、ナイ参謀副総長（Nye, Archibald, Vice Chief of the Imperial General Staff）ら訪ソ団はスコットランドに向けてロンドンを発った。イーデン訪ソを考える際、ロンドンを発ってからモスクワに到着するまでに起った諸事件は一定の重要性を有している。まず七日、イギリスの対フィンランド、ルーマニア、ハンガリー宣戦布告が行われ、これは軍事的には実質的な意味を伴ってはいなかったもののこれによって欧州における戦争は少なくとも政治的には拡大した。そして同日日本海軍は真珠湾攻撃を行い、英・米に宣戦を発した。さらにモスクワ戦線において赤軍は大反攻を開始し、ドイツ軍は退却を余儀なくされた。このように、一二月七日はこの戦争を文字どおり世界大戦へと変えたのである。しかしこれにもかかわらず翌一二月八日朝代表団は予定どおりスコットランドからムルマンスクへ向けての巡洋艦ケント（Kent）による航海の途に就いた。[39]これについてチャーチルは回顧録の中で、「イーデンを引き返させる時間的余裕は得られたかもしれない。しかし彼の使命はこの新たな事態の勃発がゆえに、ますます重要性を増したと私は判断したのである。[40]」と述べている。

さて、このようにイーデンの訪ソを強行させる一方、真珠湾攻撃のニュースに狂喜したチャーチルは自ら直ちに合衆国に赴く決意を固めた。ケントに乗艦する前にイーデンはチャーチルからの電話連絡を通じてこの決定を知らされたが、これはイーデンを激怒させ、そして絶望させた。イーデンは、イギリス首相と外相とが同時にしかもこのような歴史的な瞬間に本国を離れるのは賢明ではないとの表面的理由をもってチャーチルの翻意に努めた。しかしチャーチルは頑としてこの説得を受け容れようとはしなかった。このためイーデンは艦上からまずワイナント合衆国大使ついでアトリーに連絡をとり、チャーチルの合衆国訪問を断念するよう圧力を行使するように依頼し、両者からの承諾をえた。(41) イーデンらがチャーチルの訪米にこれほどまでに反対した理由の第一として、訪米時にイーデン、カドガンらの了承なしで合衆国政府になんらかのコミットメントを行うのではないかと外務省首脳が恐れたことを指摘できよう。もしイーデンらがロンドンに留っていた場合、チャーチルはなんらかのコミットメントを行う前に本国政府との連絡を行わざるをえず、そこで彼らは好ましくない類いのものをチェックできるはずであった。しかるに外相・外務次官らがモスクワにあって、残された本国政府にこのチェック機能を期待することは不可能であった。(42) 事実イーデンがアトリーに連絡をとった際、後者はロンドンにいながらチャーチル訪米について知らされてさえいなかった。ともあれイーデンはアトリーから次の閣議にてチャーチルの訪米に反対を唱えるとの確約をえたが、カドガンが同日の日記に「彼は本当に実行するか」と疑問符を付したとおり、第一二五回閣議はチャーチルを思いとどまらせることはできなかった。カドガンは「当然の帰結」であると日記に記している。(43) チャーチルは逆に、日米戦争の勃発にもかかわらずイーデン訪ソは予定どおり行われるべきであると主張し、閣議を押し切った。(44) イーデンがまず最初にワイナント大使の協力を要請したことからも間接的に示されるように、イーデン抜きの閣議はチャーチルの前で無力であった。第二の理由として、彼の訪ソがチャーチルの訪米によってその輝きを奪われる可能性についてイーデンが懸念したことを指摘できよう。ハーヴィーによれば、イーデンはチャーチルに劣らぬ「最大限の世評を求めるプリマドンナ」であった。(45) イーデンは流感が極度に悪化したため床に就き、夕刻代わってカドガンがチャーチルに電話を入れ、再度彼の翻意を試みた。しかしチャーチルはカドガンの発した危惧に対して「問題はない。首尾よく事は運ぶはずである。望むところに私はアン

ソニー(イーデン)を赴かせるのだ。」と豪語し、イーデンらの努力は最終的に無に帰した。(46)

翌一二月九日訪ソ団の大半は船酔いのため痩せ細り、イーデンはいまだ流感から回復していなかった。訪ソ前約二週間にわたってチャーチルと衝突し、またチャーチルの訪米を阻止しえないまま病床に臥したイーデンの心情は察することができよう。そして一二月一〇日朝イーデンはチャーチルからの電報をうけた。これはイーデンに対する最後のとどめであるかのような内容を有していた。

「貴殿の出発以来多くの事態が生起した。第一に合衆国はハワイにて大損害を受け、今や太平洋上に稼動可能な戦艦は二隻のみとなり、彼らは日本海軍の戦艦一〇隻に対抗せざるをえないこととなった。このため大西洋上の戦艦は呼び戻され、さらに当分の間軍需品は禁輸措置を受けた。……第二に我々はマラヤにおいてそして極東全域において制海権を有する日本海軍の大攻撃を受けることになろう。第三にイタリアとドイツは対合衆国宣戦を行うであろう。……第四にソ連はレニングラード方面、モスクワ戦線全域、クルスクならびに南ロシア戦線にて目覚しい戦果を挙げており、ドイツ軍の大半は防戦もしくは退却に転じている。ドイツ軍は如何ともしがたい厳冬期の状況と倦むことなく加えられる赤軍の反撃とに悩まされている。第五にオーキンリック将軍はリビアにて流れの好転が生じたことを報告したが、彼はこの第二戦線にていまだ大規模の戦闘が展開されうることをもつけ加えている。第六に中東から空軍力をマラヤに派遣し補強しなければならない緊急の要請が出現した。上記の六点から、今回貴殿は飛行一〇中隊の派遣提案を行うべきではない。繰り返す、派遣提案を断念せよ。……」。(47)

このメッセージにより、イーデンの提供しうる対ソ軍事援助はほとんど存在しないことが明らかとなった。これを受け取ったイーデンが自ら訪ソの成功に悲観的観測を行ったことは当然であろう。

さて、チャーチルがこの段階で上の決定を行った本質的な理由を示す記録は見出されない。ただ注意しなければならないのは、極東において日本軍が南進する可能性は以前から十分に予測されていたにもかかわらず飛行中隊のロストフ配備の条件に極東の軍事的展開は加えられていず、前述のとおり派遣はリビアとトルコ情勢にのみ依存していたのであるが、参謀スタッフが極東への空軍力の補強が必要となる可能性を一二月初旬段階で見逃していたとはまず考えられない。南ロシア戦線への空軍力派遣を撤回した理由が極東にあるとは考えられない。またリビア・トルコ情勢がイギリスにとって由々しい展開を見せてはいず、むしろ中東戦線はイギリスの有利な方向へ動きつつあった。ここでより妥当な理由として指摘しえるのは、一二月七日頃から明白になった東部戦線のほぼ全局面における赤軍の大反攻である。数日間のうちにドイツ軍は数百マイルにわたって退却したのである。一二月四日の第四〇八回参謀長委員会に提出された合同立案スタッフの手になるメモランダムは、「たとえば一二月一五日にロストフが陥落したとするならば、ドイツ軍はマイコップ(Maikop)油田には一月後半、グロズニ(Grozni)油田には二月中半に到着するであろう」と予測している。[48] しかし、いまやコーカサスへの直接的脅威は赤軍の予想外の力の発揮によって消滅したのである。このことは同時に、飛行中隊派遣の目的自体が消滅したことを意味していたのである。このように考えるならば、飛行中隊派遣撤回は軍事的には合理的な決定であったと言えよう。しかしそれは政治的に合理的な決定であったことを必ずしも意味してはいなかった。

そして同一二月一〇日午後、訪ソ団は日本軍によってプリンス・オブ・ウェールズとレパルスが撃沈されたとのニュースを受け取った。[49] これはさらに訪ソ団を陰うつなムードにつつんだ。その後数日してイーデンら一行はモスクワに到着した。彼らはソ連にオファーする何物をも持たず、あたかも敗戦しつつある国の代表団であるかのように戦勝ムードに湧くモスクワにたどり着いたのである。

一二月一五日イーデンら訪ソ団はモスクワ入りした。だがロンドンを出発してから数日間のうちにイーデンは自らを失望させる幾つかの事態に遭遇したのであった。「目のうるんだ独裁者」〔二三六ページ参照。〕チャーチルはイーデンを残してイギリスを発つことにさえイーデンは危惧感を抱いていたが、それどころか今やチャーチルはイーデンらのコントロールから完全に解き放たれた形で合衆国に旅立ったのである。イーデンが唯一ソ連に提供できるはずであった軍事援助の飛行中隊は極東に配備されることが決定された。イーデンは南ロシア問題にかんしてただスターリンの寛大さに訴えざるをえなかった。極東における「不沈艦」の撃沈はイギリス帝国の威光を奪い去った。イーデンがモスクワに到着したとき、前述のようにモスクワはドイツ軍撃退のムードに溢れていた。ポータル提督が主張した「強者の立場」をもってソ連側との軍事討議に臨むことはもはや不可能であった。一二月七日に発した対フィンランド・ハンガリー・ルーマニア戦争宣言のインパクトは日本軍の真珠湾攻撃のそれによって完全にかき消され、ソ連側からの感謝を引きだすことはできなかった。一六日初回の会合をスターリンと持った時、イーデンはあたかも一文も持たぬ債務者が厳しい取り立てで鳴る債権者の前に佇むが如くであったことであろう。

スターリンはこの会合で一二月二八日付けのモロトフ・メッセージから予測された領土要求――バルト三国の併合、フィンランド・ルーマニア・ポーランドからの一部領土獲得――の承認を求めた。翌一七日の第二回会合におけるスターリンの態度は険悪であった。これに対してイーデンは、領土要求は「新たに提起された問題」であると主張し、彼は閣議の承認なしに即座に決定を下す権限を賦与されていないとの「イギリス議会民主主義」ルール、さらに切り札である合衆国政府との事前協議の二つを楯に抵抗を試みた。しかしスターリンが「イーデンの方針はバルト諸国問題にかんしてチェンバレン政府のそれ〔一九三九年夏、イギリス・ソ連間で同盟交渉が行われたが、前者はバルト諸国にかんする後者の要求を認めず交渉は失敗に終った。一方ドイツ側はこれを認め、独ソ不可侵協定が成立した。

スターリンの発言は、チャーチル政権がチェンバレン政権と同様の姿勢を示す限り、第二の独ソ不可侵協定がありえることを間接的に示しているのであった。」と同一のものである。そうであるなら我々はいかなる協定にも達することは不可能であろう。[50]」と述べ、イーデン訪ソは完全な失敗に終ることを仄かした時、イーデンは当初定められた方針の精神から離れ、なんらかの譲歩を与えなければならないことを悟った。そこでイーデンは、ソ連の領土要求に彼が即座の承認を与えないのはイギリスの政治システムが要請する形式を満たすためであり、いずれイギリスの法的承認は与えられるであろうとの印象をスターリンに残した。[51]具体的には、イーデンは彼自身領土要求に承認を与えたいと希望している旨を明らかにし、帰国後スターリンの要求を満たす方向でイギリス政府ならびに合衆国を説得することを個人的に約したのである。[52]訪ソ前にイギリス戦時内閣が領土問題を交渉する権限をイーデンに与えていないこと、合衆国政府との事前協議の必要性、合衆国政府が秘密協定に反対していることの三点を通じて最終的にイーデンはソ連の領土要求に対する承認を回避することに成功し、次いでイーデンは個人的なレベルにおいて領土要求に折れることにより会合の最終日に英ソ共同コミュニケを発表することに漕ぎつけた。こうしてイーデンは自らの訪ソの成果を形式的には確保した。たしかにソ連側は当初の目的を遂えなかった。しかしいかに個人的な誓約ではあれ、外相からの最大限に積極的な言質を得たソ連側は戦争目的の領土問題を実質的には大きく前進させたのである。スターリンの得たものは決して小さなものではなかった。翌一九四二年三月下旬、イギリス政府はソ連へ領土要求に承認を与える方針を決定した。そしてこれが足場となり、ソ連がイーデン訪ソ時に提出した領土要求に対する英米からの承認を獲得することに成功するのは後の歴史の示すとおりである。

(1) Hart, *History*, 175.

(2) BBK/D95,

(3) Cab79/16, JIC (41) 452 (Final).

(4) WO193/666, Note on JP (41) 1016.

(5) Cab79/16, COS (41) 405, 1/12/41.

(6) Cab79/55, COS (41) 1025, 2/12/41.

(7) Harvey, *War Diaries*, 68.

(8) Harvey, *War Diaries*, 68.

(9) Cab79/55, COS (41) 41 (0), 2/12/41.

(10) Churchill, *Second World War*, Vol. III, 474.

(11) Young, Kenneth. *The Diaries of Sir Robert Bruce Lockhart, Vol. III 1936-1965*, London 1981, 131.

(12) Cab65/24, WM (41) 123, 3/12/41.

(13) Cab69/2, DO (41) 71, 3/12/41.

(14) Harvey, *War Diaries*, 69.

(15) Cab69/2, DO (41) 71, 3/12/41.

(16) Dilks, *Diaries*, 415.

(17) Cab65/24, WM (41) 124, 4/12/41.
Dilks, *Diaries*, 416.

(18) Cab65/24, WM (41) 124, 4/12/41.

(19) Young, *Diaries*, 130.

(20) Maisky, *Memoirs*, 218.

(21) Cab79/66, COS (41) 43, 4/12/41.

(22) Cab80/60, COS (41) 270, Annex I.
(23) Cab80/60, COS (41) 270, Annex II.
(24) Churchill, *Second World War*, Vol. III, 475.
(25) Kowalski, *Wielka Koalicja*, Vol. I, 117.
(26) BBK, D/96.
(27) Dilks, *Diaries*, 416.
(28) Carlton, David. *Anthony Eden, A Biography*, London 1981, 18.
(29) Dilks, *Diaries*, 416.
Kowalski, *Wielka Koalicja*, Vol. I, 107.
(30) FO371/26620, C13476/949/21,
FO371/29995, R10352/80/37.
(31) FO371/29472, N7013/3/38.
(32) *FRUS, 1941,* Vol. I, 192-194.
(33) Hull, Cordell, *The Memoirs of Cordell Hull*, Vol. II, New York 1948, 1165-1166.
(34) Sherwood, *White House*, Vol. I, 403.
(35) *FRUS*, 1941, Vol. I, 194-195.
(36) Kowalski, *Wielka Koalicja*, Vol. I, 116-117.
(37) Hull, *Memoirs*, Vol. II, 1166.
(38) Welles, Sumner. *Seven Decisions That Shaped History*, New York 1948, 126.
(39) Dilks, *Diaries*, 416,
Harvey, *War Diaries*, 70.
(40) Churchill, *Second World War*, Vol. III, 553.

(41) Dilks, *Diaries*, 417,
Harvey, *War Diaries*, 70.
(42) Carlton, *Anthony*, 191.
(43) Dilks, *Diaries*, 417.
(44) Cab65/20, WM (41) 125, 8/12/41.
(45) Calton, *Anthony*, 190-191.
(46) Dilks, *Diaries*, 417.
Harvey, *War Diaries*, 71.
(47) Gwyer and Butler, *Grand Strategy*, Vol. III, 321.
Churchill, *Second World War*, Vol. III, 553-554.
(48) Cab79/15, JIC (41) 452, 2/12/41.
(49) Harvey, *War Diaries*, 71.
(50) Cab66/20, WP (42) 8.
(51) Calton, *Anthony*, 192.
(52) Cab66/20, WP (41) 8.

結語

一九四一年六月二二日、ドイツ軍はソ連を攻撃した。翻って考えるなら、このバルバロッサ作戦の開始こそヒトラー没落の第一歩であったのであり、その意味ではこれを第二次大戦における分水嶺と考えることもできよう。さらに、大戦後期に東方に攻め入ったドイツ軍を西側へ押し戻した赤軍の力によってソ連の戦後東欧支配がもたらされたことを考慮に入れるなら[1]、独ソ開戦は東西冷戦の起源の基礎を形成したとも言えるのであり、したがって、六月二二日が世界史に占める意義はより大であると結論することもできよう。

しかし、六月二二日をこのように重要な歴史的な転換点と捉えるあまり、独ソ開戦からモスクワ攻防戦の終了に至る半年をそれ以後の段階への序曲と見做すことには疑問を呈さざるをえない。というのは、その半年間における東部戦線の推移からすれば、ソ連はその間のどの瞬間にも一九四〇年のフランスと同じ運命を辿る可能性があったのであり、その意味ではソ連攻撃というヒトラーの決定自体は戦略的には誤ったものではなかったように思われるからである。したがって、第二次大戦開始以来、連戦連勝を誇ったドイツ陸軍の進撃を阻止し、次いでその大退却をもたらした一二月初旬のモスクワ攻防戦の意義により注目すべきであろう。六月二二日の歴史的意義は一二月初旬に初めて賦与されたのである。モスクワ攻防戦におけるドイツ軍の敗退が決定的となった時点で、それまで逡巡を続けたイギリス政府はドイツとともにソ連攻撃に参加していた防共協定の調印国フィンランド・

ルーマニア・ハンガリーに対して戦争宣言を発した。この決定はこの時点でイギリス政府が、ソ連の敵はイギリスにとっても敵であるという最低限の同盟精神をようやく発揮したことを物語っている。欧州をめぐる英独の戦争は質的にスケール・アップしたのである。さらに、イギリスの戦争宣言発布後まもなく、日本軍の真珠湾攻撃が行われ、これに端を発して日米は第二次世界大戦に参加した。モスクワ攻防戦は欧州戦争におけるドイツの短期勝利の可能性を排除し、ついで合衆国の対ドイツ参戦は最終的に連合国側の勝利を確保したのである。第二次大戦の流れは決定的に変わったのである。

ともあれ、ソ連が一九四一年を生き延びたことはドイツにとっては疑いなく手痛い誤算であった。他方イギリスにとってこれは二重の意味で誤算であろう。なぜヒトラーの計画どおり一九四一年の冬期到来以前に交戦国家としてのソ連を実質的に消滅させえなかったかというこの誤算の要因については、たとえばソ連の地理的広大さや人的資源の莫大さ、秋期の天候、ヒトラーの戦術的誤り、同年初期におけるイギリスのギリシア・ユーゴスラビアでの政治的、軍事的反ドイツ行動によりバルバロッサ作戦が数ヶ月延期されたこと、英米による物資援助、などが指摘されよう。また歴史の後智恵を借りるなら、さらに数多くの要因を列挙できよう。しかし、これらの要因のどれも説得的ではないばかりか、またそれらをいかに組み合せても、バルバロッサ作戦の失敗を説明し切ることはできない。独ソ間の軍事能力にはそれほど大きな格差があったのである。この説明は、一〇月中旬のソ連共産党機関誌『プラウダ』〔二四二ページ参照〕が悲壮な調子で訴えかけた「奇跡」の生起に求めざるをえないとの感を禁じえない。歴史家として見た場合、これは数多くの小要因のあまりに微妙な組み合せの産物とでも表現できようか。

まさに、一九四一年末のモスクワ攻防戦におけるドイツ軍の敗走は、それ以前の眩惑的なドイツ軍の快進撃の残像の中でもたらされたのである。このためイギリス側がこの嬉しい誤算を認識した時、彼らはこの事態に即応する新たな対ソ同盟政策のための伏線を用意してはいなかった。同盟国の陥落を前提とした「偽りの同盟」が、実質的な相互軍事援助と同盟国の将来の安全保障の確保にかかわる戦争目的の相互認識とを前提とする真正の同盟に席を譲るべき瞬間は、あまりにも突然に訪れたのである。英ソ両政府が歴史の分水嶺の向う側で交渉のテーブルに就いた時、「偽りの同盟」期において蓄積された対英不信によってはずみを与えられた対英要求は軍事、政治のあらゆる争点にわたり堰を切ったように噴出した。この反動によって引き起こされたもつれ（backlash）とも表現すべき現象は初期の「大同盟」における英ソ関係を紛糾させることになる。冷戦へと続く後の歴史は、新たに採用された英対ソ政策も、あのもつれ現象が生み出した英ソ間の縺りを元へ戻すだけのエネルギーと一貫性とを有していなかったことを物語っている。軍事的にみて、短期的に嬉しい誤算は政治的に、長期的には手痛い誤算であった。

冷戦の起源を考える際、華々しい援助公約にもかかわらず危急存亡下のソ連に実質的な援助を与えようとしなかったイギリスの対ソ政策は重要である。イギリス側は援助の不履行の理由を物理的な限界に求めつつ自己に対する弁明を行っている。しかし、ソ連の対英猜疑心はイギリスの援助能力にではなく対ソ政策の背後の動機に根ざしていたのである。独ソ開戦から半年間における英ソ関係史の探索に駆り立てたそもそものきっかけを与えた陸軍省作成のトップシークレットのレポートは、ドイツの敗北後次のように回想している。

「（赤軍に対するドイツの軍事圧力を軽減させるためのイギリスの軍事援助行動を要求した）これらの訴えに対処するにあたり我々にとって障害となったのは、まずイギリス側が直面した様々の困難や限界をソ連政府が理解しなかったこと、そして次にわが参謀スタッフがソ連の実効的な抗戦は秋以前の段階に終焉するとの見込みに基づき、ソ連陥落後直ちに予想されるドイツ軍の英本島上陸に対抗するために十分な規模の陸・海・空軍力を保持するのが最も重要であると判断したこと、の二点であった。……（ソ連の早期陥落の予測に立ち、イギリスは実質的な援助を控えたが、）イギリス側は当然のことながらこの方針をソ連側に明確な形で伝えることはできなかった。しかし、相互援助にかんする英ソ間の交渉が進むなかで、我々はソ連側の大半の要求を拒否するか、もしくはそれに大幅な変更を加えざるをえなかったが、その都度我々はその根拠を示さざるをえなくなり、結局このような交渉が積み重なるうちにソ連側の我々に対する不信は増大する結果となった。ソ連の対英疑惑は、我々はおそらくそれ相当の危険を賭してまで同盟国ソ連を助ける意思を有してはいないだろうという点にとどまりはしなかった。我々の態度はソ連側に、イギリスはソビエト・コミュニズムとドイツ・ナチズムが死に至るまで血を流しあうのを手をこまねいて傍観しようとしており、軍備等の対ソ供給はソ連の戦線離脱を防止するというイギリス側の目的に基づいてなされたにすぎない、との信念を植えつけてしまったのである。いずれにせよ、西側連合国に向けられたこの上ないソ連の疑惑の姿勢は大戦中を通じて緩和されなかった。(2)」

かくて、「偽りの同盟」は戦後の「偽りの平和」をもたらす精神的土壌を提供したのである。

註

（1）Mastny, *Russia's Road*, 308.
Deutscher, Issac, *Stalin*, Midlesex, 1977, 594.

（2）WO 208/1774, "Report on the Eastern Front".

主要引用・参考文献

I 未公刊の一次史料

A 英公文書館所蔵文書

(1) 政府関係文書 (Cabinet Papers)

・War Cabinet, Minutes, Conclusions, confidential annex. 閣議での討論、結論。特に重要なものは機密保持のため confidential annex と呼ばれる別の冊子に収録。コードは WM, Cab 65.

・War Cabinet, memoranda、閣議のために前もって閣僚に配布されたメモランダム。コードは WP, Cab 66.

・Defence Commitee (Operations) , minutes, conclusions, memoranda.軍事政策の実質上の最高決定機関での討議・結論、メモランダム。コードは DO, Cab 69.

・Chiefs of Staff Committee, minutes, conclusions. WM に軍事状況の報告を行い、また WM、DO の命を受け軍事作戦を統括作成する参謀長委員会での討議・結論。コードは COS, *Cab 79/1-54*. 因に Cab 79/の後の数字はファイル・ナンバーを示し、PRO では製本されたものの場合3ファイル、非製本のものの場合1ファイルを1度に手にすることが許されている。

・Chiefs of Staff Committee, memoranda. COS へのメモランダム、主に COS の下部機関の JPS や JIC のメモランダムからなる。コードは COS. Cab 80/1-55.

・Chiefs of Staff Commitee (Operations), minutes conclusions. COS に国防大臣を加えて開催される、よりクローズドな特別の作戦部会での討論・結論。コードは COS(O), Cab 79/55-85.

・Chiefs of Staff Committee (Operations), memoranda. COS(O) へのメモランダム。コードは COS(O), Cab 80/56-103.

・Availability and Requirements of Armoured Formations. 一九四一年後半に1度だけ開かれた対ソ戦車供給にかんする特別の委員会での討議・結論。コードは MISC(41) (18), Cab 78/12.

- Joint Planning Staff. COSの命を受け三軍参謀が合同で作戦を立案する組織での討議・結論・メモランダム。コードはJPS, Cab 84.
- "Riviera" Discussions of Joint Chiefs of Staff. 一九四一年八月の大西洋憲章宣言のための英米会談時に開催された英米両参謀スタッフ間の討議・結論。コードはCOS(R), Cab 99/18.
- Daily Situation Reports、毎日の軍事展開にかんする地図つきの報告。Cab 100.

(2) 外務省関係文書 (Foreign Office Papers)

- Embassy and Consular Archives. 各大使館・領事館から引き上げた公・私文書、モスクワ大使館の文書はFO 181.
- Confidential print. 主に大使館と英外務省間の交信（Telegraphの他"save"と称される陸・空・海路による現物輸送のものを含めて）の中で特に重要なものを印刷し、製本したもの。ポーランドはFO 417、ロシア・ソ連はFO 418.
- General Correspondence、英外務省内で作成された文書で、部局ごとにN (Northern)、S (Southern)、C (Central) といった区分けがなされている。政治関係のクラスはFO 371.
- Ministers and Officials. 外相ならびに外務省高官の個人別ファイルで、比較的非公開処分や抹消を免れる可能性を有している。FO 800.
- Avon Papers. イーデン所有の文書。オリジナルはバーミンガム大学図書館に保存され、そのコピーはPROにても利用可能。FO 954.

(3) 陸軍省関係文書 (War Office Papers)

- Director of Military Operation and Intelligence. 陸軍省の軍事作戦情報を統括したDMOIのファイル。WO 193.
- Military Inteligence. MIのファイルで、このインディックスは特別に保管されている。WO 208.

B 英上院図書館所蔵文書

・Balfour Paper．一九四一年空軍省を代表してモスクワ会談に参加したバルフォアの私文書。
・Beaverbrook Papers．ビーバーブルックの公的・私的文書で、ロシア・ファイルだけでも膨大。極めて興味深い重要なものを含む。BBK.

C　リデル・ハート軍事史料センター所蔵文書

・Ismay Paper．参謀委員会とチャーチルのパイプとなったイズメイ将軍のペーパー。

II　公刊された一次史料

Wodward, E.L. and Butler, R. (ed) *Documents on British Foreign Policy 1919-1939*, III Series, Vol. V, Lodon 1952.
United States Department of States, *Foreign Relations of the United States, 1941*, Vol. I, Washington 1958.

III　二次史料

Addison, Paul, *The Road to 1945*, London 1977.
Avon, Earl of (Anthony Eden), *The Reckoning*, London 1971.
Baker, Elisabeth, *Churchill and Eden at War*, London 1978.
Benes, Edvard, *Memoirs of Dr Edvard Benes*, London 1954.
Beaumont, Joan, *Comrades in Armes*, London 1980.
Bryant, Authur, *The Turn of the Tide 1939-1943*, London 1974.
Calvocoressi, Peter and Wint, Guy, *Total War*, New York 1979.
Carlton, David, *Anthony Eden, A Biography*, London 1981.

Churchill, Winston, *The Second World War*, Vol. I, *The Gathering Storm*, London 1948, Vol. II, *Their Finest Hour,* London 1949, Vol. III, *The Grand Alliance*, London 1950, *The Second World War*, (abridged edition) London 1967.

Coates, W.P. and Coates, Z.K. *A History of Anglo-Soviet Relations*, London 1943.

Colville, John, *The Churchillians*, London 1981.

Dalton, Hugh, *The Fateful Years; Memoirs, 1931-1945,* London 1971.

Deutscher, Issac, *Stalin*, Middlesex, 1977.

Dilks, D. (ed) *The Diaries of Sir Alexander Cadogan*, London 1971.

Divine, Robert, *The Reluctant Belligerent*, New York 1979.

Dokumenty i materiały do historii stosunków Polsko-Radzieckich, Vol. IV, Warszawa 1973.

Dunn, Walter Scott, *Second Front Now*, Albanna 1980.

Feireraband, Ladislav, *Ve vladě v exilu*, Washington 1966.

Fleming, D.F. *The Cold War and Its Origins 1917-1960*, London 1961.

Гликов, Ф.И.,"Советская Всемная Миссия в Англии и США в 1941 году" Новая и Новейшая История 1963 (3).

Gwyer, J.M. and Butler, J.M.R. *Grand Strategy*, Vol. III, London 1964.

Harriman, W. Averell and Abel, Elie, *Special Envoy to Churchill and Stalin 1941-1946*, London 1976.

Hart, Liddel, B. *History of the Second World War*, London 1970.

Harvey, John (ed) *The War Diaries of Oliver Harvey 1941-1945*, London 1978.

Herring, George, *Aid to Russia 1941-1946*, New York 1973.

Hinsely, F.H. *British Intelligence in the Second World War*, Vol. I, London 1979, Vol. II, London 1981.

Hull, Cordell, *The Memories of Cordell Hull*, Vol. II, New York 1948.

Great Patriotic War of Soviet Union 1941-1945, Moscow 1974.

Ismay, Hastings, *The Memoirs of General the Lord Ismay*, London 1960.

История дипломатии Vol. IV, Mockba 1975.
Jokobsen, H.A. and Smith, A.L.Jr(ed) *World war II; Policy and Strategy*, Oxford 1979.
Josef Piłsudski Institute of America, *Poland in the British Parliament 1939-1945*, Vol. I, New York 1946.
Kacewicz, George, *Great Britain, the Soviet Union and the Polish Government in Exile (1939-1945)*, The Hague, 1979.
Kennan, George, F. *Memoirs, 1925-1950*, Boston 1967. *Russia and the West under Lenin and Stalin*, Trustee 1960.
Kowalski, Włodzimierz, *Walka dyplomatyczna o miejcse Polski w Europie 1939-1945*, Warszawa 1979.
Wielka koalicja 1941-1945, Vol. I, Warszawa 1972.
Lash, P. Josef, *Roosevelt and Churchill 1939-1941, The Partnership that saved the West*, London 1977.
Lewis, Broad, *Sir Anthony Eden*, London 1955.
Lucas, James, *War on the Eastern Front 1941-1945, The German Soldiers in Russia*, London 1979.
Maisky Ivan, *Memoirs of a Soviet Ambassador, The War 1939-1943*, London 1967.
Who Helped Hitler, London 1964.
Mastny, Vojtech, *Russia's Road to the Cold War*, New York 1979.
McNeill, William, *America, Britain and Russia, Their Co-operation and Conflict 1941-1945*, New York 1976.
Michal, Henry, *The Second World War*, London 1975.
Moran, Lord, *Winston Churchill, The Struggle for Survival 1940-1965*, London 1966.
Nicholson, Nigel, *Harold Nicholson, Diaries and Letters 1930-1945* ,London 1970.
Payne, Robert, *The Great Man, A Portrait of Winston Churchill*, New York 1974.
Polonsky, Antony, (ed) *The Great Powers and the Polish Question 1941-1945*, London 1976.
Rothwell, Victor, *Britain and Cold War 1941-1947*, London 1982.
Sailsbury, H.E. *The Uuknown War*, new York 1978.
Seaton, Albert, *Stalin as Warlord*, London 1976.

Sherwood, Robert, *The White Papers of Harry Hopkins*, Vol. I, London 1948.
Stalin's Correspondence with Churchill, Atlee, Roosevelt and Truman, 1941-1945, Vol. I, New York 1958.
Standley, William H. and Agenton, Arthur, *Admiral Ambassador to Russia*, Chicago 1955.
Sulzberger, C.L. *A Long Row of Candles, Memorirs and Diaries 1934-1954*, London 1969.
Taylor, A.J.P. *Beaverbrook*, Middlesex 1974.
  English History 1914-1945, Middlesex 1977.
  (ed) *Off the Record, Political Interviews 1933-1943, W.P. Crozier*, London 1973.
Трухдновский, В.Т. *Уинстон Черучиллб*, Moscow 1982.
Welles, Sumner *Seven Decisions That Shaped History*, New York 1948.
  The Time for Decision, New York 1944.
Werth, Alexander, *Russia at War*, London 1964.
Wheeler-Bennett, John, (en) *Action This Day, Working with Churchill*, London 1968.
Wheeller-Bennett and Nicholas, Anthony, *The Semblance of Peace*, London 1972.
Woodward, L. *British Foreign Policy in the Second World War*, Vol. I, London 1970, Vol. II, London 1971.
Young, kenneth, *Churchill and Beaverbrook, A Study in Friendship and Politics - London 1966.*
  The Diaries of Sir Robert Bruce Lockhart, Vol. III, (1936-1965), London 1981.

IV　新聞・雑誌等

Daily Mail
Daily Telegraph
The Economist

Manchester Guardians
ПРАВДА
The Times
New York Times

あとがき

広瀬　佳一（防衛大学校）

筑波大学助教授であった秋野豊先生は一九九八年四月、筑波大学を離れ、外務省の派遣により国連タジキスタン監視団（UNMOT）政務官としてタジキスタンの首都ドゥシャンベに赴いた。タジキスタンでは精力的に活動し、六月末にはアフガニスタンに避難していた武装難民の本国帰還と武装解除などの監視作業を成功裡に行い、タジキスタン和平に大きな足跡を残した。その後山岳地方のガルムのUNMOT出張所において、反体制勢力の拠点を廻り情勢分析に従事するなど活躍していたが、七月二〇日何者かに銃撃され、不慮の死を遂げた。

本書は、秋野先生が遺した未公刊の博士号請求論文「独ソ開戦と英対ソ政策―『偽りの同盟』から『大同盟(Grand Alliance)』への道」（北海道大学法学部提出、一九八三年）である。この論文は、主として一九四一年六月の独ソ開戦前後から、同年一二月の英外相イーデン訪ソの時期に至るイギリスの対ソ政策をとりあげ、英公文書館の一次史料などに依拠しながら、政策目標と政策決定過程を分析した外交史研究である。

本書で解明されたのは、以下の諸点である。第一に、独ソ開戦直後チャーチル英首相が華々しく対ソ援助声明を発しながら、現実の対ソ援助は極めて限られていた、第二に、そうしたイギリスの対ソ援助政策の背景には、ソ連の早期敗退という情勢分析に基づく軍事戦略があった、第三に、ソ連が予想外に抗戦し、早期敗退の可能性が消滅したあとでも、イギリスの政策は混乱し、必ずしも一貫した積極的対ソ援助に転じ得なかった、第四に、以上を受けて、ソ連が最終的に東部戦線のドイツ軍に大規模反攻を行った一九四一年一二月になって、ようやくイギリスは対ソ援助方針を転換したが、その時には援助声明の公約不履行によりイギリスの交渉力は弱く、戦争目的をめぐるソ連の要求を受け入れざるを得なくなった、というものである。こうして共通の敵を持つに至りながら綻びの目立った英ソ関係を「偽りの同盟」と呼び、それは戦時「大同盟」の単なる助走ではなく、むしろ英ソ関係をめぐる冷戦的状況の起源となった、という見方が本書の底流をなしている。

本書の研究上の意義は、第一に、英戦時内閣の対ソ政策決定過程の主要アクターを、一次史料を基に分析し、援助慎重派のチャーチルと軍部、援助積極派のイーデン外相、ビーヴァーブルック供給相とリップス駐ソ大使、というように解明したうえで、主要アクター間の駆け引きを明らかにしたことである。これによって首相兼国防相のチャーチルの役割に比重が傾きがちな従来の研究の不備を補った。第二に、軍関係（参謀長委員会、合同情報委員会等）の一次史料を駆使して、対ソ政策と軍事戦略や軍事情勢分析との関わりを明らかにしたことである。ソ連の抗戦能力評価、ソ連敗北後のドイツによる英本土侵攻の見通しなどは、戦時中にあっては対ソ政策決定に不可欠の要因であるが、軍関係の一次史料にまで分け入った研究は、これまであまりなされていない。第三に、冷戦を相互不信のエスカレーションとみる立場に立つと、冷戦的な英ソ相互不信の構図の原型を本書から読みとることができる。とりわけソ連が「第二戦線」問題以前に、対英不信を募らせたという指摘は、冷戦起源研究にも、非常に興味深い示唆を与えている。

秋野豊先生はよく、行動派学者であったとか、現場主義であったと言われる。しかし学者としての原点は、本書にみられるように、一次史料を丹念にひもとく歴史家である。一次史料の徹底的な渉猟、史料の行間を読むような突きつめた分析、地を這うような実証主義の成果が、本書に遺憾なく発揮されている。

史料の行間を読む歴史家としての秋野先生は、その後、冷戦期のソ連政治分析（クレムノロジー）において見事に開花した。無味乾燥なソ連のプロパガンダ文書を読みこなし、そこから背後にある論理を読みとるという職人業のような手法では、他者の追随を許さないものがあった。また地を這うような実証主義のアプローチは、冷戦後の紛争研究における現場主義につながった。なぜ人は憎しみ合うのか、なぜ紛争が起こるのか、ということを、他人の目ではなく自分の目で見て確かめたい、とする根源的な好奇心・探求心は、いわば一次史料と紛争現場とを入れ替えただけで、基本的には歴史家としてのアプローチと言えるのではないだろうか。

秋野先生は現実の政治現象に対しても、歴史家の目でみていたように思う。それは恐らく次のような秋野先生自身の言葉に集約されているだろう。


「歴史的思考とは、簡単に言えば、全ての物事には始めがあって中があってそして終わりがある、という前提に立つものである。とりわけ終わりや死を意識するものである。ある社会制度を見る時に、その制度に始めと終わりがあるという歴史的感覚に立てば、国家や社会制度そのものを変数として捉えることができる。ダイナミックな見方である。」（『ゴルバチョフの二五〇〇日』講談社現代新書より）

秋野先生は現実の事象に対して、それが歴史の節目、転換点となるのかどうかについて、常に嗅覚を研ぎ澄まさせていた。一九八〇年代後半から、ソ連・東欧の現状分析に目を移したのも、その頃からのソ連・東欧の民主化・自由化の動きに、歴史の転換点を見て取ったのであろう。秋野先生は最も早い時期に、東欧の自由化を予測した学者の一人だった。タジキスタン行きの今回の決意も、そこに、歴史の大きなうねりを感じ取ったからではなかろうか。それを自分の目で確かめたいと思い、危険をも顧みず、行く価値があると決断したのではなかろうか。

未公刊の博士論文出版の話は、一九九五年頃に辿ることができる。ちょうど秋野先生は、プラハの東西研究所での紛争解決プロジェクトを終えられ、チェコから帰国された時だった。私自身は、筑波大学大学院の博士課程で歴史家としての秋野先生の薫陶を受けて以来、緻密な分析の博士論文を何度も読んで慣れ親しんでいたので、ぜひとも出版してほしい、と強く要望していた。多忙であった秋野先生に代わって、校正などの作業は私がやるという条件で、勁草書房との最初の話し合いをした記憶がある。

その際、秋野先生はいつになく熱っぽく博士論文への想いを語り、第二次大戦中のイギリスの対ソ政策と、冷戦後の西側の対ロシア政策とのアナロジーに言及され、日本を含めた西側諸国が、ロシアの改革の行方を見守りながら、あたかも模様眺めのような姿勢で援助問題に臨む限り、再び「偽りの同盟」に陥り、西側とロシアとの間に抜きがたい相互不信が醸成されてしまうのではないかという危機感を表明されていた。そのうえで秋野先生は、そうした危機感を念頭に置いた序文を書き加えると約束した。残念ながらその約束は果たされずに終わってしまったが、その際、タイトルはあえて原タイトルを変え、「偽りの同盟」にして欲しいと言い残していたのである。

本書の各章見出しは秋野先生自身によるものだが、各章内の小見出しは私が付けた。博士論文には各章内の小見出しは付けられておらず、ただ数字が記されているのみであった。出版にあたり一般の読者の読みやすさを考え、勁草書房とも相談し、洋子夫人の了解を得た上で、なるべく内容に沿った形の小見出しを付けた次第である。言うまでもなく小見出しの不備についての責任は、私にある。また末尾の著作目録は、もともと筑波大学大学院の秋野ゼミ生一同が作成したもので、転載を快く許可していただいた。お礼を申し上げたい。最後に、厳しい出版事情のなかで、本書の刊行をお引き受けいただいた勁草書房の田中一照氏に、紙面を借りて感謝申し上げたい。

一九九八年一〇月

偽りの同盟　チャーチルとスターリンの間

2015年1月20日　オンデマンド版発行

著　者　秋野　豊

発行者　井村寿人

発行所　株式会社　勁草書房

112-0005 東京都文京区水道 2-1-1　振替　00150-2-175253
（編集）電話 03-3815-5277／FAX 03-3814-6968
（営業）電話 03-3814-6861／FAX 03-3814-6854

印刷・製本　(株)デジタルパブリッシングサービス http://www.d-pub.co.jp

AI947

ISBN978-4-326-98190-8　Printed in Japan

秋野　豊
(1950-1998)

偽りの同盟──チャーチルとスターリンの間

1998年12月5日　第1版第1刷発行
1999年2月25日　第1版第3刷発行

著　者　秋(あき)　野(の)　　豊(ゆたか)

発行者　井　村　寿　人

発行所　株式会社　勁(けい)　草(そう)　書　房

112-0004　東京都文京区後楽2-23-15　振替　00150-2-175253
電話（編集）03-3815-5277（営業）03-3814-6861
FAX 03-3814-6854
港北出版印刷・牧製本

ISBN 4-326-30124-4
http://www.keisoshobo.co.jp

秋野　豊　略歴

1950年　北海道小樽市生まれ。（７月１日）
1963年　小樽市景徳小学校卒業。
1966年　小樽市住吉中学校卒業。
1969年　北海道小樽潮陵高等学校卒業。
1974年　早稲田大学政治経済学部卒業。
1976年　北海道大学法学部卒業。
1978年　北海道大学大学院法学研究科修士課程修了。
1979〜81年
　　ロンドン大学スラブ東欧学研究所で東欧を中心としたソ連圏とヨーロッパとの関係を研究。（ブリティシュ・カウンシル英国費研究生として）
1981年　北海道大学法学部助手。
1983年　法学博士号取得（北海道大学）。
1983〜85年
　　在ソ連邦日本大使館専門調査員。
1986年　筑波大学社会科学系講師。
1988年　筑波大学社会科学系助教授。
1992〜94年
　　米国東西研究所・在プラハ欧州センターのプロジェクト（ロシア外交プログラム他）に大学での授業のかたわら参加、頻繁にチェコに出向く。
1997年　ロシア・中央アジア対話ミッション参加。
1998年　外務省に入省、国連タジキスタン監視団（UNMOT）に出向。
　　現地で何者かに襲われ殉職。（７月20日）

秋野豊：著作目録

発表年	タ イ ト ル
1982	「1942年英ソ条約交渉における東欧問題」『ソ連・東欧学会1982年報』（ソ連・東欧学会）第11巻、52〜61頁。
1982.03	「第二次大戦中のソ連＝チェコスロヴァキア関係」『ソ連の隣国関係の比較研究』（北大スラブ研究センター）、9〜14頁。
1983	博士論文：「独ソ開戦と英対ソ政策－偽りの同盟から大同盟への道－」（北海道大学大学院・法学博士論文）。
1983	「イギリスの対フィンランド宣戦問題（1941年）－英ソ同盟の最初の試金石としての－」『北大法学論集』第34巻第3・4合併号、457〜481頁。
1983.03	"Soviet Policy in Eastern Europe, 1943-48: A Geopolitical Analysis," *East European Quarterly*, Boulder, Colo., XVII, No.3, pp.257〜266.
1983.09	「独ソ開戦に至るイギリスの対ソ政策－チャーチルの六月二二日対ソ援助声明を中心に－」『共産主義と国際政治』第8巻第2号、49〜78頁。
1986	書評：「Roy Douglas, *New Alliances 1940-1941,* London 1982 X＋154pp」『北大法学論集』第37巻第1号、111〜119頁。
1986.03	「ソ連と東欧革命（1943〜48年）」『国際政治』第81号「ソ連圏諸国の内政と外交」、131〜145頁。
1986.03	「最近のソ連＝東欧関係」『過度期にたつ現代ソ連－その総合的研究（スラブ研究センター研究報告シリーズ No.17)』（北海道スラブ研究センター）、9〜16頁。
1986.03	討論者：（報告者：G.B.スミス「ゴルバチョフ粛清－ソ連における指導体制固めとその政策的意味合い」）『過度期にたつ現代ソ連－その総合的研究－（スラブ研究センター研究報告シリーズ No.17)』（北海道スラブ研究センター）、17〜22頁。
1986.05	エッセイ：「ソ連市民の西側イメージ」『北大時報』No.386、19〜20頁。
1986.10	「ソ連のアジア社会主義同盟諸国政策」『ソ連研究』（日本国際問題研究所）第3号、66〜82頁。
1986.12	「ゴルバチョフの登場とソ連」『変貌するソ連社会（「ロシアの文化」紹介シリーズ18)』（北海道日ソ友好文化会館）、55〜84頁。
1987.03	「ソ連の対 ASEAN 政策」『第27回党大会後におけるソ連のアジア政策（昭和61年度外務省委託研究報告書)』（日本国際問題研究所）、91〜98頁。
1987.03	「ソ連の対インドシナ政策」『第27回党大会後におけるソ連のアジア政策（昭

和61年度外務省委託研究報告書)』(日本国際問題研究所)、99～108頁。

1987.04 「ゴルバチョフのアジア政策の基調」『国際問題』(日本国際問題研究所) No. 325、28～46頁。

1987.07 "Gorbachev's New Policy towards Asia, " *The Indonesian Quarterly*, Jakarta, Vol. XV, No.3, pp. 419-429.

1987.10 「ゴルバチョフの国内改革と東欧ブロック」『ソ連研究』(日本国際問題研究所) 第5号、128～158頁。

1987.10 「INF協定、ゴルバチョフの真意」『正論』(産経新聞社)、120～127頁。

1988.03 「1987年におけるゴルバチョフ外交の変化」『ゴルバチョフの社会改革－ソ連型近代社会建設の実験－』(外務省欧亜局ソヴィエト連邦課)、125～147頁。

1988.03 「ゴルバチョフ改革とチェコスロヴァキア」『東欧の安全保障 (昭和62年度外務省委託研究報告書)』、(日本国際問題研究所)、61～71頁。

1988.03 「インドシナ諸国とソ連ブロック」三尾忠志編『インドシナをめぐる国際関係－対決と対話』(日本国際問題研究所)、203～227頁。

1988.03 「ゴルバチョフの対アジア政策」日本国際問題研究所編『東京国際シンポジウム、日本とASEAN－太平洋時代へ向けて－』(日本国際問題研究所)、89～119頁。

1988.03 「ペレストロイカとソ連・東欧関係」『World Confidential Report』(東レ経営研究所) Vol.2、No.9、通巻21号、35～40頁。

1988.03 「日本を意識し始めたソ連」外添要一＋プロジェクト3D編『日本と世界これからどうなる－90年代への8つの視点－』(PHP研究所)、139～171頁。

1988.08 「歴史を見直し始めたモスクワ」『中央公論』(中央公論社)、106～117頁。

1988.10 書評:「嵯峨冽著『ソ連社会は変わるか』」『外交フォーラム』(世界の動き社)、44～45頁。

1988.11 「対外政策―リアリズムとイデオロギー」袴田茂樹編『もっと知りたいソ連』(弘文堂)、154～183頁。

1989 "Indochinese Nations and the Soviet Bloc," in Tadashi Mio (ed.), *Indochina in Transition: Confrontation or Co-prosperity,* Japan Institute of International Affairs, Tokyo, pp.114-130.

1989.03 「ソ連の最近の対外政策とインドシナ三国」『インドシナ半島をめぐる国際関係 (昭和63年度外務省委託研究報告書)』(日本国際問題研究所)、40～50頁。

1989.03 「ゴルバチョフ政権のアジア・太平洋政策」『国際問題』(日本国際問題研究所) No.348、55～71頁。

1989.03 「旧外交から新外交への転換」『外交フォーラム』(世界の動き社)、37～43頁。

1989.05 「ソ連の覇権主義はなくなったのか」『平和経済』(平和経済計画会議) No. 331、52～63頁。

1989.05 エッセイ:「歴史を学ぶことと現在を把握すること」『Tsukuba STUDENTS』No.244、5月11日、4～5頁。

1989.05 「東欧でいま何が起こっているか－歩き始めたそれぞれの道－」『世界週報』（時事通信社）5月23日、14～17頁。

1989.06 「西側に回帰し始めたハンガリー」『世界週報』（時事通信社）6月13日、18～21頁。

1989.07 「ゴルバチョフのウラジオストク演説以降のソ連の対アジア政策」『NIRA研究叢書－変動する世界政治・経済環境における日本－ASEAN関係－』（総合研究開発機構）、3～8頁。

1989.08 座談会：「どこへゆく社会主義？「東欧ペレストロイカ」の流れを追う」『公研』（公益産業研究所）第27巻第8号、22～37頁。

1989.08 「ペレストロイカは頓挫するか」『正論』（産経新聞社）、103～109頁。

1989.09 「東欧改革の分岐点を衝く」『経済往来』（経済往来社）第41巻第9号、126～137頁。

1989.10 「「新思考」におけるソ連の対第三世界観」『ソ連研究』（日本国際問題研究所）第9号、114～134頁。

1989.10 「ソ連の朝鮮半島政策－「新思考」外交の文脈における朝鮮問題－」『国際政治』第92号「朝鮮半島の国際政治」、31～45頁。

1989.11 エッセイ：「ソ連・東欧における改革とばかし合い」『筑波大学新聞』第121号、5頁。

1989.11 「ソ連・東欧をどう把握するか－ヤルタ体制とその崩壊の視点から－①現代分野」『World Confidential Report』（東レ経営研究所）Vol.4、No.5、通巻41号、11～14頁。

1989.11 「共産主義から決別したハンガリー(上)」『世界週報』（時事通信社）11月7日、14～17頁。

1989.11 「共産主義から決別したハンガリー(下)」『世界週報』（時事通信社）11月14日、18～21頁。

1989.12 「ソ連・東欧をどう把握するか－ヤルタ体制とその崩壊の視点から－②「ヤルタ」体制の成立と共産化」『World Confidential Report』（東レ経営研究所）Vol.4,No.6、通巻42号、12～15頁。

1989.12 「危険な“バルカン化”の導火線に火がつく」『週刊ダイヤモンド』（ダイヤモンド社）12月23,30日新年特別号、14頁。

1989.12 「よみがえった「プラハの春」－冷戦にピリオドを打つ社会主義の変容－」『世界週報』（時事通信社）12月19日、41～45頁。

1990.01 「前途多難なドイツ再統一－『分断』終結後をめぐり対立するソ連・ECの思惑－（「ポスト・ヤルタ」を読む－1－マルタからの出発＜特集＞）」『世界週報』（時事通信社）1月2日、24～27頁。

1990.01 「ソ連ブロックは分解する」『Voice』（PHP研究所）通巻145号、203～206頁。

1990.01 「ソ連・東欧をどう把握するか－ヤルタ体制とその崩壊の視点から－③ヤルタ体制におけるブロック化」『World Confidential Report』（東レ経営研究所）

Vol.4、No.7、通巻43号、7～11頁。

1990.02 「ソ連・東欧をどう把握するか－ヤルタ体制とその崩壊の視点から－④介入と停滞、そしてゴルバチョフ革命」『World Confidential Report』（東レ経営研究所）Vol.4、No.8、通巻44号、6～10頁。

1990.02 「ソ連・東欧の変化のアジアに対する影響」『東亜』（霞山会）、No.272、11～23頁。

1990.02 討論：「東欧解体―これが新しい現実だ」『文藝春秋』（文藝春秋）94～113頁。

1990.03 座談会：「ポスト・マルタの世界を展望する」『中央公論社』、166頁。

1990.03 「社会主義国と国際関係」佐藤英夫編『国際関係入門』（東京大学出版会）、194～212頁。

1990.03 「国家危機の外交―第二次世界大戦勃発から1943年にいたるソ連外交―」『軍事史学』（錦正社）通巻99・100号3月15日、309～331頁。

1990.03 「社会主義イデオロギーと人権」『東欧、ユーゴ、アルバニアにおける人権－現状と問題点－（平成元年度外務省委託研究報告書）』（日本国際問題研究所）、10～16頁。

1990.03 「ソ連外交動向－現段階及び各論－」『ソ連外交動向研究（平成元年度外務省委託研究報告書）』、（日本国際問題研究所）1～19頁。

1990.03 「ソ連・東欧をどう把握するか－ヤルタ体制とその崩壊の視点から－⑤ゴルバチョフ外交と東欧」『World Confidential Report』（東レ経営研究所）Vol.4、No.09、通巻45号、5～9頁。

1990.04 アンケート：「1990年代の国際関係と日本」所収『国際問題』（日本国際問題研究所）No.361、50頁。

1990.04 「社会主義の痕跡も消える東欧」『世界週報』（時事通信社）4月24日、41～45頁。

1990.04 「戦後世代から見た日ソ関係」総合研究開発機構編『事典・アジア・太平洋－新しい地域像と日本の役割－』（中央経済社）、528～536頁。

1990.05 『世界は大転回する』（講談社）

1990.05 Soviet Asian Policy in a New Perspective' in Tsuyoshi Hasegawa & Alex Pravda (eds.), Perestroika: Soviet Domestic and Foreign Policies, Sage Publications, London, pp.221-241.

1990.05 「ソ連・東欧をどう把握するか（完）－ヤルタ体制とその崩壊の視点から－⑥新しい秩序を求めて」『World Confidential Report』（東レ経営研究所）Vol.4、No.11、通巻47号、6～10頁。

1990.07 「ソ連を揺さぶる東欧の民主化」『世界週報』（時事通信社）7月24日、14～17頁。

1990.07 対談：「アジアの冷戦は本当に終わるか？―韓国ソ首脳会談と北朝鮮の動向を分析する」『公研』（公益産業研究調査会）、22～38頁。

1990.09 「新国家連合（コンフェデレーション）の時代－ECとソ連・東欧の明日－」

『Φ fai』（富士総合研究所）No.12、10～13頁。

1990.09 講演：「動き出したゴルバチョフの対アジア政策」『東亜』（霞山会）No.279、7～31頁。

1990.10 「ソ連の新思考アジア外交と中ソ関係」『国際政治』第95号「中ソ関係と国際環境」、第131～150頁。

1990.11 「"こわし屋" ゴルビーと「北方領土」の試金石」『現代』（講談社）、46～55頁。

1990.12 「『分断』終結後めぐり対立するソ連・ECの思惑」『世界週報』（時事通信社）12月26日・1月2日、24～27頁。

1991. "The Nippo-Soviet Rapprochement and Japan's Southward Advance," in David Wingeate Pike (ed.), *The Opening of the Second World War*, Peter Lang Publishig, New York, 1991, pp.218-245.（波多野澄雄氏との共著）

1991.01 『欧州新地図を読む』（時事通信社）。

1991.01 「『革命』から一年－民主化に苦悩する東欧－」『世界週報』（時事通信社）1月15・22日、22～27頁。

1991.01 「アジア版CSCEの必要性」『経済往来』（経済往来社）第43巻第1号、90～94頁。

1991.01 「内なるアジアの出現」『アステイオン』（TBSブリタニカ）冬号、No.19、52～59頁。

1991.02 講演：「特集－ソ連の選択、日本の選択－」『しゃりばり』（北海道開発問題研究調査会）、No.108、8～44頁。

1991.03 座談会：「新段階迎える日ソ関係」『公明』通巻350号（公明党機関紙局）、52～70頁。

1991.03 座談会：「戦後へ向けて浮上する米ソの思惑」『エコノミスト』（毎日新聞社）3月5日号、46～53頁。

1991.03 座談会：「冷戦以後の新しい境界（ボーダー）はどこか」『国際交流』（国際交流基金）第55号、2～23頁。

1991.03 「ゴルバチョフの命運と領土問題を展望する」『世界週報』（時事通信社）3月10日臨時増刊号、8～15頁。

1991.04 "The Soviet Union's Asia Policy: Past, Present, and Future", *Japan Review*, vol.5, no.1, pp.46～61.

1991.04 座談会：「ゴルバチョフ来日とアジアの安全保障－"四島返還"よりもっと大事なことがある－」『公研』（公益産業研究調査会）第29巻第4号、24～38頁。

1991.04 「モンゴル：見てきた新生モンゴルの現況」『World Confidential Report』（東レ経営研究所）Vol.5、No.10、通巻58号、10～14頁。

1991.04 「ソ連外交はどこへ行く」『AERA』（朝日新聞社）4月5日臨時増刊、Vol.4、No.15,20～21頁。

1991.04 共同取材：「ソ連は内戦状態に突入する」『NEXT』（講談社）、132～139頁。

1991.04　「ソ連で壮絶な権力闘争が始まる」『世界週報』（時事通信社） 4 月16日、10～15頁。

1991.04　座談会：「ゴルバチョフは来るな！いや歓迎すべし！」『文藝春秋 4 月臨時増刊号・迷走するソ連ゴルバチョフ大研究』（文藝春秋）、124～131頁。

1991.05　「ソ連の本質的危機を解剖する」『文藝春秋』（文藝春秋）、112～120頁。

1991.07　"East of Eden," *Look Japan*, Vol.37, No.424, pp.10-11.

1991.07　座談会：「ソ連は破局に向かっている」『世界週報』（時事通信社） 7 月 9 日、10～15頁。

1991.08　「ソ連のアジア政策の動向」『アジア地域における総合安全保障に関する調査研究（社会意識研究会報告書 2 － 3 ）』（財団法人産業研究所）、86～107頁。

1991.08　「西側が選ぶ"ロシア"大統領」『経済往来』（経済往来社）第43巻第 8 号、46～52頁。

1991.08　コメント：「ソ連激震の 3 日間」『週刊読売』（読売新聞社）第50巻38号通巻2245号、20～24頁。

1991　Perspektiva perestroiki v glazakh Uchenogospetsialista po mezhdunarodnoi politiki（国際政治学者の目から見たペレストロイカの展望）, Industriya i Bizhes Yaponii（日本の産業とビジネス） summer, pp.42-43.

1991.09　「ポスト共産主義のアイデンティティを模索するロシア」『Ditchley News』No.36（経済団体連合会・ディッチリー日本委員会）、 1 ～ 5 頁。

1991.09　「終焉迎えたゴルバチョフ時代」『世界週報』（時事通信社） 9 月10日、14、15頁。

1990.10　「ソ連・東欧関係の新段階」『ソ連研究』（日本国際問題研究所）第13号、85～109頁。

1991.10　「遠い国、近い国？」『アステイオン』（TBSブリタニカ）秋号、No.22, 186～206号。

1991.10　「一挙に加速される北方領土『四島返還』への動き」『プレジデント』（プレジデント社）、224～227頁。

1991.10　「求心力は改革派指導者のカリスマ性」『世界週報』（時事通信社）10月 1 日、14～19頁。

1991.10　「日本しかソ連経済の再建はできない」『NEXT』（講談社）、94～101頁。

1991.10　「エリツィンが仕掛ける『短期決戦』の陥穽－ドロ沼の経済、吹き荒れる〝共産党狩り〟」（講談社）、40～49頁。

1991.11　「対中、対ソに新思考外交を」船橋洋一編『日本戦略宣言－シビリアン大国をめざして－』（講談社）、119～149頁。

1991.11　「中央集権的な『ロシア』が出現する」『世界週報』（時事通信社）11月19日、16～21頁。

1991.12　対談：「『ソ連後』21世紀の社会主義」『経済往来』（経済往来社）第43巻第12号、66～79頁。

1992　講演：「ソ連邦の崩壊とCISの行方」『新欧州の形成』（三和総合研究所）No.2、3～6頁。
1992　"The Significance of the Collapse of the Soviet Bloc and Its Impact on Northeast Asia," *The Korean Journal of International Studies*, Seoul, Vol. XXIII, No.4, pp.565-579.
1992.01　「北太平洋地域の国際関係と安全保障問題の今後」『NIRA研究叢書－北太平洋地域における経済発展と国際政治的安定－』（総合研究開発機構）、115～129頁。
1992.02　「ポスト・カンボジアの東南アジアとソ連」岡部達味編『ポスト・カンボジアの東南アジア』（日本国際問題研究所）、165～186頁。
1992.02　「現人神は楽観的だった」『臨時増刊AERA よみがえるヨーロッパ 東欧崩壊と世界・日本』（朝日新聞社）、36～37頁。
1992.02　「第3次対戦で消滅したソ連と新生CISの行方」『世界週報』（時事通信社）2月11日、10～15頁。
1992.03　『ゴルバチョフの2500日』（講談社）。
1992.03　「旧ソ連の外交動向、1991-1992」『ソ連外交動向研究（平成3年度外務省委託研究報告書）』、1～10頁。
1992.03　「北海道とソ連・北朝鮮との交流について」『NIRA研究叢書－北太平洋地域における国際関係と北海道の役割－』（総合研究開発機構）、128～134頁。
1992.03　「ポスト冷戦における北太平洋の国際関係」『NIRA研究叢書－北太平洋地域における国際関係と北海道の役割－』（総合研究開発機構）、74～82頁。
1992.03　「日本の国際問題アジェンダ－社会主義陣営の崩壊にどう対処するか－」『激動期の内外政策課題とその対応』（民主主義研究会）、14～18頁。
1992.04　「21世紀は『ロシア』の時代」舛添要一編『十年後の衝撃－2001年・日本と世界に何が始まる－』（PHP研究所）、42～64頁。
1992.04　「廃墟の帝王ボリス・エリツィン(上)」『週刊ダイヤモンド』（ダイヤモンド社）4月18日号、70～73頁。
1992.04　「廃墟の帝王ボリス・エリツィン(下)」『週刊ダイヤモンド』（ダイヤモンド社）4月25日号、60～63頁。
1992.04　座談会：「敗戦国ロシアの運命－エリツィン 政権の寿命」『VOICE』（PHP研究所）。
1992.04　講演：「旧ソ連の情勢と今後の展望」（社）日本リサーチ総合研究所研究会レポート No.143、2～33頁。
1992.05　監訳：ジョン・モリソン著／秋野豊監訳／赤井照久訳『ボリス・エリツィン』（ダイヤモンド社）。
1992.05　「解禁日の思想」『経済往来』（経済往来社）第44巻第5号、28～35頁。
1992.06　「脱社会主義体制以降のアウトライン及び今後の問題点」『社会主義システム変革研究会報告書』（財団法人世界平和研究所）、3～14頁。

1992.06 「ソ連の政治改革の現状と展望」『社会主義システム変革研究会報告書』(財団法人世界平和研究所)、50〜64頁。

1992.07 「ゴルバチョフ以後」『本』(講談社)、30〜32頁。

1992.08 座談会:「信徒10億−イスラム・パワーが世界を動かす」、114〜129頁。

1992.09 座談会:「激論!『ロシア援助』の是非を問う」『現代』(講談社)、132〜142頁。

1992.10 「東欧地図−ナショナリズムの行方」『Φ fai』(富士総合研究所)、No.37、13〜14頁。

1992.10 対談:「権威主義は社会をより混乱させる−保守化するエリツィン政権の基盤を探る−(日露関係をどうすべきか<特集>)」『世界週報』(時事通信社)10月6日、10〜15頁。

1992.12 「新世界システムにおけるヨーロッパの役割−CISの役割−」ヨーロッパ研究会編『21世紀へのビジョン:新生ヨーロッパ展望−新秩序におけるヨーロッパの役割−』(大蔵省財政金融研究所・社団法人研究情報基金)、94〜116頁。

1993.01 エッセー:「チェコのビールをのモーゼ」『学士会会報』No.798、182〜187頁。

1993.03 「CISと極東アジアの行方」中西輝政・アジアの総合安全保障研究グループ編『アジアはどう変わるか−90年代のアジアの総合安全保障−』(日本経済新聞社)、177〜202頁。

1993.04 「エリツィンが危機を乗り切るシナリオ(上)−ロシアには改革と統一の維持の2つが必要・脅し戦術をやめ、中間派と連合することがカギ−」『世界週報』(時事通信社) 4月27日、10〜15頁。

1993.05 「エリツィンが危機を乗り切るシナリオ(下)−西側の支援は改革派企業に直接行え・負け戦でも堂々と戦えばエリツィンに勝機はある−」『世界週報』(時事通信社) 5月4日、51〜55頁。

1993.06 A. アルビオンと共著:「ボスニア・ヘルツェゴビナの悪夢」『現代』(講談社)、180〜188頁。

1993.07 「北方領土打開へロシアが切る『次のカード』−ヘイシャーズ島の中国変換を武器に柔軟対応迫る−」『世界週報』(時事通信社) 7月27日、51〜55頁。

1993.10 「なお大量の血を求めるユーゴの情勢−地域紛争の危険な火種はまだ残る−」『世界週報』(時事通信社) 10月19日、10〜15頁。

1993.11 "Russia's Policy towards the Visegrad Four: The Kozyrev Doctrine in Action", paper prepared for the Third Joint U.S. Japan Conference on the CIS/Russia, 17-19/11/93.

1993.11 「ロシアは旧東側陣営で『巻き返し』に出た(上)−イデオロギーなき『ソ連』の復活目指す−」『世界週報』(時事通信社) 11月23日、10〜15頁。

1993.11 「ロシアは旧東側陣営で『巻き返し』に出た(下)−中・東欧をめぐりNATOとバーゲニング−」『世界週報』(時事通信社) 11月30日、16〜22頁。

1994.01 「分裂か再吸収かウクライナの危機−エネルギー不足とハイパーインフレに苦

しむ（欧州の裏庭から）－」『世界週報』（時事通信社） 1月25日、56～59頁。

1994.02 「旧ソ連ユーゴ化の発火点アブハジア(上)－すさまじい現地、民族浄化の悲劇は続く（欧州の裏庭から）－」『世界週報』（時事通信社） 2月1日、51～57頁。

1994.02 「旧ソ連ユーゴ化の発火点アブハジア(下)－失敗に終わったガムサフルジアとの接触（欧州の裏庭から）－」『世界週報』（時事通信社） 2月8日、51～57頁。

1994.03 「クリミアがスラブ連邦結成の触媒になる」『世界週報』（時事通信社） 3月22日、51～57頁。

1994.04 「旧ソ連諸国をロシアの利益圏に取り込め」『世界週報』（時事通信社） 4月5日、15～19頁。

1994.04 「核心は『近い外国』へのロシアの出方」『世界週報』（時事通信社） 4月12日、6～7頁。

1994.06 「モスクワの朝鮮半島政策」小此木政夫編『ポスト冷戦の朝鮮半島』（日本国際問題研究所）、202～223頁。

1994.06 「ロシア、ウズベクと親イスラムが三つ巴－分裂に向かうタジキスタン㊤－」『世界週報』（時事通信社） 6月28日、14～21頁。

1994.07 「敵対する“群雄”が割拠－分裂に向かうタジキスタン㊥－」『世界週報』（時事通信社） 7月5日、52～59頁。

1994.07 「混乱につけ込むアフガニスタン－分裂に向かうタジキスタン㊦－」『世界週報』（時事通信社） 7月12日、16～21頁。

1994.08 「ロシアと中国の狭間に揺れる中央アジア－ウイグル解放運動への対応を迫られる（欧州の裏庭から）－」『世界週報』（時事通信社） 8月23日、51～57頁。

1994.12 講演：「第一回講演録」（1994年12月1日（木）、於キャピトル東急ホテル、主催笹川平和財団）。

1995.03 「ロシアとポスト冷戦のアジア」岡部達味編『ポスト冷戦のアジア太平洋』（日本国際問題研究所）、133～171頁。

1995.03 講演：「第2回報告会・講演録：旧ソ連をとりまく6つの真空地帯から－ルポ、分析、予測、そして提言－」（1995年3月22日（木）、於キャピトル東急ホテル、主催笹川平和財団）。

1995.04 アンケート：「創刊10周年特別企画・これまでの研究を振り返って」所収「自己弁護－分業かソロか－」『ロシア研究』（日本国際問題研究所） 第20号、49～50頁。

1995.05 「エネルギーを武器にCISを支配するロシア」『世界週報』（時事通信社） 5月9日～16日、58～62頁。

1995.05 「ソ連東欧関係」伊東孝之他編『スラブの国際関係（講座スラブの世界⑦)』（弘文堂）、115～136頁。

1995.06 講演：「第3回報告会　講演録：旧ソ連諸国におけるカザフスタン情勢－カザフスタン副大統領をお迎えして－」（1995年6月20日（火）、於キャピトル東急ホテル、主催笹川平和財団）。

1995.07 「中ロ関係の岐路㊤極東国境を解決すれば『準同盟』の可能性」『世界週報』（時事通信社）7月11日、10～15頁。
1995.07 「中ロ関係の岐路㊥アルグン、ハバロフスクの複雑な地元感情」『世界週報』（時事通信社）7月18日、16～22頁。
1995.07 「中ロ関係の岐路㊦豆満江河口地域の変換でなお対立」『世界週報』（時事通信社）7月25日、25～31頁。
1995.07 "Russia's Policy towards Her South: Russia, Uzbekistan and China at the Crossroads in Central Asia"『ロシア政治システムの転換と外交に対するインパクト（平成6年度外務省委託研究報告書）』（日本国際問題研究所）。
1995.11 「モンゴルは中ロの『緩衝国』になれるか」『世界週報』（時事通信社）11月21日、42～47頁。
1995.12 「コーカサスが東西の新しい接触点になる(上)」『世界週報』（時事通信社）12月12日、16～21頁。
1995.12 「コーカサスが東西の新しい接触点になる(下)」『世界週報』（時事通信社）12月19日、26～31頁。
1995.12 講演：「第4回報告会・講演録：いまだ混迷のバルカン情勢－ダンカン・ペリー OMRI 所長をお迎えして－」（1995年12月14日（木）、於新橋第一ホテル、主催笹川平和財団）。
1996.03 "Moscow's New Perspective on Sino-Russian Relations," Shugo Minagawa (ed.), *Socio-economic Dimensions of the Slavic-Eurasian World,* Slavic Research Center Hokkaido University, Sapporo, pp. 296-303.
1996.03 "Russia and Asia,"『ロシア政治システムの転換と外交に対するインパクト（平成7年度外務省委託研究報告書）』（日本国際問題研究所）、48～51頁。
1996.04 講演：「第5回報告会・講演録：ロシアおよびCIS諸国のゆくえ」（1996年4月18日（木）、於新橋第一ホテル、主催笹川平和財団）。
1996.06 「地域紛争の行方－チェチェン紛争を中心に－」『NIRA 政策研究－ロシアの現状と展望－』（総合研究開発機構）、26～29頁
1996.06 「『ソ連復活』のシナリオにおびえるCIS」『世界週報』（時事通信社）6月25日、27～33頁。
1996.09 「プリマコフ外交を評価する」『海外事情』（拓殖大学海外事情研究所）44巻、2～13頁。
1996.11 「中央アジアの震源地として残るチェチェン」『世界週報』（時事通信社）11月12日、18～21頁
1997.03 「中央アジアの地域空間－開くための鍵か閉じるための鍵か－」ハラルド・クラインシュミット、波多野澄雄編『国際地域統合のフロンティア』（彩流社）、95～116頁。
1997.03 「中央アジアの安全保障とロシア－タジキスタンを中心に－」『中央アジア地域安全保障（含タジキスタン情勢）（平成8年度外務省委託研究報告書）』（日

本国際問題研究所)、21～33頁。

1997.04　「NATO拡大に対抗できないロシアのいらだち」『世界週報』(時事通信社) 4月1日、10～14頁。

1997.07　「バルト三国 旧ソ連共和国の国境を見る(上)－難民問題とNATO加盟が変える東西欧州の接点－」『世界週報』(時事通信社) 7月22日、46～49頁。

1997.07　「旧ソ連共和国の国境を見る(下)－ユーラシアのどこかに新しい東西の綱引き」『世界週報』(時事通信社) 7月29日、50～53頁。

1997.07　「難民問題とNATO加盟が変える東西欧州の接点」『世界週報』(時事通信社) 7月22日、46～49頁。

1997.12　「"主役"の座を追われたロシアが日本へ接近」『世界週報』(時事通信社) 12月30日、6～9頁。

1998.02　「中露国境交渉」木村汎編『国際交渉学』(勁草書房)、271～293頁。

1998.03　「第三段階のロシア外交と外的環境」『ロシアの外交(平成9年度自主研究報告書)』(日本国際問題研究所)、5～19頁。

1998.05　対談:「21世紀の日ロ関係への提言－"領土問題だけの時代"は終わったか?」『公研』(公益産業研究調査会)、22～36頁。